PRIVATE ECONOMY
DEVELOPMENT

2022年 | 民间投资与民营经济发展
重要数据分析报告

北京大成企业研究院 编著

PRIVATE INVESTMENT

ANALYSIS REPORT ON THE IMPORTANT DATA OF
PRIVATE INVESTMENT AND
PRIVATE ECONOMY DEVELOPMENT 2022

中国财经出版传媒集团
经济科学出版社
Economic Science Press

图书在版编目（CIP）数据

2022 年民间投资与民营经济发展重要数据分析报告 /
北京大成企业研究院编著 . —北京：经济科学出版社，
2023. 6

ISBN 978 – 7 – 5218 – 4867 – 0

Ⅰ. ①2… Ⅱ. ①北… Ⅲ. ①民间投资 – 研究报告 –
中国 – 2022②民营经济 – 经济发展 – 研究报告 – 中国 –
2022 Ⅳ. ①F832. 48②F121. 23

中国国家版本馆 CIP 数据核字（2023）第 114823 号

责任编辑：杜　鹏　常家凤　武献杰
责任校对：王苗苗
责任印制：邱　天

2022 年民间投资与民营经济发展重要数据分析报告
北京大成企业研究院　编著
经济科学出版社出版、发行　新华书店经销
社址：北京市海淀区阜成路甲 28 号　邮编：100142
编辑部电话：010 – 88191441　发行部电话：010 – 88191522
网址：www. esp. com. cn
电子邮箱：esp_bj@ 163. com
天猫网店：经济科学出版社旗舰店
网址：http://jjkxcbs. tmall. com
固安华明印业有限公司印装
710 × 1000　16 开　16. 75 印张　300000 字
2023 年 8 月第 1 版　2023 年 8 月第 1 次印刷
ISBN 978 – 7 – 5218 – 4867 – 0　定价：98. 00 元
（图书出现印装问题，本社负责调换。电话：010 – 88191545）
（版权所有　侵权必究　打击盗版　举报热线：010 – 88191661
QQ：2242791300　营销中心电话：010 – 88191537
电子邮箱：dbts@ esp. com. cn）

编 委 会

目　录

民营企业家要认清未来发展大趋势 *

今天有这么多的民营企业家踊跃参加大成企业首脑沙龙，大家做了很好的发言，代表了很多民营企业的心声。大成企业首脑沙龙一个最显著的特点是参会的企业家都讲真心话、讲实话，反映民营经济真实情况、民营企业家的真实想法。今天我想讲的是，民营企业家要认清未来发展的大趋势，积极承担民营企业的经济和社会责任。

一、要认清未来发展大趋势

我们对当前的经济形势可能看得比较清楚，这很重要，但是更应该看清未来的发展大趋势，研判这个趋势的走向，以此来确定我们的发展战略，对我们拥有成千上万职工、为我国 GDP 贡献了 60% 以上的民营企业尤为重要。党的二十大报告提出中国的发展目标是鼓舞人心的，2035 年基本实现社会主义现代化，到 21 世纪中叶全面建成社会主义现代化强国，这个目标是党和政府向全世界的承诺。能不能完成这个目标？怎么完成这个目标？靠谁来完成这个目标？这些是必须要认真思索的问题。正如今天沙龙的主题，民营经

　＊ 本部分是作者根据第十、第十一届全国政协副主席黄孟复在大成企业沙龙（2022·线上线下）的讲话整理，已得到授权。

济在我国市场化改革以后发挥了"五六七八九"的作用，那么在实现 2035 年、21 世纪中叶这两个目标的过程中，民营经济还能不能再创改革开放四十年的辉煌？这是一个对趋势判断的问题。

从党的二十大设定的目标来看，要实现 2035 年和 21 世纪中叶这两个目标，任务非常艰巨。中国经济能够继续长期保持 5% 的增长速度就非常了不起了，但是保持 5% 的增长速度与完全实现这个目标仍有一定的差距。为了完成这个目标，我们坚定地相信党和政府必须充分发挥民营经济的力量和作用，充分发挥民营企业家的作用，这是毋庸置疑的。

在国有、外资、民营这三类经济主体中，民营经济在我国经济中的贡献率占 60% 以上，这是中国 40 年经济发展奇迹的主要动力和重要支柱，也是我国当前经济的发展红利。如果能够深入推进改革开放，继续保持民营经济的这个比例，我国经济的发展红利还会继续扩大。市场经济最基本的原则是资源配置由市场起决定性作用，但现在市场在资源配置中还没起到决定性作用，民营经济配置的要素占比较低，刚才专家已经通过数据做了分析，比如金融资源，在银行贷款余额中民营企业贷款不到 30%，民营经济却提供了 60% 以上的贡献率，取得了如此辉煌的成绩。如果未来资源配置更加市场化，比如民营经济能够获得金融资源 40% 或者更多要素的支持，我认为我国 GDP 增速就将不是原来期望的 5%，也可能会达到 6% 或以上。因此，民营经济的发展潜力巨大，并能带动我国整体经济的发展。要看到目前资源配置方面的不足，勇于改革制约经济发展的体制机制性问题，释放发展的潜力，将会产生新的发展奇迹，我们对此充满信心！

二、大变局下要求民营企业加快转型升级

刚才很多企业家都讲了，民营经济虽然发展很快，但很多民营企业还有很多弱点，比如科技创新能力不足或者没有充分发挥出来。在当今科技创新的大环境下，全球企业都在加快转型升级，向数字化时代迈进。可以预计，未来民营经济创造的 60% 的 GDP 中科技含量将会大幅提升，中国制造会有

一个新的面貌展现在全世界面前。

中国制造得益于全球化的浪潮，加入 WTO 后中国的制造能力迅速发展起来。但是现在要清醒地认识到两个变化。第一个变化是高科技产业的重构必然将世界分成两条战线，一条是以美国、欧洲、日本为主的高科技产业链将自成一套；另一条是中国依托强大的制造能力，联合其他一些愿意跟中国共同发展的国家形成自己的一套高科技产业链。我们看到，西方国家已经开始走向"政治挂帅"，现在他们盯着的是俄罗斯，下一步就会瞄着中国，所以高端制造业分裂不可避免。第二个变化是中低端制造业也在转移，我国已经消除绝对贫困，全面建成了小康社会，劳动者的工资性收入要比改革初期大幅度提高，劳动力低成本优势不在。而越南、印度、印度尼西亚等发展中国家，因为劳动力年龄结构和成本较低，正在承接我国中低端制造业的转移。

高端科技产业的分裂和中低端制造业的转移这两大变化，逼着以民营企业为主的制造业要走新的发展道路，这个趋势非常明显，如果不做好准备，中国制造很可能会丧失领先优势和地位。当前政府和企业也都在力推数字化转型，大力促进科技创新，制造业转型升级、提高劳动生产率在紧锣密鼓地进行。因此，无论是党的二十大报告长远目标对民营企业提出的必然要求，还是民营企业自身转型升级，我们对民营经济的发展趋势、前景很有信心。

三、企业家的首要责任是把企业做好，带领员工共同富裕

我想讲一讲企业家精神。党的二十大报告特别强调了弘扬企业家精神。什么是企业家精神？在座的企业家都是大型企业的领导者，都经过了几十年的市场经济的磨炼，现在大家对企业家精神的理解都升华了，不再是当年初办企业时只是为了改善家庭生活、创造物质条件。现在大多数企业家的想法是，一方面为员工多谋福利，另一方面为国家做更多贡献。民营企业家的创造力和韧性比中国经济的韧性还强，即使中国经济遇到巨大的困难，企业家依然有韧性。无论是对员工还是对国家，企业家都觉得有责任、有能力，也

有愿望、有信心再干一番更大的事业。但是我们企业家也要反省，为什么经过了改革开放 40 多年，社会上仍然有些老百姓不认可民营企业家？社会舆论导向是一方面原因，但是企业家也要想想怎么做、做什么，能使真正的企业家精神扬名于世。

我觉得在当前谈共同富裕的时候，民营企业家要有更深刻的理解。在党领导下的社会主义中国，先富起来的一批人有责任带动后富的人，实现共同富裕，这是我们企业家发家的时候对党和人民的承诺。改革开放初期，党和政府给创业者很多有利的政策、优惠条件，让企业家富起来，期望企业家富起来以后能带动更多的人富起来。

共同富裕是有一定条件的，这个条件就是社会主义初级阶段的共同富裕。我们的小康社会是社会主义初级阶段标准的小康社会，离社会主义高级阶段的小康社会差得还远。我们的脱贫是社会主义初级阶段标准的脱贫，还要继续不断地做下去。所以现在提的共同富裕是邓小平同志讲的在社会主义初级阶段基本国情下的共同富裕。社会主义初级阶段要多长时间？邓小平同志说可能几十年、上百年，这是一条漫长的路。14 亿人脱贫是了不起的成就，14 亿人共同富裕将是更伟大的成就。

共同富裕是每一个先富起来的人的责任，带着全国人民一起富裕是光荣的责任。对于民营企业家来讲，我觉得做好共同富裕的首要责任是把企业做好，把企业的职工都培养成中等收入群体。我们现在实现了全面小康，形成了 4 亿人的中等收入群体，我们的下一个目标是实现 8 亿人甚至更多的中等收入群体，比如到 2035 年时，中等收入群体扩大到 10 亿人。当然实现起来非常有难度，民营经济能不能健康发展，就在于民营企业家有没有能力带领自己的员工实现共同富裕。现在很多企业已经做到了，像华为、联想等企业的员工不仅是中等收入，是高标准的中等收入群体。

企业家可以自己算一算，员工中进入中等收入群体的比例是多少，达到 30% 及格，达到 50% 做了超额贡献，如果达到 80% 就做了更大的贡献。

总之，要认清发展大趋势，不管现在怎么样，大趋势是不可改变。信心是建立在对趋势的科学判断上的，历史的趋势不会因为暂时的困难而改变。

许多民营企业家身经百战，经历了九死一生，既有丰富的经验，也有深刻的教训，民营企业家是国家宝贵的财富。中国要实现伟大复兴，一定要充分发挥民营企业家的作用，希望民营企业家坚定发展信心，继续发扬企业家精神，坚守好自己的岗位，坚持到最后的人一定会实现目标。我相信民营经济一定会在 2035 年、21 世纪中叶这场新的"战役"中继续发挥"五六七八九"主力军的作用！

　　谢谢大家！

大成企业研究院根据黄孟复讲话整理

五年三年一年逐年变化　民营经济增速逐级而下[*]

——"三驾马车"经济（2017～2022）五年数据简要比较

近五年，中国经济的增长，从横向的国际比较看，明显高于世界经济平均增长水平，更显著高于发达国家平均水平，中国在世界经济中的分量与占比大幅度提升。但是，从纵向的历史比较看，其增长速度总体是逐年下降的，并且呈现出五年三年一年逐年变化的特点，即五年（2017～2022 年）平均增速高于三年（2019～2022 年）平均增速，三年平均增速又高于一年（2022 年）的增速。这个总体下降，是指多数重要经济指标而言，有的指标则基本稳定，有的则还有所上升。而这个五年三年一年的逐年变化，就市场主体的"三驾马车"——国有经济、民营经济和外资经济而言，其中起主要作用是民营经济。由于民营经济在国民经济中的"五六七八九"的重要作用，民营经济的状况，在很大程度上决定了中国经济的基本状况，民营经济增速逐级而下，引致了整个国家经济增速的逐级而下。

---

* 本节所有表格中注明引用自国家统计局、海关总署的数据均来自：

1. 国家统计局网站，http：//www. stats. gov. cn/。

2. 海关总署网站，"统计月报"栏目，http：//www. customs. gov. cn/customs/302249/zfxxgk/2799825/302274/302277/4185050/index. html。

本部分利用国家部门的公开统计数据，以民营经济为主，简要客观地描述并对比国有、民营和外资"三驾马车"经济五年三年一年的运营状况，从中可以看到不少有意义的事情。

特别说明：本部分中的年均增长速度，一类是按国家部门公布的当年增速累计计算的平均增速，另一类是按国家部门公布的当年绝对数计算的平均增速，二者有一定差距，有的差距还很大。我们的简要分析以前一类增速为依据，后一类增速列入相应表格，供研究者参考。

（一）全国和民间投资五三一变化

重要数据：全国投资的五年平均增速为4.7%、三年平均增速为4.2%、一年增速为5.1%；同期，民间投资增速分别为4.4%、2.9%、0.9%，增速逐级而下；国有投资增速分别为5.2%、6.2%、10.1%，增速则是拾级而上（见表0-1）。

自2012年公布民间投资数据以来，2012~2017年党的十八大期间，民间投资与全国投资增速同步，都是10.4%，国有投资增速为13.4%。2017~2022年党的十九大期间，民间投资平均增速为4.4%，低于全国投资0.3个百分点，低于国有投资0.8个百分点。2019~2022年的新冠肺炎疫情期间，民间投资平均增速为2.9%，低于全国投资1.3个百分点，低于国有投资3.3个百分点；2022年民间投资增速为0.9%，低于全国投资4.2个百分点，低于国有投资9.2个百分点（见表0-1）。

表0-1　　　　　2012~2022年全国和民间投资增长数据

年份	全国投资（亿元）	民间投资（亿元）	投资占比（%）	全国增速（%）	民间增速（%）	国有增速（%）
2012	281 684	153 698	54.6	18.0		15.5
2013	329 318	184 662	56.1	16.9	20.1	15.7
2014	373 637	213 811	57.2	13.5	15.8	12.0
2015	405 928	232 644	57.3	8.6	8.8	10.9

续表

年份	全国投资（亿元）	民间投资（亿元）	投资占比（%）	全国增速（%）	民间增速（%）	国有增速（%）
2016	434 364	239 137	55.1	7.0	2.8	19.5
2017	461 284	251 650	54.6	6.2	5.2	9.3
2018	488 499	273 543	56.0	5.9	8.7	1.9
2019	513 608	286 400	55.8	5.1	4.7	5.7
2020	527 270	289 264	54.9	2.7	1.0	5.6
2021	552 884	307 659	55.6	4.9	7.0	2.9
2022	572 138	310 145	54.2	5.1	0.9	10.1
2012～2017 年平均增速（%）	**10.4**	**10.4**		10.4	10.4	13.4
2015～2020 年平均增速（%）	**5.4**	**4.5**		5.4	4.4	8.2
2017～2022 年平均增速（%）	**4.4**	**4.3**		4.7	4.4	5.2
2019～2022 年平均增速（%）	**3.7**	**2.7**		4.2	2.9	6.2

资料来源：国家统计局网站，http：//www.stats.gov.cn/。年均增速为作者自行计算。黑体字增速为按当年绝对数计算的年均增速，其他为按历年公布增速累计计算的平均增速，二者不太相同。

总体来看，党的十八大期间五年，党的十九大期间五年，以及三年新冠肺炎疫情期间和 2022 年一年，全国投资年均增速整体呈下降趋势。在这个过程中，国有投资增速明显高于全国投资增速，全国投资增速高于民间投资增速，由此导致民间投资占全国投资的比重逐年下降，从 2015 年最高的占比 57.3% 降至 2022 年的 54.2%，降低了 3.1 个百分点（见表 0-1）。

民间投资增速 10 年来明显逐级而下，这是全国投资增速总体下降的主要原因，也是 10 年来中国投资发展趋势的一大特点。

（二）全国和民营工业的五三一变化

以下从增加值、资产、营收和利润等几个方面数据，简要描述全国规模以上工业企业近五年的增长变化情况。

1. 全国和私营工业增加值情况

重要数据：全国规模以上工业企业增加值，从 2017 年的 112.3 万亿元，增长至 2022 年的 156.1 万亿元，五年期间平均增速为 5.6%，新冠肺炎疫情三年期间平均增速为 3.1%，2022 年增速为 3.6%；同期，私营工业增速分别为 6.1%、5.6%、2.9%；国有工业增速分别为 4.8%、4.5%、3.3%；外资工业增速分别为 3.4%、3.4%、－1%（见表 0－2）。

表 0－2　　　　　2015～2022 年规模以上工业企业增加值增速　　　　单位:%

年份	全国工业	国有控股工业	私营工业	外商及港澳台商投资企业
2010	12.1	13.7	20.0	14.5
2011	13.9	9.9	19.5	10.4
2012	10.0	6.4	14.6	6.3
2013	9.7	6.9	12.4	8.3
2014	8.3	4.9	10.2	6.3
2015	6.1	1.4	8.6	3.7
2016	6.0	2.0	7.5	4.5
2017	6.6	6.5	5.9	6.9
2018	6.2	6.2	6.2	4.8
2019	5.7	4.8	7.7	2.0
2020	2.8	2.2	3.7	2.4
2021	9.6	8.0	10.2	8.9
2022	3.6	3.3	2.9	－1.0
2017～2022 年五年	5.6	4.8	6.1	3.4
2019～2022 年三年	3.1	4.5	5.6	3.4

资料来源：国家统计局网站，http://www.stats.gov.cn/。

2. 全国和私营工业资产情况

重要数据 1：全国规模以上工业企业资产总额，从 2017 年的 112.3 万亿元，增长至 2022 年的 156.1 万亿元，五年平均增速为 7.3%、新冠肺炎疫情三年期间平均增速为 8.3%、2022 年增速为 8.2%；同期，私营工业资产增速分别为 8.9%、10.2%、10.7%，高于全国增速水平；国有工业资产增速分别为 5.2%、5.6%、5.2%，低于全国增速水平。

重要数据 2：国有工业、外资工业、私营工业、民营工业企业（除国有控股和外资工业之外的所有企业，包括私营企业，下同）资产各自的占比，2017 年分别为 37.9%、20%、22.3%、42.1%；2019 年分别为 38.7%、19.1%、23.1%、42.2%；2022 年分别为 36.2%、18.7%、28.9%、45.1%。私营与民营工业资产占比分别提高了 6.6 个百分点和 3 个百分点（见表 0-3、表 0-4）。

表 0-3   各经济类型工业企业资产数据

年份	全国工业（亿元）	国有控股（亿元）	占比（%）	涉外企业（亿元）	占比（%）	私营企业（亿元）	占比（%）
2010	592 882	247 760	41.8	148 552	25.1	116 868	19.7
2011	675 797	281 674	41.7	161 988	24.0	127 750	18.9
2012	768 421	312 094	40.6	172 320	22.4	152 548	19.9
2013	870 751	343 986	39.5	188 661	21.7	187 704	21.6
2014	956 777	371 309	38.8	198 162	20.7	213 114	22.3
2015	1 023 398	397 404	38.8	201 303	19.7	229 006	22.4
2016	1 085 866	417 704	38.5	212 744	19.6	239 543	22.1
2017	1 122 882	425 031	37.9	224 714	20.0	250 797	22.3
2018	1 134 382	439 909	38.8	224 353	19.8	239 289	21.1
2019	1 191 375	461 357	38.7	227 781	19.1	275 492	23.1
2020	1 267 550	476 078	37.6	252 579	19.9	321 960	25.4
2021	1 412 880	518 296	36.7	288 150	20.4	409 090	29.0
2022	1 561 197	565 387	36.2	292 562	18.7	450 611	28.9
2010~2015 年平均增速（%）	11.5	9.9		6.3		14.4	
2015~2020 年平均增速（%）	4.4	3.7		4.6		7.1	
2012~2022 年平均增速（%）	7.4	6.1		5.4		11.4	

续表

年份	全国工业（亿元）	国有控股（亿元）	占比（%）	涉外企业（亿元）	占比（%）	私营企业（亿元）	占比（%）
2017～2022 年平均增速（%）	6.8	5.9		5.4		12.4	
2019～2022 年平均增速（%）	9.4	7.0		8.7		17.8	

资料来源：国家统计局网站，http：//www.stats.gov.cn/。占比与年均增速为作者自行按当年绝对数计算。年均增速与下表按统计局公布的年增速累计计算的年均增速有较大不同。

表 0－4　　　　　历年各经济类型工业企业资产增速　　　单位:%

年份	全国工业	国有控股	涉外企业	私营企业
2010	20.1	14.8	19.3	28.2
2011	14.0	13.7	9.0	9.3
2012	13.7	10.8	6.4	19.4
2013	13.3	10.2	9.5	23
2014	9.9	7.9	5.0	13.5
2015	7.0	7.0	1.6	7.5
2016	6.1	5.1	5.7	4.6
2017	6.9	5.3	6.8	7.3
2018	6.1	3.9	5.8	6.6
2019	5.8	5.3	3.7	7.5
2020	6.7	4.8	6.8	8.1
2021	9.9	6.8	8.8	11.9
2022	8.2	5.2	4.3	10.7
2010～2015 年平均增速	11.5	9.9	6.3	14.4
2015～2020 年平均增速	6.3	4.9	5.8	6.8
2017～2022 年平均增速	7.3	5.2	5.9	8.9
2019～2022 年平均增速	8.3	5.6	6.6	10.2

资料来源：年度增速数据源于国家统计局网站，http：//www.stats.gov.cn/。年均增速是按公布增速累计计算的增速。

3. 全国和私营工业营收情况

重要数据 1：全国规模以上工业企业营业收入总额，从 2017 年的 116.5 万亿元，增长至 2022 年的 137.9 万亿元，五年平均增速为 7.3%、三年新冠肺炎疫情期间平均增速为 8.4%、2022 年增速为 5.9%；同期，国有工业营收增速分别为 8.1%、9.2%、8.4%，高于全国增速水平；私营工业营收增速分别为 7.2%、7.3%、3.3%，低于全国增速水平；外资工业营收增速分别为 4.4%、5.5%、1.3%，明显低于全国水平。

特别提示：2013 年全国规模以上工业营业收入总额为 103.8 万亿元，2020 年为 106.1 万亿元，7 年期间几乎没有增长！若按当年公布绝对数计算的平均增长率，将大幅度地低于按当年公布增长率累计计算的平均增长率。此外，这 7 年，全国规模以上工业企业的营业收入基本无增长，而全国规模以上工业增加值年均增长高达 6%，二者很不匹配。三类企业的营收和增加值也有类似不匹配的差异。要知道，工业营收是工业增加值的来源，二者增长应是同向的和相互匹配的，只因价格因素略有差别。但是，这 7 年工业品的出厂价格没有多大变化。

重要数据 2：国有工业、外资工业、私营工业、民营工业营业收入各自的占比，2017 年分别为 22.3%、22.3%、34.4%、55.4%；2019 年分别为 27.2%、22.2%、32.7%、51.6%；2022 年分别为 26.5%、20.7%、38.6%、52.8%。民营工业营收占比五年降低 2.6 个百分点（见表 0 − 5、表 0 − 6）。

表 0 − 5   历年各经济类型工业企业营收数据

年份	全国工业（亿元）	国有控股（亿元）	占比（%）	涉外企业（亿元）	占比（%）	私营企业（亿元）	占比（%）
2010	697 744	194 340	27.9	188 729	27.0	207 838	29.8
2011	841 830	228 900	27.2	216 304	25.7	247 278	29.4
2012	929 292	245 076	26.4	221 949	23.9	285 621	30.7
2013	1 038 659	257 817	24.8	242 964	23.4	342 003	32.9

续表

年份	全国工业（亿元）	国有控股（亿元）	占比（%）	涉外企业（亿元）	占比（%）	私营企业（亿元）	占比（%）
2014	1 107 033	262 692	23.7	252 630	22.8	372 176	33.6
2015	1 109 854	241 669	21.8	245 698	22.1	386 395	34.8
2016	1 158 999	238 990	20.6	250 393	21.6	410 188	35.4
2017	1 164 624	258 367	22.2	259 181	22.3	400 260	34.4
2018	1 022 241	273 760	26.8	238 538	23.3	306 393	30.0
2019	1 057 825	288 253	27.2	234 666	22.2	346 223	32.7
2020	1 061 434	276 085	26.0	241 779	22.8	380 010	35.8
2021	1 279 227	328 916	25.7	287 986	22.5	509 166	39.8
2022	1 379 098	364 843	26.5	285 895	20.7	532 745	38.6
2010～2015年平均增速（%）	9.7	4.5		5.4		13.2	
2015～2020年平均增速（%）	-0.9	2.7		-0.3		-0.3	
2017～2022年平均增速（%）	3.4	7.1		2		5.9	
2019～2022年平均增速（%）	9.2	8.2		6.8		15.4	

资料来源：国家统计局网站，http://www.stats.gov.cn/。

表0-6　　　　　　　　　各经济类型工业企业营收增速　　　　　　　单位:%

年份	全国工业	国有控股	涉外企业	私营企业
2010	28.6	28.1	25.6	32.7
2011	20.7	17.8	14.6	19
2012	10.4	7.1	2.6	15.5
2013	11.8	5.2	9.5	19.7
2014	6.6	1.9	4	8.8
2015	0.3	-8	-2.7	3.8
2016	4.4	-1.1	1.9	6.2
2017	11.1	15	10.3	8.8
2018	8.5	9.2	5.4	8.4

续表

年份	全国工业	国有控股	涉外企业	私营企业
2019	3.8	3.7	0.1	5.6
2020	0.8	−0.9	0.9	0.7
2021	19.4	21.2	14.8	18.9
2022	5.9	8.4	1.3	3.3
2010~2015 年平均增速	9.8	4.5	5.4	13.2
2015~2020 年平均增速	5.7	5	3.7	5.9
2017~2022 年平均增速	7.5	8.1	4.4	7.2
2019~2022 年平均增速	8.4	9.2	5.5	7.3

资料来源：国家统计局网站，http：//www.stats.gov.cn/。平均增速为按历年公布增速累计作者自行计算。

4. 全国和私营工业利润情况

重要数据 1：全国规模以上工业企业利润总额，从 2017 年的约 7.52 万亿元，增长至 2022 年的约 8.4 万亿元，五年平均增速为 2.3%，三年新冠肺炎疫情期间平均增速为 10.7%、2022 年增速为 −4%，同期，国有工业营收增速分别为 7.4%、13.3%、3%；私营工业营收增速分别为 6.9%、6.9%、−7.2%，低于国有工业增速水平；外资工业营收增速分别为 2.9%、5.5%、−9.5%，明显低于全国水平。

特别提示：全国工业企业利润总额，2013 年约为 6.84 万亿元，2020 年约为 6.45 万亿元，这 7 年期间，按当年绝对数据计算的增长率是绝对下降的，而按公布增长率累计计算则是明显增长的，二者很不匹配。国有、外资和私营三类企业利润情况也是如此。

重要数据 2：国有工业、外资工业、私营工业、民营工业利润的各自占比，2017 年分别为 22.1%、24.9%、31.6%、52%；2019 年分别为 26.4%、25.1%、

29.3%、48.5%；2022年分别为28.3%、23.8%、31.7%、47.9%。民营工业利润占比五年降低4.1个百分点（见表0-7、见0-8）。

表0-7　　　　　　　　　　　各经济类型工业企业利润数据

年份	全国工业（亿元）	国有控股（亿元）	占比（%）	涉外企业（亿元）	占比（%）	私营企业（亿元）	占比（%）
2010	53 050	14 738	27.8	15 020	28.3	15 103	28.5
2011	61 396	16 458	26.8	15 494	25.2	18 156	29.6
2012	61 910	15 176	24.5	13 966	22.6	20 192	32.6
2013	68 379	15 918	23.3	15 803	23.1	23 327	34.1
2014	68 155	14 508	21.3	16 577	24.3	23 550	34.6
2015	66 187	11 417	17.2	15 906	24.0	24 250	36.6
2016	71 921	12 324	17.1	17 597	24.5	25 495	35.4
2017	75 187	16 651	22.1	18 753	24.9	23 753	31.6
2018	66 351	18 583	28.0	16 776	25.3	17 137	25.8
2019	61 996	16 356	26.4	15 580	25.1	18 182	29.3
2020	64 516	14 861	23.0	18 234	28.3	20 262	31.4
2021	87 092	22 770	26.1	22 846	26.2	29 150	33.5
2022	84 039	23 792	28.3	20 040	23.8	26 638	31.7
2010~2015年平均增速（%）	4.5	-5		1.2		9.9	
2015~2020年平均增速（%）	-0.5	5.4		2.8		-3.5	
2017~2022年平均增速（%）	2.3	7.4		1.3		2.3	
2019~2022年平均增速（%）	10.7	13.3		8.8		13.6	

资料来源：国家统计局网站，http://www.stats.gov.cn/。

表0-8　　　　　　　　　　各经济类型工业企业利润增速　　　　　　　　　单位:%

年份	全国工业	国有控股	涉外企业	私营企业
2010	53.6	58.7	48.6	56.1
2011	15.7	11.7	3.2	20.2
2012	0.8	-7.8	-9.9	11.2

年份	全国工业	国有控股	涉外企业	私营企业
2013	10.4	4.9	13.2	15.5
2014	− 0.3	− 8.9	4.9	1
2015	− 2.9	− 21.3	− 4.1	3
2016	8.7	7.9	10.6	5.1
2017	21	45.1	15.6	11.7
2018	10.3	12.6	1.9	11.9
2019	− 3.3	− 12	− 3.6	2.2
2020	4.1	− 2.9	7	3.1
2021	34.3	56	21.1	27.6
2022	− 4	3	− 9.5	− 7.2
2010～2015 年平均增速	4.5	− 5	1.2	9.9
2015～2020 年平均增速	7.9	8.5	6.1	6.7
2017～2022 年平均增速	7.4	9.1	2.9	6.9
2019～2022 年平均增速	10.3	16	5.5	6.9

资料来源：国家统计局网站，http：//www. stats. gov. cn。

（三）全国和私营企业外贸的五三一变化

重要数据 1：全国进出口总额，2017～2022 年五年平均增速为 9%，三年新冠肺炎疫情期间平均增速为 11.3%，2022 年增速为 4%。同期，国有企业进出口总额增速分别为 8.7%、9.5%、10.5%；私营企业增速分别为进出总额增速分别为 15.8%、18.6%、9.3%，明显高于全国增速水平；外资企业进出口总额增速分别为 2.5%、4.4%、− 4.4%，明显低于全国水平。民营企业进出口总额占全国的比重，2017 年为 38.9%、2019 年为 43.3%、2022 年为 51%，五年提高了 12 个百分点（见表 0 - 9、表 0 - 10）。

表0-9　　　　　　　　各经济类型企业进出口额数据

年份	全国企业（亿元）	国有控股（亿元）	占比（%）	涉外企业（亿元）	占比（%）	私营企业（亿元）	占比（%）	民营企业（亿元）	占比（%）
2015	39 530	6 502	16.4	18 346	46.4	13 854	35.0	14 682	37.1
2016	36 849	5 764	15.6	16 874	45.8	13 327	36.2	14 211	38.6
2017	41 045	6 687	16.3	18 391	44.8	15 057	36.7	15 967	38.9
2018	46 230	8 046	17.4	19 681	42.6	17 522	37.9	18 503	40.0
2019	45 761	7 725	16.9	18 239	39.9	18 788	41.1	19 797	43.3
2020	46 463	6 657	14.3	17 976	38.7	20 992	45.2	21 830	47.0
2021	60 515	9 190	15.2	21 717	35.9	28 650	47.3	29 608	48.9
2022	63 096	10 158	16.1	20 764	32.9	31 303	49.6	32 174	51.0

资料来源：海关总署网站"统计月报"栏目，http：//www.customs.gov.cn/customs/302249/zfxxgk/2799825/302274/302277/4185050/index.html。

表0-10　　　　　　　　各经济类型企业进出口增速　　　　　　　　单位:%

年份	全国企业	国有控股	涉外企业	私营企业	民营企业
2015	-8.1	-13	-7.5	-1.2	-6.3
2016	-6.8	-11.4	-8	-3.8	-3.4
2017	11.4	16	9	13	12.4
2018	12.6	20.3	7	16.4	15.89
2019	-1	-4	-7.3	7.2	6.99
2020	1.5	-13.8	-1.4	11.7	10.3
2021	30.2	38	20.8	36.5	35.6
2022	4.3	10.5	-4.4	9.3	8.7
2015～2020年平均增速（%）	3.3	0.5	-0.4	8.7	8.2
2017～2022年平均增速（%）	9	8.7	2.5	15.8	15.1
2019～2022年平均增速（%）	11.3	9.5	4.4	18.6	17.6

资料来源：海关总署网站"统计月报"栏目，http：//www.customs.gov.cn/customs/302249/zfxxgk/2799825/302274/302277/4185050/index.html。平均增长率按公布年度增长率累计计算。

重要数据2：全国出口总额，2017～2022年五年平均增速为9.7%，三

年新冠肺炎疫情期间平均增速为 12.9%，2022 年增速为 7%。同期，国有企业出口总额增速分别为 4.2%、6.4%、5.6%；私营企业增速分别为进出总额增速分别为 16.3%、19.9%、13.4%，明显高于全国增速水平；外资企业进出口总额增速分别为 2.9%、5.2%、−2.5%，明显低于全国水平。民营企业进出口总额占全国的比重，2017 年为 46.6%、2019 年为 51.9%、2022 年为 60.8%，五年提高了 14 个百分点（见表 0 - 11、表 0 - 12）。

表 0 - 11　　　　　　　　**各经济类型企业出口额数据**

年份	全国企业（亿元）	国有控股（亿元）	占比（%）	涉外企业（亿元）	占比（%）	私营企业（亿元）	占比（%）	民营企业（亿元）	占比（%）
2015	22 750	2 424	10.7	10 047	44.2	9 737.7	42.8	10 278	45.2
2016	20 982	2 156	10.3	9 170	43.7	9 147.9	43.6	9 656	46.0
2017	22 635	2 312	10.2	9 776	43.2	10 043.6	44.4	10 547	46.6
2018	24 874	2 573	10.3	10 360	41.7	11 405.3	45.9	11 941	48.0
2019	24 990	2 356	9.4	9 661	38.7	12 415	49.7	12 974	51.9
2020	25 906	2 075	8.0	9 323	36.0	14 009	54.1	14 509	56.0
2021	33 640	2 689	8.0	11 530	34.3	18 852	56.0	19 420	57.7
2022	35 936	2 841	7.9	11 233	31.3	21 312	59.3	21 862	60.8

资料来源：海关总署网站"统计月报"栏目，http://www.customs.gov.cn/customs/302249/zfxxgk/2799825/302274/302277/4185050/index.html。

表 0 - 12　　　　　　　　**各经济类型企业出口增速**　　　　　　单位:%

年份	全国企业	国有控股	涉外企业	私营企业	民营企业
2015	−2.9	−5.5	−6.5	2	1.6
2016	−7.7	−11	−8.7	−5.9	−6.1
2017	7.9	7.3	6.6	9.8	9.2
2018	9.9	11.1	6	13.6	13.2
2019	0.5	−8.3	−6.7	8.9	8.6
2020	3.6	−12	−3.5	12.8	11.8
2021	29.9	29.5	23.7	34.6	33.9
2022	7	5.6	−2.5	13.4	12.6
2015 ~ 2020 年平均增速	2.6	−3.1	−1.5	7.6	7.1

续表

年份	全国企业	国有控股	涉外企业	私营企业	民营企业
2017~2022 年平均增速	9.7	4.2	2.9	16.3	15.7
2019~2022 年平均增速	12.9	6.4	5.2	19.9	19

资料来源：海关总署网站"统计月报"栏目，http：//www.customs.gov.cn/customs/302249/zfxxgk/2799825/302274/302277/4185050/index.html。平均增长率按公布年度增长率累计计算。

（四）全国和私营企业税收的五三一变化

重要数据1：全国税收总额，从2017年的15.57万亿元，增长至2022年的16.07万亿元，五年平均增速为2.7%，三年新冠肺炎疫情期间平均增速为1%，2022年增速为 -6.2%；同期，国有控股税收增速分别为2.5%、5.5%、7.6%；涉外企业税收增速分别为 -3%、-4.3%、-15.7%；私营企业税收增速分别为9.5%、3.5%、-9.4%，全部民营企业税收增速分别为2.2%、-3.2%、-18.7%。

特别提示：全国税收与三类企业税收的平均增速，按当年绝对数计算的增速，低于按公布年度增速累计计算的增速。

重要数据2：国有企业、涉外企业、私营企业、民营企业税收的各自占比，2017年分别为28.6%、18.8%、12.9%、52.7%；2019年分别为24.3%、16.6%、16.5%、58.6%；2022年分别为27.5%、15.6%、19.3%、56.9%。民营经济税收占比五年提高4.2个百分点（见表0-13、表0-14）。

表0-13　　　　　　　　全国和各经济类型企业税收数据

年份	全国税收（亿元）	国有控股（亿元）	占比（%）	涉外企业（亿元）	占比（%）	私营企业（亿元）	占比（%）	民营企业（亿元）	占比（%）
2015	136 021	43 186	31.7	24 763	18.2	13 012	9.6	68 073	50.0
2016	140 504	43 052	30.6	25 613	18.2	15 195	10.8	71 834	51.1
2017	155 735	44 472	28.6	29 201	18.8	20 121	12.9	82 062	52.7

续表

年份	全国税收（亿元）	国有控股（亿元）	占比（%）	涉外企业（亿元）	占比（%）	私营企业（亿元）	占比（%）	民营企业（亿元）	占比（%）
2018	169 957	43 163	25.4	30 328	17.8	26 200	15.4	96 466	56.8
2019	172 102	42 639	24.8	28 596	16.6	28 466	16.5	100 867	58.6
2020	166 000	40 327	24.3	26 625	16.0	29 133	17.6	99 048	59.7
2021	188 737	46 586	24.7	29 704	15.7	34 883	18.5	112 447	59.6
2022	160 744	44 282	27.5	25 050	15.6	31 045	19.3	91 412	56.9
2015~2020 年平均增速（%）	4.1	−1.4		1.5		17.5		7.8	
2017~2022 年平均增速（%）	0.6	−0.1		−3		9.1		2.2	
2019~2022 年平均增速（%）	−2.3	1.3		−4.3		2.9		−3.2	

资料来源：国家税务总局税收月报。平均增长率为按当年绝对数计算，与表 0 – 14 的平均增长率有差异。民营企业为全国税收减去国有和涉外税收，作者自行计算。

表 0 – 14　　　　　　　　各经济类型工业企业税收增速　　　　　单位:%

年份	税收收入	国有控股	涉外企业	私营企业	民营企业
2015	5	8.4	−0.6	3.72	10
2016	3.3	−0.3	3.4	16.78	5.7
2017	10.8	3.3	14	32.7	14.5
2018	9.1	−2.9	3.9	30.2	17.6
2019	1.3	−1.1	−5.4	9	4.6
2020	−3.5	−5.4	−6.9	2.3	−1.8
2021	13.7	15.5	11.6	19.7	13.5
2022	−6.2	7.6	−15.7	−9.4	−18.7
2015~2020 年平均增速	4.1	−1.3	1.5	17.6	7.9
2017~2022 年平均增速	2.7	2.5	−3	9.5	2.2
2019~2022 年平均增速	1	5.5	−4.3	3.5	−3.2

资料来源：国家税务总局税收月报，平均增速按公布增速累计作者自行计算，与表 0 – 13 的平均增速有差异。

（五）全国国有控股企业的五三一变化

2017～2022 年，是中国国有经济快速发展的五年，其多数经济指标的增速，均明显高于全国控股和民营企业与外资企业的增速水平（说明：本节描述的是全国非金融类国有控股企业数据，不包括金融类国有控股企业）。

重要数据 1：全国非金融类国有控股企业资产总额，2017 年为 183.5 万亿元，2021 年为 308.3 万亿元，四年增长了 68%，年均增长 13.9%，远高于前述的全国规模以上工业企业资产总额和国有工业企业资产总额的同期增长速度，远高于同期全国 GDP 的 8% 的名义增长速度。

重要数据 2：全国非金融类国有控股企业营业收入，2017～2022 年五年年均增长 9%，2019～2022 年三年年均增长 9.4%，2022 年增长 8.3%，这个五年、三年和一年的增长速度，高于前述全国工业企业和国有工业企业营业收入的增长速度，高于全国 GDP 增长速度。

重要数据 3：全国非金融类国有控股企业利润总额，2017～2022 年五年年均增长 6.9%，2019～2022 年三年年均增长 5.6%，2022 年增长 -5.1%，这个五年、三年的增长速度，高于前述全国工业企业和国有工业企业利润增长速度。

重要数据 4：全国非金融类国有控股企业税费总额，2017～2022 年五年年均增长 5.4%，2019～2022 年三年年均增长 8.2%，2022 年增长 8.4%，这个五年、三年和一年的增长速度，高于前述全国税收增长速度。这里的税费，包括税收和向国家上缴利润与特别收益金等费用（见表 0 - 15、表 0 - 16）。

表 0 - 15　　　　　　　　非金融类国有控股企业经济数据

年份	资产总额（亿元）	营业收入（亿元）	利润总额（亿元）	税费总额（亿元）	税收总额（亿元）
2010		303 254	19 871	25 317	
2011		367 855	22 557	29 934	
2012		423 770	21 960	33 496	

续表

年份	资产总额 （亿元）	营业收入 （亿元）	利润总额 （亿元）	税费总额 （亿元）	税收总额 （亿元）
2013		464 749	24 051	36 812	
2014		480 636	24 765	37 861	
2015		454 704	23 028	38 599	43 186
2016		458 978	23 158	38 076	43 052
2017	1 835 000	522 015	28 986	42 346	44 472
2018	2 104 000	587 501	33 878	46 090	43 163
2019	2 339 000	625 521	35 961	46 096	42 639
2020	2 685 000	632 868	34 223	46 111	40 327
2021	3 083 000	755 544	45 165	53 560	46 586
2022		825 967	43 148	59 316	44 282
2010～2015 年 平均增速（%）		8.4	3.0	8.8	
2015～2020 年 平均增速（%）		6.8	8.2	3.6	-1.3
2017～2022 年 平均增速（%）		9.6	8.3	7.0	2.5
2019～2022 年 平均增速（%）		9.7	6.3		5.5

资料来源：资产总额数据源于 2018～2022 年国务院向全国人大提供的《全国国有资产管理的综合情况报告》，取其中的非金融类国有控股企业的资产数据；其余数据源于财政部逐年逐月公布的全国非金融类国有控股企业数据。税收总额数据源于国家税务总局历年的月度快报。年均增速为按当年绝对数作者自行计算。

表 0 - 16　　　　　　　　　非金融类国有企业经济增速　　　　　　　单位:%

年份	资产总额	营业收入	利润总额	税费总额
2010		31.1	37.9	25.6
2011		21.5	12.8	17.9
2012		11	-5.8	6.6
2013		10.1	5.9	7.8
2014		4	3.4	5.7
2015		-5.4	-6.7	2.9

续表

年份	资产总额	营业收入	利润总额	税费总额
2016		2.6	1.7	-0.7
2017		13.6	23.5	23.5
2018		10	12.9	3.3
2019		6.9	4.7	-0.7
2020		2.1	-4.5	0.2
2021		18.5	30.1	16.6
2022		8.3	-5.1	8.4
2010~2015 年 平均增速		7.9	1.7	8.1
2015~2020 年 平均增速		7.0	7.2	4.7
2017~2022 年 平均增速		9.0	6.9	5.4
2019~2022 年 平均增速		9.4	5.6	8.2

资料来源：资产总额数据源于 2018~2022 年国务院向全国人大提供的《全国国有资产管理的综合情况报告》，取其中的非金融类国有控股企业的资产数据；其余数据源于财政部逐年逐月公布的全国非金融类国有控股企业数据。税收总额数据源于国家税务总局历年的月度快报。年均增速为按当年公布增速累计作者自行计算。与表 0 – 15 的平均增速有差异。

"五六七八九"，更上一层楼

——民营经济发展与中国式现代化

2018 年 11 月 1 日，习近平总书记在民营企业座谈会上指出："40 年来，我国民营经济从小到大、从弱到强，不断发展壮大"，"概括起来说，民营经济具有'五六七八九'的特征，即贡献了 50% 以上的税收，60% 以上的国内生产总值，70% 以上的技术创新成果，80% 以上的城镇劳动就业，90% 以上的企业数量。"① 这是对民营经济在 40 年大变局中的地位与作用做出的最权威评价。

我们今天再来看，有更新和更多的数据、更具体地证明上述重大判断：民营企业以占用不到 30% 的国家自然（土地、矿产等）资源和金融资源，不到 40% 的政府科技投入资源，创造了全国 50% 以上的投资、税收和进出口，60% 以上的 GDP，70% 以上的科技创新产品，80% 以上的城镇就业，90% 以上的市场主体，创造了全国 100% 以上的城镇新增就业、贸易顺差和外汇储备来源。

未来中国的民营经济将如何发展？其地位和作用是下降，还是会进一步提升？党的二十大对中国未来长期的发展前景——实现中国式现代化，向中

---

① 环球网. 习近平：在民营企业座谈会上的讲话［EB/OL］.（2018 - 11 - 1）［2023 - 6 - 7］. https：//china. huanqiu. com/article/9CaKrnKek3N。

国与世界做出了美好描述与庄严承诺。同时，党的二十大重申了发展民营经济的长期方针，进一步提出了"促进民营经济发展壮大"的新要求。下面，结合党的二十大报告描述的中国式现代化目标和民营经济的未来发展，就其中的三个问题谈一点体会。

（一）中国未来经济增长与民营经济主体作用

党的二十大报告明确提出，到 2035 年，中国的"人均国内生产总值迈上新的大台阶，达到中等发达国家水平"。

通过简单计算，实现这一宏伟目标，未来 10 多年中国经济至少要保持 6.8% 的增速。

2020 年，发达经济体高收入国家的人均 GDP 大约为 4.4 万美元，中等发达国家水平人均 GDP 超过 3 万美元（意大利为 3.1 万美元、西班牙为 2.7 万美元）。以 3 万美元为参考标准，即 2035 年全国的 GDP 达到 40 万亿美元（假设人口规模基本不变）左右。这相当于 2020 年美国 GDP 总量（21 万亿美元）的近 2 倍。这是一个空前宏伟的目标。

假如按"十三五"期间的平均汇率 1 美元兑换 6.76 元人民币计算，届时（2035 年）中国的 GDP 总量要达到 270 万亿元人民币。2020 年中国的 GDP 为 100 万亿元，这意味着 2020～2035 年，中国 GDP 总量要增长 1.7 倍，年均增长 6.8% 左右，这里尚未考虑发达国家自身也要再发展 15 年。

未来中国经济增长上大台阶，最大主力仍是民营经济！

2010～2020 年，全国 GDP 年均增速为 6.8%，其中前 5 年为 7.9%，后 5 年为 5.7%，增速降低 1/4 多。近两年的经济增速更低。

2010～2020 年，工业增加值年均增速为 6.4%，其中前 5 年为 7.8%，后 5 年为 5%，增速降低 1/3。同期，全国规模以上工业营业收入（绝对数计算）年均增长 4.5%，其中，民营工业 7.1%，国有工业 3.7%，外资工业 2.6%。

2012～2022 年，全国固定资产投资和民间投资（按绝对数计算）年均增速都是 7.3%。前 5 年全国投资和民间投资年均增长率都是 10.4%，后 5

年分别增长 4.4% 和 4.3%，增速降低了近 60%。

中国经济的市场主体三驾马车，民营经济、国有经济和外资经济，目前大约各占 GDP 的 65%、25% 和 10%。

表 0 - 17 是简要计算的全国 GDP 在保持过去 10 年的平均水平下，各类企业未来 5 年、10 年和 15 年在 GDP 的总量和份额。

表 0 - 17　　GDP 保持 6.8% 增速、三驾马车占比不变的未来增长趋势 单位：万亿元

项目	2020 年	2025 年	2030 年	2035 年
全国经济	100	139	193	270
民营经济	65	90	125	175
国有经济	25	35	48	68
外资经济	10	14	19	27

若保持目前政策力度格局基本不变，三驾马车仍保持过去十年（2010 ~ 2020 年）的增长速度，民营经济高于国有经济，国有经济高于外资经济，增速若有变化，三者同步增减。那么，到 2030 年，民营经济将占 75% 左右，国有经济占 20% 左右，外资经济占 5% 左右，以后若干年各自的占比可能基本稳定。

若调整政策，向国有企业倾斜，明显提升国企发展速度，适度超过民企速度，更超过外企速度，则到 2030 年，民营经济将占 65% 左右，国有经济占 30% 左右，外资经济占 5% 左右，以后若干年各自的占比可能基本稳定。

若大力度调整政策，大幅度提升国企发展速度，明显超过民企速度，民企速度下降，但高于外企速度，则到 2030 年，民营经济将占 60% 左右，国有经济占 35% 左右，外资经济占 5% 左右，以后若干年各自的占比可能基本稳定。

不管今后政策是基本保持不变，还是适当调整，甚或重大调整，民营经济仍然都是中国经济最大主力。这是改革开放 40 多年后已经形成的一个基本国情，一种基本经济格局，任何人、任何力量，都难以根本改变。

今后，如果不是继续保持与扩大民营经济主体地位与主力作用，而是降低其地位与作用，中国经济增长和中国式现代化的经济重点、难点问题如何解决？

一是中国经济要达到一定的增速问题，主要靠谁来解决？

——民营经济创造的 GDP 份额，2012 年占近 50%；2022 年超过 60%，约 2/3。

二是中国庞大的城镇就业，特别是新增就业和失业再就业，农村劳动力转移到城镇就业，主要靠谁来解决？

——民营经济解决了城镇就业的 80% 以上，城镇新增就业的 100% 以上，农村新转移到城镇就业的 90% 以上。

三是今后农村还要转移到城镇低收入人群，多半需要逐步进入中等收入人群，中等收入人群自身收入水平要逐步提升到发达国家人均收入的至少门槛，这一共同富裕的重点、难点和关键点问题，主要靠谁来解决？

——目前全国中等收入人群 4 亿多，其中一半多属于民营经济相关人员；低收入人群 8 亿多，其中大半属于农村人员，其他大多属于民营经济相关人员。中国的共同富裕，要扩大中等收入人群，要减少低收入人群，重点在民营经济，难点在农村，关键点在农村劳动力向民营经济转移。

四是中国巨大的外贸出口总量的保持、增量的提高，庞大的出口顺差问题，主要靠谁来解决？

——民营企业创造了全国外贸进出口总额的 50% 以上。2012 年，民营企业占全国进出口总额的 25.2%，2022 年占 51%，占出口总额的 61%。

五是中国巨大的外汇储备总量保持甚或有所增加的来源问题，主要靠谁来解决？

——外贸顺差是外汇储备的主要来源。2022 年全国进出口顺差 8 776 亿美元，民营经济顺差 11 549 亿美元，是全国的 1.3 倍。中国外汇储备长期保持在 3 万亿美元之上，重要原因是民营企业十年来的外贸顺差平均每年保持在 7 000 多亿美元水平。

六是中国财税收入的长期稳定增长问题，主要靠谁来解决？

——创造了全国税收的近 60%。2012 年民营企业税收占全国的 49.7%，2021 年占 59.6%，2022 年占 56.9%。

还有七、八、九、十，以至更多的重点、难点问题，主要靠谁来解决？

中国要实现现代化目标，必须长期坚持的一个重大方针和基本政策是，全面落实"两个毫不动摇"，充分发挥民营经济在整体经济中的主体作用，充分发挥国有经济在重点关键行业领域中的骨干与支撑作用，充分发挥外资经济在重要新产业、新技术行业领域中的引领作用。

三驾马车共同发展，各归其位，各显其能，平等保护，公平竞争，相互协调，相互融合。这是中国式改革开放、中国式社会主义、中国式市场经济、中国式现代化的一个更具根本性的特点。

（二）如何理解中国式现代化的五个基本特征？

党的二十大报告指出，中国式现代化，"既有各国现代化的共同特征，更有基于自己国情的中国特色"。中国式现代化有五大特征：一是"中国式现代化是人口规模巨大的现代化"，二是"中国式现代化是全体人民共同富裕的现代化"，三是"中国式现代化是物质文明和精神文明相协调的现代化"，四是"中国式现代化是人与自然和谐共生的现代化"，五是"中国式现代化是走和平发展道路的现代化"。

在 20 世纪 60 年代，中国提出了到 20 世纪末要实现"四个现代化"即实现工业现代化、农业现代化、科学技术现代化和国防现代化。后来邓小平同志将其量化为到 20 世纪末实现人均 GDP1 000 美元的小康生活水平目标。党的二十大在过去的"四个现代化"和实现全面小康的基础之上，进一步提出了中国式现代化的五大特征，并将其量化为人均 GDP 达到中等发达水平。

现代化是人类追求更高级文明的一个主要理想与目标。西方现代化国家在实现这个理想与目标方面走在了世界的前列。西方现代化国家为发展中国家树立了现代化样板，提供了现代化的基本经验，展示了现代化的基本特征。这就是现代化的基本要求和准则，是现代化的共通特征。脱离这个基本共通特征，就不是现代化国家。与此同时，西方各个国家在实现现代化过程中，都有各国的自身特点。

中国在过去的"四个现代化"基础上提出了中国式现代化的五个基本特

征。如果深入仔细地分析这五个基本特征，其与西方现代化的基本要求、准则和共通特征，并无根本区别。当然，就像其他已经实现了现代化的国家都有自身现代化的特点或特殊性一样，中国也有自身现代化的特点或特殊性，但最基本的特征应是相通的和共通的。

比如，"中国式现代化是人口规模巨大的现代化"。中国人口14亿，规模巨大这是事实。但印度也在追求现代化，印度人口马上超过中国，印度的现代化更是人口规模巨大的现代化。并且，相对于国土面积、人口数量和单位国土面积承载的人口的国家，如日本、韩国、德国等现代化国家，其人口规模并不算小，而其人口的密度远大于中国，其人均的土地与矿产资源量，更是远低于中国。因此，考虑人口规模问题时，人口的绝对规模数量很重要，而人口的相对规模数量即人口密度，同样重要。

比如，"中国式现代化是全体人民共同富裕的现代化"。这是我们正在追求的目标，但并非已经成为现实。衡量全体人民共同富裕，现代化国家有两条基本成功经验与基本标准：一是人均GDP或人均收入居于世界高水平，如目前是3万~4万美元；二是基尼系数较低，比如在3.5甚至3以下。中国的人均GDP目前刚进入中等收入国家的上限水平，但中国的基尼系数进入了4.5以上的世界贫富差距巨大的国家行列。这是中国面临的一个重大矛盾与问题。共同富裕是中国未来目标，我们虽然正在不断地追求它，但实现的难度很大，可能远大于人均GDP的进一步增长。

比如，"中国式现代化是物质文明和精神文明相协调的现代化"。这也是我们不断追求的目标，但并非已经成为现实。中国实现现代化，物质文明要提高，精神文明也要提高。这方面，我们还有很长的道路要走。

比如，"中国式现代化是人与自然和谐共生的现代化"。人与自然和谐共生，发展绿色经济，倡导绿色消费，保护人类赖以生存的地球村。这是西方国家现代化进程中早已提出的口号与目标追求。西方国家是在走向现代化过程中，深深地认识到人类追求现代化时破坏自然环境的沉重代价。中国已经深深地认识到了这一巨大问题。我们正在走西方发展达国家已经走过的道路，只是结合中国的特点，提出中国的方案，反复强调必须实现"人与自然和谐共生"。中国人口众多，国土面积大，经济体量大，特别是制造业庞大，要实现"人与自然和谐共生"目标，任务十分艰巨。

比如，"中国式现代化是走和平发展道路的现代化"。经历两次世界大战后，各国都认识到战争对人类进步的灾难性影响。因此，第二次世界大战之后，各国、特别是西方国家在实现现代化过程中，都十分强调和平发展。这已经成为当今世界的主题。第二次世界大战之后，大多数西方发达国家，一直寻求和平发展、和平交往、和平相处。正是这种和平发展，使得西方发达国家现代化的实现程度更高、更好、更持久、更安全。中国过去是战争的严重受害者，因此，中国更加珍惜和平、追求和平。中国在从低收入国家、到中等收入国家、再到中高收入国家的过程中，一直奉行与各国和平共处原则，为自身创造了良好的和平发展环境。未来，中国在从世界第二大经济体进入现代化强国的进程中，更要强化走和平发展道路的重要性与必要性。这是中国现代化的内在需要，也是世界发展的客观需要。

（三）民营经济在中国式现代化中的主体作用

建设中国式现代化的行动主体是人民，推动中国式现代化实现的市场主体是国有企业、民营企业和外资企业"三驾马车"。从中国式现代化的五个特征看，三驾马车各自都将扮演着重要角色。但从各自角色的作用份量看，民营经济起着最大的主体作用。

一看"中国式现代化是人口规模巨大的现代化"。中国人口规模巨大，劳动力人口规模巨大，城镇劳动力人口规模巨大，城镇劳动力中民营经济劳动力人口规模巨大。中国人口 14 亿，其中，劳动人口 7.5 亿；劳动人口中，城镇近 4.7 亿人；城镇劳动就业中，民营经济就业人口占 80%；农村转移城镇就业的人口，绝大多数也由民营经济承接。由此可见，人口规模巨大的现代化，主体体现者或担当者，就是民营经济。这完全是不可替代的。如果没有民营经济承担这么巨大规模的就业、新增就业和农村转移就业，中国人口和劳动力规模巨大的现代化目标的实现，是完全不可想象的。

二看"中国式现代化是全体人民共同富裕的现代化"。全体人民共同富裕，在中国目前阶段，最根本的是要扩大中等收入人群、减少低收入人群比例，缩小人群之间的收入差距。实现这个目标，重点和难点都在民营经济。中国目前高收入人群大约1亿人，中等收入人群大约4亿人，低收入人群大约8亿~9亿人。除农村外，城镇中等收入人群的50%、低收入人群的90%以上，归属于民营经济领域，主要是民营中小微型企业和个体户。总体看，民营经济是中国共同富裕的主要担纲者。如果民营经济中的几亿低收入人群的多半人口不能进行中等收入人群，中国的共同富裕就难以实现。只有不断地提高企业发展质量，特别是提高民营企业的发展质量，才有条件真正扩大中等收入人群，减小低收入人群比例。

三看"中国式现代化是物质文明和精神文明相协调的现代化"。两个文明相协调，是对政府的要求，是对全社会的要求，也是对三大市场主体——国企、民企和外企的要求。由于民企数量庞大、就业队伍庞大、企业体小而分散、经营环境条件相对低下、人员文化技能相对不高、产品服务质量问题较多、劳资矛盾纠纷相对较多等因素，两个文明相协调的任务，落在民营企业身上的更重、更大、更多、更广、更难。如果中国广大的中小微民营企业的两个文明协调能够提高到一个新的历史水平，中国的现代化文明就奠定了广泛而坚实的主要微观基础。

四看"中国式现代化是人与自然和谐共生的现代化"。人与自然和谐共生，这是经过40多年发展正反两方面经验教训得到的共识结论。回首过去发展，国企、民企和外企，都在不同程度上遇到了如何与自然和谐共生的问题。几十年来，中国大地上大量地、长期地、广泛地存在的，诸如滥采乱挖、资源破坏、环境污染等严重问题，相对而言，发生在民营企业身上的数量更多、问题更大、矛盾更深、影响更广、解决更难。实现人与自然和谐共生的现代化，人人有责，家家有责，企企有责，其中，民企、民企老板、民企员工面临的责任更多、更重、更广。因此，可以说，民营企业也是人与自然和谐共生的重要担纲者。

五看"中国式现代化是走和平发展道路的现代化"。和平发展，既是国家大事，也是企业大事。一个和平稳定的国际环境，是企业正常发展的重要国际条件。与此同时，企业自身也是和平发展的微观担当者、体现者和践行者。民营企业是中国外贸的最大主体，是中国企业走出去的最大群体，是中国企业海外投资的最大群体，也是中国在境外参与当地市场平等竞争的最大群体。中国民营企业要成为中国和平发展的重要使者，在参与国际市场竞争的过程中，充分体现和平发展、平等发展、合规发展、和谐发展。

总体来看，民营经济是推进中国式现代化的重要力量。这是中国现代化的一个基本国情。忘记、轻视和忽略这个基本国情，中国现代化无从谈起。

主要报告

一、民企政策环境

——重申支持态度，期待切实执行

2022 年，国家出台了一系列稳定经济、加强监管、深化改革的政策措施，许多与民营经济发展直接相关。年末的中央经济工作会强调，"针对社会上对我们是否坚持'两个毫不动摇'的不正确议论，必须亮明态度，毫不含糊。要从制度和法律上把对国企民企平等对待的要求落下来，从政策和舆论上鼓励支持民营经济和民营企业发展壮大"，再一次给民营企业吃下了定心丸。

（一）法律法规

2022 年，全国人大和国务院通过一系列法律法规条例，其中全国人大及其常委会全年共制定法律 5 件，修改法律 9 件，现行有效法律从 2021 年底的 291 件增至 2021 年底的 296 件；国务院制定条例 4 部。其中，与民营经济相关的如表 1－1 所示。

表 1 – 1   2022 年全国人大和国务院发布的与民营经济相关法律、
法规与条例

时间	法律及条例	相关内容
2022 年 4 月 20 日	《中华人民共和国期货和衍生品法》	围绕期货交易、结算与交割基本制度，期货交易者保护制度，期货经营机构和期货服务机构的监管，期货交易场所和期货结算机构的运行，期货市场监督管理，法律责任等作了规定
2022 年 4 月 20 日	修订《中华人民共和国职业教育法》	加强党对职业教育的领导，实施职业教育必须坚持中国共产党的领导，坚持社会主义办学方向；民办职业学校依法健全决策机制，强化学校的中国共产党基层组织政治功能，保证其在学校重大事项决策、监督、执行各环节有效发挥作用。发挥企业职业教育主体作用，支持社会力量办学，扩大职业学校办学自主权
2022 年 6 月 24 日	修订《中华人民共和国反垄断法》	增加规定经营者不得滥用数据和算法、技术、资本优势以及平台规则等排除、限制竞争；规定经营者不得组织其他经营者达成垄断协议或者为其他经营者达成垄断协议提供实质性帮助；明确规定具有市场支配地位的经营者利用数据和算法、技术以及平台规则等设置障碍，对其他经营者进行不合理限制的，属于滥用市场支配地位的行为；规定国务院反垄断执法机构应当依法加强民生、金融、科技、媒体等领域经营者集中的审查。针对反垄断执法中反映出的问题，大幅提高了对相关违法行为的罚款数额，增加了对达成垄断协议的经营者的法定代表人、主要负责人和直接责任人员的处罚规定
2022 年 9 月 2 日	《中华人民共和国反电信网络诈骗法》	完善电话卡、物联网卡、金融账户、互联网账号有关基础管理制度；落实实名制，规定电话卡、互联网服务真实信息登记制度。规定金融、通信、互联网行业主管部门统筹推进相关跨行业、企业的统一监测系统建设，推进涉诈样本信息数据共享；要求互联网企业移送监测发现的嫌疑线索
2022 年 10 月 25 日	《促进个体工商户发展条例》	明确个体工商户在社会主义市场经济中的地位和作用，以及促进个体工商户发展的基本原则；完善促进个体工商户发展的工作机制；明确政府及其有关部门在促进个体工商户发展方面的职责要求；强化政府及其有关部门履职约束，加大个体工商户合法权益保护力度

（二）重要会议

2022年，中央全面深化改革委员会先后召开了四次会议，审议通过了一系列政策文件。中央财经委员会、国务院金融稳定发展委员会各召开一次会议。年末召开的中央经济工作会议指出，"坚持发展是党执政兴国的第一要务，把实践作为检验各项政策和工作成效的标准；坚持社会主义市场经济改革方向，坚持推进高水平对外开放，依法保护产权和知识产权，恪守契约精神，营造市场化、法治化、国际化一流营商环境"。2022年党中央和国务院重要会议与民营经济相关内容如表1-2所示。

表1-2　　2022年党中央和国务院重要会议与民营经济相关内容

时间	会议	相关内容
2022年2月28日	中央全面深化改革委员会第二十四次会议	审议通过了《关于加快建设世界一流企业的指导意见》《推进普惠金融高质量发展的实施意见》《关于加强基础学科人才培养的意见》《关于推进国有企业打造原创技术策源地的指导意见》
2022年3月16日	国务院金融稳定发展委员会会议	在当前的复杂形势下，最关键的是坚持发展是党执政兴国的第一要务，坚持以经济建设为中心，坚持深化改革、扩大开放，坚持市场化、法治化原则，坚持"两个毫不动摇"，切实保护产权。凡是对资本市场产生重大影响的政策，应事先与金融管理部门协调，保持政策预期的稳定和一致性
2022年4月19日	中央全面深化改革委员会第二十五次会议	审议通过了《关于加强数字政府建设的指导意见》《关于进一步推进省以下财政体制改革工作的指导意见》《关于建立健全领导干部自然资源资产离任审计评价指标体系的意见》《"十四五"时期完善金融支持创新体系工作方案》《关于完善科技激励机制的若干意见》
2022年4月26日	中央财经委员会第十一次会议	研究全面加强基础设施建设问题，研究党的十九大以来中央财经委员会会议决策部署落实情况
2022年4月29日	政治局会议	要促进平台经济健康发展，完成平台经济专项整改，实施常态化监管，出台支持平台经济规范健康发展的具体措施。积极回应外资企业来华营商便利等诉求，稳住外贸外资基本盘

时间	会议	相关内容
2022 年 4 月 29 日	政治局第三十八次集体学习	注重激发包括非公有资本在内的各类资本活力,发挥其促进科技进步、繁荣市场经济、便利人民生活、参与国际竞争的积极作用。在社会主义市场经济体制下,资本是带动各类生产要素集聚配置的重要纽带,是促进社会生产力发展的重要力量,要发挥资本促进社会生产力发展的积极作用
2022 年 5 月 25 日	全国稳住经济大盘电视电话会议	3 月尤其是 4 月以来,就业、工业生产、用电货运等指标明显走低,困难在某些方面和一定程度上比 2020 年疫情严重冲击时还大。发展是解决我国一切问题的基础和关键,做好疫情防控需要财力物力保障,保就业保民生防风险都需要发展作支撑。努力推动经济重回正常轨道,努力确保第二季度经济实现合理增长和失业率尽快下降。6 方面 33 条稳经济一揽子政策措施 5 月底前要出台可操作的实施细则、应出尽出。对各地第二季度经济主要指标,将由国家统计部门依法依规实事求是分省公布,国务院对相关工作情况予以通报
2022 年 6 月 22 日	中央全面深化改革委员会第二十六次会议	审议通过了《关于构建数据基础制度更好发挥数据要素作用的意见》《关于加强和改进行政区划工作的意见》《关于开展科技人才评价改革试点的工作方案》《强化大型支付平台企业监管促进支付和金融科技规范健康发展工作方案》。要推动大型支付和金融科技平台企业回归本源,健全监管规则,补齐制度短板,保障支付和金融基础设施安全,防范化解系统性金融风险隐患,支持平台企业在服务实体经济和畅通国内国际双循环等方面发挥更大作用
2022 年 9 月 6 日	中央全面深化改革委员会第二十七次会议	审议通过了《关于健全社会主义市场经济条件下关键核心技术攻关新型举国体制的意见》《关于深化院士制度改革的若干意见》《关于全面加强资源节约工作的意见》《关于深化农村集体经营性建设用地入市试点工作的指导意见》《关于进一步深化改革促进乡村医疗卫生体系健康发展的意见》
2022 年 12 月 15 ~ 16 日	中央经济工作会议	切实落实"两个毫不动摇"。针对社会上对我们是否坚持"两个毫不动摇"的不正确议论,必须亮明态度,毫不含糊。要从制度和法律上把对国企民企平等对待的要求落下来,从政策和舆论上鼓励支持民营经济和民营企业发展壮大。依法保护民营企业产权和企业家权益。各级领导干部要为民营企业解难题、办实事,构建亲清政商关系

（三）中央文件

2022 年，《中共中央 国务院关于加快建设全国统一大市场的意见》《扩大内需战略规划纲要（2022－2035 年）》等重要文件发布，要求"加快建立全国统一的市场制度规则，打破地方保护和市场分割，打通制约经济循环的关键堵点，促进商品要素资源在更大范围内畅通流动，加快建设高效规范、公平竞争、充分开放的全国统一大市场，全面推动我国市场由大到强转变，为建设高标准市场体系、构建高水平社会主义市场经济体制提供坚强支撑"。2022 年党中央和国务院出台的与民营经济相关政策如表 1－3 所示。

表 1－3　　　2022 年党中央和国务院出台的与民营经济相关政策

时间	政策	相关内容
2022 年 3 月 29 日	中共中央办公厅 国务院办公厅印发《关于推进社会信用体系建设高质量发展促进形成新发展格局的意见》	加强法治政府、诚信政府建设，在政府和社会资本合作、招商引资等活动中依法诚信履约，增强投资者信心。建立健全政府失信责任追究制度，完善治理拖欠账款等行为长效机制
2022 年 4 月 10 日	《中共中央 国务院关于加快建设全国统一大市场的意见》	完善依法平等保护各种所有制经济产权的制度体系。实行统一的市场准入制度，严格落实"全国一张清单"管理模式，严禁各地区各部门自行发布具有市场准入性质的负面清单。维护统一的公平竞争制度，坚持对各类市场主体一视同仁、平等对待，健全公平竞争制度框架和政策实施机制，建立公平竞争政策与产业政策协调保障机制，优化完善产业政策实施方式。为资本设置"红绿灯"，防止资本无序扩张。破除平台企业数据垄断等问题，防止利用数据、算法、技术手段等方式排除、限制竞争。加强对平台经济、共享经济等新业态领域不正当竞争行为的规制，整治网络黑灰产业链，治理新型网络不正当竞争行为。建立涉企优惠政策目录清单并及时向社会公开，及时清理废除各地区含有地方保护、市场分割、指定交易等妨碍统一市场和公平竞争的政策，全面清理歧视外资企业和外地企业、实行地方保护的各类优惠政策，对新出台政策严格开展公平竞争审查

续表

时间	政策	相关内容
2022 年 5 月 6 日	中共中央办公厅 国务院办公厅印发《关于推进以县城为重要载体的城镇化建设的意见》	全面落实取消县城落户限制政策，确保稳定就业生活的外来人口与本地农业转移人口落户一视同仁。引导社会资金参与县城建设，盘活国有存量优质资产，规范推广政府和社会资本合作模式
2022 年 5 月 22 日	中共中央办公厅 国务院办公厅印发《关于推进实施国家文化数字化战略的意见》	鼓励多元主体依托国家文化专网，共同搭建文化数据服务平台。支持符合科创属性的数字化文化企业在科创板上市融资
2022 年 5 月 23 日	中共中央办公厅 国务院办公厅印发《乡村建设行动实施方案》	引导和鼓励社会力量投入乡村建设。对经营性建设项目，规范有序推广政府和社会资本合作模式，切实发挥运营企业作用
2022 年 10 月 7 日	中共中央办公厅 国务院办公厅印发《关于加强新时代高技能人才队伍建设的意见》	鼓励各类企业事业组织、社会团体及其他社会组织以独资、合资、合作等方式依法参与举办职业教育培训机构，积极参与承接政府购买服务
2022 年 12 月 9 日	《中共中央 国务院关于构建数据基础制度更好发挥数据要素作用的意见》	不断健全数据要素市场体系和制度规则，防止和依法依规规制资本在数据领域无序扩张形成市场垄断等问题
2022 年 12 月 14 日	中共中央 国务院印发《扩大内需战略规划纲要（2022 – 2035 年)》	在要素获取、准入许可、经营运行、标准制定、招投标、政府采购等方面，对各类所有制企业平等对待。鼓励民营企业增加研发投入，推动设备更新和技术改造，扩大战略性新兴产业投资，提高自主创新能力，掌握拥有自主知识产权的核心技术。鼓励和引导非国有资本投资主体通过参股控股、资产收购等多种形式，参与国有企业改制重组。切实保护民营企业的合法权益，培育和维护公平竞争的投资环境。加强对民营企业的服务、指导和规范管理
2022 年 12 月 21 日	中共中央办公厅 国务院办公厅印发《关于深化现代职业教育体系建设改革的意见》	打造市域产教联合体，有效推动各类主体深度参与职业学校专业规划、人才培养规格确定、课程开发、师资队伍建设。支持龙头企业和高水平高等学校、职业学校牵头，组建学校、科研机构、上下游企业等共同参与的跨区域产教融合共同体

（四）国务院政策

2022 年，为应对新冠肺炎疫情防控对经济的冲击，国务院实施了规模空前的增值税留抵税额退税制度。此前三年已对留抵退税进行了一定规模的试点，2018 年对装备制造、研发服务、电网等符合条件的企业，对期末留抵税额实行了一次性退还；2019 年在部分先进制造业试行增值税期末留抵税额退税制度；2021 年推广至全部先进制造业。在此基础上，2022 年 4 月扩大至所有行业的小微企业（含个体工商户），以及制造业、科学研究和技术服务业、电力热力燃气及水生产和供应业、软件和信息技术服务业、生态保护和环境治理业、交通运输仓储和邮政业 6 个行业；2022 年 7 月进一步扩大至批发和零售业、农林牧渔业、住宿和餐饮业、居民服务修理和其他服务业、教育、卫生和社会工作、文化体育和娱乐业 7 个行业。

2022 年，国务院将全部行政许可事项纳入清单管理，编制并公布包括 996 项行政许可的《法律、行政法规、国务院决定设定的行政许可事项清单（2022 年版）》，并要求省、市、县年底前编制完成本级行政许可事项清单（见表 1 - 4）。

表 1 - 4　　　　　2022 年国务院出台的与民营经济相关政策

时间	政策	相关内容
2022 年 1 月 19 日	《国务院办公厅关于促进内外贸一体化发展的意见》	促进内外贸法律法规、监管体制、经营资质、质量标准、检验检疫、认证认可等高水平衔接，降低企业市场转换的制度成本
2022 年 1 月 30 日	《国务院办公厅关于全面实行行政许可事项清单管理的通知》	构建形成全国统筹、分级负责、事项统一、权责清晰的行政许可事项清单体系
2022 年 2 月 22 日	《国务院办公厅关于加快推进电子证照扩大应用领域和全国互通互认的意见》	加快推进电子证照扩大应用领域和全国互通互认，实现更多政务服务事项网上办、掌上办、一次办
2022 年 4 月 7 日	《国务院关于修改和废止部分行政法规的决定》	对 14 部行政法规的部分条款予以修改，对 6 部行政法规予以废止

续表

时间	政策	相关内容
2022 年 4 月 25 日	《国务院办公厅关于进一步释放消费潜力促进消费持续恢复的意见》	围绕保市场主体加大助企纾困力度，做好基本消费品保供稳价
2022 年 5 月 25 日	《国务院办公厅关于进一步盘活存量资产扩大有效投资的意见》	提出通过 REITs、PPP、产权交易等方式降低政府和企业负债水平，化解债务风险，挖掘闲置低效资产价值
2022 年 5 月 26 日	《国务院办公厅关于推动外贸保稳提质的意见》	帮扶外贸企业应对困难挑战，实现进出口保稳提质任务目标
2022 年 5 月 31 日	《国务院关于印发扎实稳住经济一揽子政策措施的通知》	提出六个方面 33 项具体政策措施及分工安排
2022 年 7 月 12 日	《国务院办公厅转发国家发展改革委关于在重点工程项目中大力实施以工代赈促进当地群众就业增收工作方案的通知》	在重点工程配套设施建设中实施一批以工代赈中央预算内投资项目，劳务报酬占中央资金比例由原规定的 15% 以上提高到 30% 以上
2022 年 8 月 12 日	《国务院关于取消和调整一批罚款事项的决定》	取消公安、交通运输、市场监管领域 29 个罚款事项，调整交通运输、市场监管领域 24 个罚款事项
2022 年 8 月 17 日	《国务院办公厅关于进一步规范行政裁量权基准制定和管理工作的意见》	规范行使行政裁量权，完善执法程序，强化执法监督
2022 年 9 月 15 日	《国务院办公厅关于进一步优化营商环境降低市场主体制度性交易成本的意见》	打造市场化法治化国际化营商环境，降低制度性交易成本，提振市场主体信心，助力市场主体发展
2022 年 10 月 3 日	《国务院办公厅关于加快推进"一件事一次办"打造政务服务升级版的指导意见》	推动更多关联性强、办事需求量大的跨部门、跨层级政务服务事项实现"一件事一次办"
2022 年 10 月 5 日	《国务院办公厅关于扩大政务服务"跨省通办"范围进一步提升服务效能的意见》	组织实施《全国政务服务"跨省通办"新增任务清单》
2022 年 10 月 26 日	《国务院办公厅关于印发第十次全国深化"放管服"改革电视电话会议重点任务分工方案的通知》	2022 年底前，省级、市级、县级人民政府按照统一的清单编制要求，编制并公布本级行政许可事项清单
2022 年 11 月 16 日	《国务院办公厅关于市场监督管理综合行政执法有关事项的通知》	梳理规范市场监管领域依据法律、行政法规设定的行政处罚和行政强制事项，以及部门规章设定的警告、罚款的行政处罚事项

（五）最高检最高法政策

《最高人民法院关于为加快建设全国统一大市场提供司法服务和保障的意见》强调人民法院要在全国范围内通过统一正确实施法律，确保市场规则的统一，助力全国统一大市场建设。

2022 年，检察机关起诉破坏市场经济秩序犯罪 10.1 万人。为防止"办了案子、垮了企业"，最高人民检察院全面推开涉案企业合规改革试点，对企业负责人涉经营类犯罪，依法可捕可不捕的不捕，可诉可不诉的不诉，督促涉案企业作出合规承诺、落实合规整改。全年共办理企业合规案件 5 150 件，对整改合规的 1 498 家企业、3 051 人依法不起诉（见表 1－5）。

表 1－5　**2022 年"最高法""最高检"出台的与民营经济相关政策**

时间	政策	相关内容
2022 年 1 月 14 日	《最高人民法院关于充分发挥司法职能作用助力中小微企业发展的指导意见》	加强中小微企业产权司法保护，依法高效办理拖欠中小微企业账款案件
2022 年 3 月 1 日	《最高人民检察院关于全面加强新时代知识产权检察工作的意见》	提升知识产权检察综合保护质效，完善知识产权检察体制机制
2022 年 4 月 25 日	《最高人民检察院 国家知识产权局关于强化知识产权协同保护的意见》	整合知识产权行政和司法资源，深化知识产权管理部门与检察机关在知识产权保护工作中的合作
2022 年 5 月 7 日	《最高人民检察院关于支持和服务保障浙江高质量发展建设共同富裕示范区的意见》	发挥检察职能，支持和服务保障浙江高质量发展建设共同富裕示范区提出 21 条具体措施
2022 年 6 月 24 日	《最高人民法院关于为深化新三板改革、设立北京证券交易所提供司法保障的若干意见》	以优质司法服务支持中小企业借助资本市场做大做强
2022 年 7 月 25 日	《最高人民法院关于为加快建设全国统一大市场提供司法服务和保障的意见》	加强市场主体统一平等保护，依法维护统一的市场交易规则，维护统一的市场竞争秩序

（六）部委政策

各部门在职权范围内积极落实党中央和国务院要求。发改委和商务部更新了《市场准入负面清单》《鼓励外商投资产业目录》，其中市场准入负面清单 2022 年版列有禁止准入事项 6 项，许可准入事项 111 项，共计 117 项，相比 2020 年版减少 6 项，比清单首次发布的 2018 年版减少了 34 项。市场监管总局贯彻落实中办、国办关于实行执法事项清单管理制度的要求，印发了《市场监督管理综合行政执法事项指导目录（2022 年版）》，梳理规范市场监管领域依据法律、行政法规设定的行政处罚和行政强制事项，以及部门规章设定的警告、罚款的行政处罚事项共 861 项，包括行政处罚 830 项、行政强制 31 项（见表 1 - 6）。

表 1 - 6　　　　　　2022 年各部委出台的与民营经济相关政策

时间	政策	相关内容
2022 年 1 月 20 日	《国家发展改革委等部门关于推动平台经济规范健康持续发展的若干意见》	强化超大型互联网平台责任，加强全链条竞争监管执法
2022 年 1 月 30 日	《国家发展改革委 国家能源局关于加快建设全国统一电力市场体系的指导意见》	加快建设全国统一电力市场体系，实现电力资源在更大范围内共享互济和优化配置
2022 年 3 月 25 日	国家发展改革委 商务部关于印发《市场准入负面清单（2022 年版）》的通知	禁止准入事项 6 项，许可准入事项 111 项，共计 117 项
2022 年 4 月 11 日	《证监会 国资委 全国工商联关于进一步支持上市公司健康发展的通知》	支持民营企业依法上市融资、并购重组，完善民营企业债券融资支持机制
2022 年 5 月 12 日	《关于开展"携手行动"促进大中小企业融通创新（2022 - 2025 年）的通知》	推动大企业加强引领带动，促进产业链上中下游企业、大中小企业融通创新
2022 年 7 月 23 日	《中国证监会 国家发展改革委 全国工商联关于推动债券市场更好支持民营企业改革发展的通知》	通过完善融资服务、推动产品创新、鼓励金融机构增加投入等方式优化金融服务体系，优化民企融资环境
2022 年 9 月 1 日	《水利部 国家发展改革委 财政部关于推进用水权改革的指导意见》	加快用水权初始分配，推进用水权市场化交易

续表

时间	政策	相关内容
2022 年 9 月 9 日	《市场监管总局关于在全国范围内推进认证机构资质审批"证照分离"改革的公告》	认证机构资质审批实施分类管理,分为高风险领域和低风险领域
2022 年 10 月 25 日	国家发展改革委等部门印发《关于以制造业为重点促进外资扩增量稳存量提质量的若干政策措施》的通知	进一步加大制造业引资力度,着力解决外商投资企业面临的突出问题,全面加强外商投资促进和服务
2022 年 10 月 28 日	《鼓励外商投资产业目录(2022 年版)》	全国鼓励外商投资产业目录,中西部地区外商投资优势产业目录
2022 年 11 月 7 日	《国家发展改革委关于进一步完善政策环境加大力度支持民间投资发展的意见》	发挥重大项目牵引和政府投资撬动作用,推动民间投资项目加快实施,引导民间投资高质量发展,鼓励民间投资以多种方式盘活存量资产
2022 年 11 月 14 日	《关于进一步加大对小微企业贷款延期还本付息支持力度的通知》	对于银行业金融机构因执行延期还本付息政策产生的流动性问题,人民银行综合运用多种货币政策工具,保持银行体系流动性合理充裕
2022 年 11 月 18 日	市场监管总局关于印发《市场监督管理综合行政执法事项指导目录(2022 年版)》的通知	梳理了市场监督管理综合行政执法的事项名称、职权类型、实施依据、实施主体
2022 年 12 月 21 日	《自然资源部关于完善工业用地供应政策支持实体经济发展的通知》	推进工业用地供应由出让为主向租赁、出让并重转变
2022 年 12 月 29 日	教育部等十三部门《关于规范面向中小学生的非学科类校外培训的意见》	整治面向中小学生(含 3 至 6 岁学龄前儿童)的非学科类校外培训问题包括资质不全、培训行为不规范、培训质量良莠不齐等

二、民企工资增长

——增速低位回升,差距被动缩小

2021 年,全国居民人均可支配收入、城镇私营和非私营单位就业人员年平均工资及农民工月均收入增速均在 2020 年较低基数的基础上有所反弹。城镇私营和非私营单位就业人员年平均工资、农村居民人均可支配收入 2020～2021 年平均增速整体与 2015～2019 年增速相当，但农民工月均收入、城镇居民人均可支配收入、全国居民人均可支配收入 2020～2021 年平均增速明显比 2015～2019 年的平均水平又下了一个台阶。

国家统计局每年 1 月公布上一年居民人均可支配收入，5 月公布上一年城镇非私营和私营单位就业人员年平均工资、规模以上企业就业人员年平均工资、农民工月均收入，因此，本章中居民可支配收入的最新数据为 2022 年数据，其余收入指标的最新数据为 2021 年数据。

（一）居民可支配收入情况

2022 年，全国居民人均可支配收入 36 883 元，比上年名义增长 5.0%，扣除价格因素，实际增长 2.9%。分城乡看，城镇居民人均可支配收入 49 283 元，增长 3.9%，扣除价格因素，实际增长 1.9%；农村居民人均可支配收入 20 133 元，增长 6.3%，扣除价格因素，实际增长 4.2%。城乡居民人均可支配收入比值为 2.45，比上年缩小 0.05（见表 2-1、图 2-1）。

分区域看，中部地区居民人均可支配收入比上年增长 6.0%，西部地区增长 5.3，东部地区增长 4.5%，东北地区增长 2.9%。

2022 年，全国居民人均可支配收入中位数 31 370 元，增长 4.7%，中位数是平均数的 85.1%。其中，城镇居民人均可支配收入中位数 45 123 元，增长 3.7%，中位数是平均数的 91.6%；农村居民人均可支配收入中位数 17 734 元，增长 4.9%，中位数是平均数的 88.1%。

2020～2022 年的农村居民可支配收入增速显著高于城镇居民，城乡收入差距相比前些年明显减小。但这一收入差距的缩小是建立在城镇居民收入增速大幅放缓的基础上，可以说是一种"被动"的缩小。疫情防控对城镇经济的影响明显大于农村，导致 2022 年城镇居民收入增速大幅下挫。2020～2022 年三年平均增速仅为 5.2%，比 2015～2019 年的平均增速 8.0% 明显下了一个台阶。

年份	居民可支配收入（元）				增长率（%）				人均 GDP（元）
	全国	城镇	农村	城镇/农村	全国	城镇	农村	农村/城镇	
2013	18 311	26 467	9 430	2.81	10.9	—	—	—	43 497
2014	20 167	28 844	10 489	2.75	10.1	9.0	11.2	1.25	46 912
2015	21 966	31 195	11 422	2.73	8.9	8.2	8.9	1.09	49 922
2016	23 821	33 616	12 363	2.72	8.4	7.8	8.2	1.06	53 783
2017	25 974	36 396	13 432	2.71	9.0	8.3	8.6	1.05	59 592
2018	28 228	39 251	14 617	2.69	8.7	7.8	8.8	1.12	65 534
2019	30 733	42 359	16 021	2.64	8.9	7.9	9.6	1.21	70 328
2020	32 189	43 834	17 131	2.56	4.7	3.5	6.9	1.99	72 000
2021	35 128	47 412	18 931	2.50	9.1	8.2	10.5	1.29	80 976
2022	36 883	49 283	20 133	2.45	5.0	3.9	6.3	1.62	85 724

表 2 - 1　　　　　　　　　　全国居民可支配收入数据

资料来源：国家统计局网站年度数据，https：//data. stats. gov. cn/easyquery. htm？cn = C01。城镇/农村、农村/城镇为大成课题组计算得出。

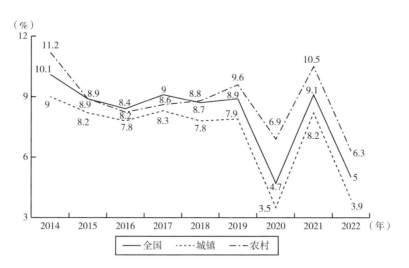

图 2 - 1　2014 ～ 2022 年全国居民人均可支配收入增长情况

资料来源：根据表 2 - 1 整理绘制。

多年来，中国住户部门在国民收入初次分配中的占比仅为 60% 左右，导致人均可支配收入与人均国内生产总值、人均国民总收入差距较大（见表 2 - 2）。

表 2－2　　　　2013～2020 年企业、广义政府与住户部门初次分配比重　　　　单位:%

年份	企业部门	广义政府部门	住户部门
2013	25.2	15.2	59.6
2014	25.2	15.2	59.6
2015	24.5	14.7	60.7
2016	25.0	14.1	60.9
2017	25.6	13.4	61.0
2018	26.1	12.8	61.1
2019	25.9	12.7	61.4
2020	26.9	11.1	62.0

资料来源:《中国统计年鉴 2022》表 3－17。

(二) 城镇单位就业人员年平均工资情况

2021 年，全国城镇私营单位就业人员年平均工资为 62 884 元，比上年增加 5 157 元，名义增长 8.9%，增速比 2020 年提高 1.2 个百分点。扣除价格因素，2021 年全国城镇私营单位就业人员年平均工资实际增长 7.8%。

2021 年，全国城镇非私营单位就业人员年平均工资为 106 837 元，比上年增加 9 458 元，名义增长 9.7%，增速比 2020 年提高 2.1 个百分点。扣除价格因素，2021 年全国城镇非私营单位就业人员年平均工资实际增长 8.6%。

2010～2014 年，由于城镇私营单位就业人员年平均工资增速比非私营单位高，所以私营单位与非私营单位工资差距明显收窄。但 2015 年以来，私营单位工资增速落后于非私营单位，两者工资差距开始拉大。2020 年，由于非私营单位工资增速降幅较大，两者工资增速基本持平。2021 年，私营单位工资增速再度落后于非私营单位工资增速，2020～2021 年，私营单位的工资平均增速仍落后于非私营单位，这一趋势自 2015 年以来已持续 7 年，导致私营单位工资占非私营单位工资比重从 2014 年高峰时的 64.6% 降至 2021 年的 58.9% (见表 2－3、图 2－2)。

表 2-3　　2009～2021 年城镇私营、非私营单位就业人员年平均工资情况

年份	平均工资（元）			名义增长率（%）		
	私营单位	非私营单位	私营/非私营	私营单位	非私营单位	私营/非私营
2009	18 199	32 244	56.4	—	—	—
2010	20 759	36 539	56.8	14.1	13.3	1.06
2011	24 556	41 799	58.7	18.3	14.4	1.27
2012	28 752	46 769	61.5	17.1	11.9	1.44
2013	32 706	51 483	63.5	13.8	10.1	1.36
2014	36 390	56 360	64.6	11.3	9.5	1.19
2015	39 589	62 029	63.8	8.8	10.1	0.87
2016	42 833	67 569	63.4	8.2	8.9	0.92
2017	45 761	74 318	61.6	6.8	10.0	0.68
2018	49 575	82 413	60.2	8.3	10.9	0.76
2019	53 604	90 501	59.2	8.1	9.8	0.83
2020	57 727	97 379	59.3	7.7	7.6	1.01
2021	62 884	106 837	58.9	8.9	9.7	0.92
年均增长率						
2009～2021				10.9	10.5	

资料来源：《中国统计年鉴 2022》表 4-9、表 4-13 年均增长率数和私营/非私营为大成课题组计算得出。其中 2009～2021 年为以 2009 年为基数的 12 年复合增长率。

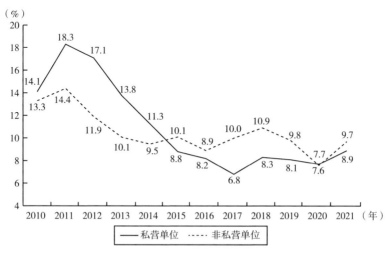

图 2-2　2010～2021 年城镇私营、非私营单位就业人员年平均工资名义增长率情况

资料来源：根据表 2-3 整理绘制。

1. 按区域分

从各区域内私营与非私营单位的工资差距看，中部地区差距最小，低于全国平均水平；东部、西部、东北高于全国平均水平，其中东部地区差距最大。如前所述，城镇私营单位与非私营单位工资差距在 2014 年达到最低，此后工资差距一路拉大。其中，东北、西部差距扩大程度高于全国平均水平，中部、东部差距扩大程度低于全国平均水平（见表 2 - 4、图 2 - 3）。

表 2 - 4 　　　　2019 ~ 2021 年分区域城镇私营、非私营单位就业人员
年平均工资情况

区域	2019 年			2020 年			2021 年		
	非私营（元）	私营（元）	私营/非私营（%）	非私营（元）	私营（元）	私营/非私营（%）	非私营（元）	私营（元）	私营/非私营（%）
全国	90 501	53 604	59.2	97 379	57 727	59.3	106 837	62 884	58.9
东部	104 069	59 471	57.1	112 372	63 601	56.6	124 019	69 706	56.2
中部	73 457	43 927	59.8	78 193	48 861	62.5	85 533	52 698	61.6
西部	81 954	46 777	57.1	88 000	50 510	57.4	94 964	54 278	57.2
东北	71 721	39 861	55.6	77 631	43 928	56.6	83 575	48 106	57.6

资料来源：国家统计局网站数据私营/非私营为大成课题组计算得出。

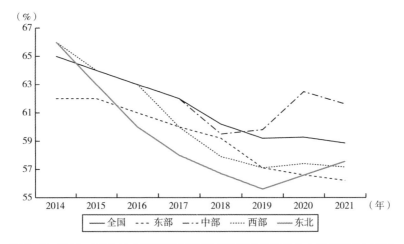

图 2 - 3 　2014 ~ 2021 年全国及四大区域城镇私营单位就业人员年平均工资占
非私营单位就业人员年平均工资的比重

从地区差异看，2021年城镇私营、非私营单位就业人员年平均工资由高到低依次是东部、西部、中部和东北，其中东部高于全国平均水平，其他三个区域低于全国平均水平，这一格局自2014年以来一直没有变化，不过东部地区与西部、东北地区的工资差距有所扩大。私营单位平均工资最高（东部）与最低（东北）地区之比从2014年的1.30扩大到2021年的1.45；非私营单位从1.38扩大到1.48。工资差距扩大的主要原因是东北地区私营单位平均工资增速在2015~2017年大幅下挫，2018年后增速恢复，地区工资差距也基本稳定下来，不再继续扩大（见表2-5、图2-4）。

表2-5　　　　2018~2021年分区域城镇私营、非私营单位就业人员
年平均工资名义增长率情况　　　　　　　　　　　单位:%

区域	2018年		2019年		2020年		2021年	
	非私营	私营	非私营	私营	非私营	私营	非私营	私营
全国	11.0	8.3	9.8	8.1	7.6	7.7	9.7	8.9
东部	10.0	9.2	11.7	7.7	8.0	6.9	10.4	9.6
中部	12.7	8.8	6.5	7.0	6.4	11.2	9.4	7.9
西部	10.9	6.3	8.2	6.7	7.4	8.0	7.9	7.5
东北	9.9	6.9	9.6	7.5	8.2	10.2	7.7	9.5

资料来源：根据表2-3整理绘制。

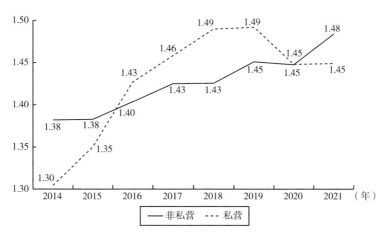

图2-4　2014~2021年私营与非私营单位平均工资最高（东部）和
最低（东北）地区之比

资料来源：根据表2-3整理绘制。

从全国31个省级行政区（不含港澳台）来看，私营单位工资最高的5个地区依次为北京、上海、广东、浙江、江苏；最低的5个地区依次为黑龙江、山西、甘肃、吉林、河南。私营单位工资与非私营单位工资差距最小的5个地区依次为河南、海南、湖南、福建、江西，差距最大的5个地区依次是青海、西藏、云南、上海、北京（见表2-6）。

表2-6　　　　　　2021年分地区城镇单位就业人员年平均工资　　　　单位：元

地区	私营单位	非私营单位	国有	集体	有限责任公司	股份有限公司	港澳台商投资	外商投资
全国	62 884	106 837	115 583	74 491	93 209	121 594	114 034	126 019
北京	100 011	194 651	204 427	75 525	165 330	238 441	245 364	235 427
天津	65 272	123 528	149 054	69 911	108 585	143 314	109 688	122 882
河北	48 185	82 526	81 255	62 548	80 991	95 944	90 750	79 329
山西	45 748	82 413	78 785	56 533	84 849	96 724	83 916	79 281
内蒙古	51 270	90 426	87 209	89 475	92 530	98 779	94 863	87 287
辽宁	50 169	86 062	90 167	49 395	78 251	98 559	78 429	98 281
吉林	47 886	83 028	86 029	77 947	76 055	82 833	75 840	110 807
黑龙江	42 071	80 369	77 455	68 118	84 926	84 174	89 680	74 099
上海	96 011	191 844	225 085	119 507	158 445	229 098	201 109	216 256
江苏	68 868	115 133	156 244	103 460	95 780	117 974	100 125	113 284
浙江	69 228	122 309	171 582	75 225	98 541	123 086	126 716	116 386
安徽	56 154	93 861	116 898	85 045	77 797	105 100	83 940	89 094
福建	62 433	98 071	124 279	75 505	84 952	116 405	82 805	90 778
江西	52 667	83 766	100 170	56 827	71 801	94 747	62 671	71 125
山东	56 521	94 768	113 670	67 351	80 043	99 752	94 588	86 853
河南	48 117	74 872	82 601	64 034	66 706	88 444	65 837	76 716
湖北	56 429	96 994	113 163	58 287	85 153	101 143	77 020	102 296
湖南	54 469	85 438	96 922	59 232	76 007	94 062	72 981	79 079
广东	73 231	118 133	160 329	76 875	106 201	144 168	95 483	105 280
广西	48 494	88 170	96 057	50 220	81 707	100 881	63 932	80 939
海南	62 284	97 471	103 847	68 803	90 991	94 256	139 728	124 236
重庆	59 307	101 670	129 164	71 397	81 124	115 107	87 782	92 123

地区	私营单位	非私营单位	国有	集体	有限责任公司	股份有限公司	港澳台商投资	外商投资
四川	57 399	96 741	113 183	64 911	83 026	110 631	92 247	103 841
贵州	51 557	94 487	97 953	70 025	83 392	123 780	86 579	98 004
云南	48 940	98 730	110 703	91 304	80 440	106 701	67 093	86 849
西藏	66 311	140 355	161 382	76 945	91 070	170 006	125 387	148 067
陕西	52 331	90 996	88 225	65 110	93 571	103 760	82 142	107 321
甘肃	47 212	84 500	92 296	59 787	71 523	89 799	83 135	105 173
青海	50 068	109 346	115 757	88 323	95 322	124 508	101 041	93 813
宁夏	55 327	105 266	111 640	81 922	101 815	95 000	99 769	85 028
新疆	56 123	94 281	92 464	93 218	88 781	131 300	95 746	100 142

资料来源：《中国统计年鉴2022》表4-10、表4-13。

2. 按行业分

2021年，私营单位年平均工资最高的三个行业分别为信息传输、软件和信息技术服务业114 618元，金融业95 416元，科学研究和技术服务业77 708元，分别为全国平均水平的1.82倍、1.52倍、1.24倍。年平均工资最低的三个行业分别是农、林、牧、渔业41 442元，水利、环境和公共设施管理业43 366元，住宿和餐饮业46 817元，分别为全国平均水平的66%、69%、74%。

2021年，非私营单位年平均工资最高的三个行业分别是信息传输、软件和信息技术服务业201 506元，科学研究和技术服务业151 776元，金融业150 843元，分别为全国平均水平的1.89倍、1.42倍、1.41倍。年平均工资最低的三个行业分别是住宿和餐饮业53 631元，农、林、牧、渔业53 819元，居民服务、修理和其他服务业65 193元，分别为全国平均水平的50%、50%、61%。

最高与最低行业平均工资之比，非私营单位为3.76，私营单位为2.77，差距分别较2020年的3.66、2.60略有扩大。

对比私营、非私营单位情况，2021年私营单位工资与非私营单位工资差距最大的是教育、电力/热力/燃气/水生产和供应业、文化/体育/娱乐业，私营单位工资分别为非私营单位的 47.2%、47.3%、47.9%；工资差距最小的是住宿/餐饮业、建筑业、农林牧渔业，私营单位工资分别为非私营单位的 87.3%、79.8%、77.0%。所有行业私营单位的平均工资均低于同行业非私营单位水平。大体上，受管制较少、对民营经济开放程度较高、民间就业活跃的行业，私营与非私营单位工资差距较小（见表 2 - 7）。

表 2 - 7　　2019 ~ 2021 年城镇单位分行业就业人员年平均工资情况

行业	2019 年			2020 年			2021 年		
	非私营（元）	私营（元）	私营/非私营（%）	非私营（元）	私营（元）	私营/非私营（%）	非私营（元）	私营（元）	私营/非私营（%）
合计	90 501	53 604	59.2	97 379	57 727	59.3	106 837	62 884	58.9
农林牧渔业	39 340	37 760	96.0	48 540	38 956	80.3	53 819	41 442	77.0
采矿业	91 068	49 675	54.5	96 674	54 563	56.4	108 467	62 665	57.8
制造业	78 147	52 858	67.6	82 783	57 910	70.0	92 459	63 946	69.2
电力/热力/燃气/水生产和供应业	107 733	49 633	46.1	116 728	54 268	46.5	125 332	59 271	47.3
建筑业	65 580	54 167	82.6	69 986	57 309	81.9	75 762	60 430	79.8
批发和零售业	89 047	48 722	54.7	96 521	53 018	54.9	107 735	58 071	53.9
交通运输/仓储/邮政业	97 050	54 006	55.6	100 642	57 313	56.9	109 851	62 411	56.8
住宿/餐饮业	50 346	42 424	84.3	48 833	42 258	86.5	53 631	46 817	87.3
信息传输/软件/信息技术服务业	161 352	85 301	52.9	177 544	101 281	57.0	201 506	114 618	56.9
金融业	131 405	76 107	57.9	133 390	82 930	62.2	150 843	95 416	63.3
房地产业	80 157	54 416	67.9	83 807	55 759	66.5	91 143	58 288	64.0
租赁/商务服务业	88 190	57 248	64.9	92 924	58 155	62.6	102 537	64 490	62.9
科学研究/技术服务业	133 459	67 642	50.7	139 851	72 233	51.6	151 776	77 708	51.2
水利/环境/公共设施管理业	61 158	44 444	72.7	63 914	43 287	67.7	65 802	43 366	65.9

行业	2019 年			2020 年			2021 年		
	非私营（元）	私营（元）	私营/非私营（%）	非私营（元）	私营（元）	私营/非私营（%）	非私营（元）	私营（元）	私营/非私营（%）
居民服务/修理/其他服务业	60 232	43 926	72.9	60 722	44 536	73.3	65 193	47 193	72.4
教育	97 681	50 761	52.0	106 474	48 443	45.5	111 392	52 579	47.2
卫生/社会工作	108 903	57 140	52.5	115 449	60 689	52.6	126 828	67 750	53.4
文化/体育/娱乐业	107 708	49 289	45.8	112 081	51 300	45.8	117 329	56 171	47.9

资料来源：《中国统计年鉴2022》表 4－11、表 4－13。私营/非私营为大成课题组计算得出。

从行业平均工资的增速来看，2021 年私营单位年平均工资增速最高的三个行业依次为金融业、采矿业、信息传输/软件/信息技术服务业，分别增长15.1%、14.8%、13.2%。增速最低的三个行业依次为水利/环境/公共设施管理业、房地产业、建筑业，分别增长 0.2%、4.5%、5.4%。

非私营单位增速最高的三个行业依次为信息传输/软件/信息技术服务业、金融业、采矿业，分别增长 13.5%、13.1%、12.2%。增速最低的三个行业依次为水利/环境/公共设施管理业、教育、文化/体育/娱乐业，分别增长 3.0%、4.6%、4.7%。

对比 2021 年私营、非私营单位年平均工资增长率情况，18 个行业大类中，有 8 个行业私营单位平均工资名义增长率高于于非私营单位，分别是文化/体育/娱乐业、教育、采矿业、金融业、电力/热力/燃气/水生产和供应业、卫生/社会工作、住宿/餐饮业、租赁/商务服务业（见表 2－8、表 2－9）。

表 2－8　　2011～2021 年城镇私营单位分行业就业人员年平均工资增速　　单位:%

行业	2011年	2012年	2013年	2014年	2015年	2016年	2017年	2018年	2019年	2020年	2021年
合计	18.3	17.1	13.8	11.3	8.8	8.2	6.8	8.3	8.1	7.7	8.9
农林牧渔业	17.4	14.3	12.2	9.0	7.5	8.4	9.5	6.1	3.8	3.2	6.4
采矿业	21.6	16.3	11.4	8.3	6.6	3.7	4.1	6.9	12.7	9.8	14.8

续表

行业	2011年	2012年	2013年	2014年	2015年	2016年	2017年	2018年	2019年	2020年	2021年
制造业	20.1	16.9	13.5	11.3	9.2	8.1	6.8	9.5	7.3	9.6	10.4
电力/热力/燃气/水生产和供应业	17.3	15.3	16.2	12.1	4.4	11.5	7.5	6.6	12.2	9.3	9.2
建筑业	17.5	18.4	12.8	11.3	7.4	7.4	4.8	8.4	6.5	5.8	5.4
批发和零售业	14.4	19.5	12.4	10.8	8.1	8.1	7.0	6.7	7.8	8.8	9.5
交通运输/仓储/邮政业	18.0	8.5	17.7	17.4	4.1	5.5	7.4	10.2	6.8	6.1	8.9
住宿/餐饮业	19.1	14.6	14.3	7.8	8.2	8.9	6.3	7.4	7.0	-0.4	10.8
信息传输/软件/信息技术服务业	13.9	11.1	11.5	15.9	13.1	10.2	10.8	8.4	11.8	18.7	13.2
金融业	-6.1	14.1	13.9	11.5	8.0	12.2	3.8	20.4	20.9	9.0	15.1
房地产业	16.3	13.9	13.8	8.0	10.4	10.3	4.3	7.0	5.9	2.5	4.5
租赁/商务服务业	13.6	17.3	14.0	8.7	11.1	9.3	7.4	3.9	7.2	1.6	10.9
科学研究/技术服务业	8.4	16.9	17.1	10.8	6.3	8.6	6.1	6.5	9.3	6.8	7.6
水利/环境/公共设施管理业	17.1	15.0	18.3	8.3	10.0	7.7	2.4	3.3	4.8	-2.6	0.2
居民服务/修理/其他服务业	12.0	17.2	14.2	11.3	13.7	7.9	7.2	6.9	7.0	1.4	6.0
教育	8.1	12.6	18.4	6.8	2.8	6.7	9.5	6.9	9.8	-4.6	8.5
卫生/社会工作	18.6	14.0	16.1	9.9	9.0	8.5	7.5	10.7	9.2	6.2	11.6
文化/体育/娱乐业	13.3	15.5	16.1	5.3	9.2	9.3	7.8	8.2	10.5	4.1	9.5

资料来源：国家统计局网站年度数据，https：//data. stats. gov. cn/easyquery. htm？cn＝C01。

表 2－9　2011～2021 年城镇非私营单位分行业就业人员年平均工资增速　单位:%

行业	2011年	2012年	2013年	2014年	2015年	2016年	2017年	2018年	2019年	2020年	2021年
合计	14.4	11.9	10.1	9.5	10.1	8.9	10.0	10.9	9.8	7.6	9.7
农林牧渔业	16.5	16.5	13.8	9.8	12.7	5.2	8.6	-0.1	7.9	23.4	10.9
采矿业	18.2	9.0	5.6	2.6	-3.7	1.9	14.8	17.2	11.8	6.2	12.2

行业	2011年	2012年	2013年	2014年	2015年	2016年	2017年	2018年	2019年	2020年	2021年
制造业	18.6	13.6	11.5	10.6	7.7	7.5	8.4	11.8	8.4	5.9	11.7
电力/热力/燃气/水生产和供应业	11.4	10.4	15.3	9.3	7.6	6.3	7.7	10.9	7.6	8.3	7.4
建筑业	16.6	13.6	15.3	8.9	6.7	6.5	6.7	8.9	8.4	6.7	8.3
批发和零售业	20.9	14.0	8.6	11.0	8.0	7.8	9.4	13.1	10.5	8.4	11.6
交通运输/仓储/邮政业	16.3	13.4	8.6	9.4	8.5	7.0	8.9	10.3	9.7	3.7	9.2
住宿/餐饮业	17.6	13.8	8.9	9.5	6.3	6.3	5.5	5.5	4.3	-3.0	9.8
信息传输/软件/信息技术服务业	10.1	13.5	12.9	10.9	11.1	9.3	8.7	10.9	9.3	10.0	13.5
金融业	15.6	10.6	11.0	8.7	6.0	2.3	4.6	5.7	1.2	1.5	13.1
房地产业	19.4	9.2	9.2	8.9	8.4	8.7	5.8	8.7	6.5	4.6	8.8
租赁/商务服务业	18.7	13.2	17.6	7.3	8.0	5.9	6.0	4.6	3.6	5.4	10.3
科学研究/技术服务业	14.0	7.8	10.6	7.4	8.7	8.1	11.6	14.4	8.2	4.8	8.5
水利/环境/公共设施管理业	13.0	12.0	11.7	8.5	11.0	9.7	9.4	8.5	7.9	4.5	3.0
居民服务/修理/其他服务业	17.6	5.9	9.4	9.0	7.0	6.2	6.3	9.5	8.8	0.8	7.4
教育	10.8	10.5	8.8	8.9	17.7	11.9	12.0	10.8	5.7	9.0	4.6
卫生/社会工作	14.8	13.8	10.3	9.1	13.2	11.7	12.0	9.4	11.0	6.0	9.9
文化/体育/娱乐业	15.6	11.9	10.8	8.5	13.0	9.8	9.9	12.3	9.2	4.1	4.7
公共管理/社会保障和社会组织	10.0	9.5	6.9	7.8	17.3	13.9	13.3	9.4	7.3	10.7	6.6

资料来源：国家统计局网站年度数据，https：//data.stats.gov.cn/easyquery.htm？cn=C01。

3. 按登记注册类型分

在城镇单位的主要7种登记注册类型中，2010～2014年，私营单位工资增速与港澳台商投资、外商投资这些体制外单位同处最高行列，国有单位增速较低；而 2015 年以来，国有单位工资增速跃居最高，私营单位增速则降至最低行列。

2021 年平均工资水平最高的是外商投资（126 019 元）、股份有限公司（121 594 元）、国有（115 583 元），平均工资水平较低的是私营（62 884 元）、集体（74 491 元）。从平均工资的增长速度来看，港澳台商投资（13.9%）、外商投资（12.4%）、股份有限公司（12.0%）增速最高，国有（6.9%）、集体（8.6%）增速较低（见表 2 – 10、表 2 – 11）。

表 2 – 10　　2009 ~ 2021 年城镇单位分登记注册类型就业人员年平均工资　　单位：元

时间	私营单位	非私营单位	国有	集体	有限责任公司	股份有限公司	港澳台商投资	外商投资
2009 年	18 199	32 244	34 130	20 607	28 692	38 417	28 090	37 101
2010 年	20 759	36 539	38 359	24 010	32 799	44 118	31 983	41 739
2011 年	24 556	41 799	43 483	28 791	37 611	49 978	38 341	48 869
2012 年	28 752	46 769	48 357	33 784	41 860	56 254	44 103	55 888
2013 年	32 706	51 483	52 657	38 905	46 718	61 145	49 961	63 171
2014 年	36 390	56 360	57 296	42 742	50 942	67 421	55 935	69 826
2015 年	39 589	62 029	65 296	46 607	54 481	72 644	62 017	76 302
2016 年	42 833	67 569	72 538	50 527	58 490	78 285	67 506	82 902
2017 年	45 761	74 318	81 114	55 243	63 895	85 028	73 016	90 064
2018 年	49 575	82 413	89 474	60 664	72 114	93 316	82 027	99 367
2019 年	53 604	90 501	98 899	62 612	79 515	103 087	91 304	106 604
2020 年	57 727	97 379	108 132	68 590	84 439	108 583	100 155	112 089
2021 年	62 884	106 837	115 583	74 491	93 209	121 594	114 034	126 019

资料来源：《中国统计年鉴 2022》表 4 – 10、表 4 – 13。

表 2 – 11　　　　　2010 ~ 2021 年城镇单位分登记注册类型就业人员

年平均工资增速　　单位：%

时间	私营单位	非私营单位	国有	集体	有限责任公司	股份有限公司	港澳台商投资	外商投资
2010 年	14.1	13.3	12.4	16.5	14.3	14.8	13.9	12.5
2011 年	18.3	14.4	13.4	19.9	14.7	13.3	19.9	17.1
2012 年	17.1	11.9	11.2	17.3	11.3	12.6	15.0	14.4
2013 年	13.8	10.1	8.9	15.2	11.6	8.7	13.3	13.0

续表

时间	私营单位	非私营单位	国有	集体	有限责任公司	股份有限公司	港澳台商投资	外商投资
2014 年	11.3	9.5	8.8	9.9	9.0	10.3	12.0	10.5
2015 年	8.8	10.1	14.0	9.0	6.9	7.7	10.9	9.3
2016 年	8.2	8.9	11.1	8.4	7.4	7.8	8.9	8.6
2017 年	6.8	10.0	11.8	9.3	9.2	8.6	8.2	8.6
2018 年	8.3	10.9	10.3	9.8	12.9	9.7	12.3	10.3
2019 年	8.1	9.8	10.5	3.2	10.3	10.5	11.3	7.3
2020 年	7.7	7.6	9.3	9.5	6.2	5.3	9.7	5.1
2021 年	8.9	9.7	6.9	8.6	10.4	12.0	13.9	12.4
年均增长率								
2009~2021	10.9	10.5	10.7	11.3	10.3	10.1	12.4	10.7

资料来源：增长率为大成课题组依据国家统计局数据计算得出，https：//data.stats.gov.cn/easyquery.htm？cn＝C01。其中2009~2021年为以2009年为基数的12年复合增长率。

（三）规模以上企业就业人员分岗位年平均工资情况

2021 年全国规模以上企业就业人员年平均工资为 88 115 元，比上年增长 10.3%，2020~2021 年平均增速 8.2%，比 2015~2019 年的平均增速下降 0.3 个百分点。其中，私营企业就业人员年平均工资为 69 558 元，比上年增长 9.9%，两年平均增速 7.9%，比 2015~2019 年的平均增速下降 0.7 个百分点。私营企业各类岗位工资均处在较低水平，低于外商投资、港澳台投资、国有企业，也低于全国平均水平。私营企业生产制造人员工资与全国平均差距最小，管理人员与全国平均差距最大（见表 2 - 12~表 2 - 14）。

表 2 - 12　　　　2013~2021 年规模以上企业分登记注册类型就业人员

年平均工资

单位：元

登记注册类型	2013 年	2014 年	2015 年	2016 年	2017 年	2018 年	2019 年	2020 年	2021 年
全国	45 676	49 969	53 615	57 394	61 578	68 380	75 229	79 854	88 115
私营	37 732	41 411	44 343	47 477	49 864	54 554	60 551	63 309	69 558
私营/全国	82.6	82.9	82.7	82.7	81.0	79.8	80.5	79.3	78.9

续表

登记注册类型	2013 年	2014 年	2015 年	2016 年	2017 年	2018 年	2019 年	2020 年	2021 年
国有	56 728	62 315	66 943	71 707	78 549	82 364	91 607	97 739	109 914
集体	34 806	38 036	40 880	43 009	44 930	48 053	50 983	54 061	57 562
有限责任公司	46 322	50 398	53 864	57 784	63 069	71 633	79 949	84 780	93 606
股份有限公司	52 138	57 470	61 640	66 399	73 044	81 413	91 052	97 324	108 377
港澳台商投资	49 683	55 265	61 297	66 621	71 872	80 847	90 164	98 765	112 144
外商投资	61 694	68 399	74 563	80 964	87 914	97 083	106 180	112 290	124 622
其他	—	—	—	—	—	—	—	73 459	81 153

资料来源：国家统计局网站数据，https：//data. stats. gov. cn/easyquery. htm？cn = C01。私营/全国数据为大成课题组计算得出。2020 年之前，统计局公布的登记注册类型还包括股份合作、联营、其他内资等，自 2020 年起均列入"其他"。

表 2 – 13   **2014 ~ 2021 年规模以上企业分登记注册类型就业人员**

年平均工资增速   单位：%

登记注册类型	2014 年	2015 年	2016 年	2017 年	2018 年	2019 年	2020 年	2021 年
全国	9.4	7.3	7.0	7.3	11.0	10.0	6.1	10.3
私营	9.8	7.1	7.1	5.0	9.4	11.0	4.6	9.9
国有	9.8	7.4	7.1	9.5	4.9	11.2	6.7	12.5
集体	9.3	7.5	5.2	4.5	7.0	6.1	6.0	6.5
有限责任公司	8.8	6.9	7.3	9.1	13.6	11.6	6.0	10.4
股份有限公司	10.2	7.3	7.7	10.0	11.5	11.8	6.9	11.4
港澳台商投资	11.2	10.9	8.7	7.9	12.5	11.5	9.5	13.5
外商投资	10.9	9.0	8.6	8.6	10.4	9.4	5.8	11.0

资料来源：国家统计局网站年度数据，https：//data. stats. gov. cn/easyquery. htm？cn = C01。

表 2 – 14   **2021 年规模以上企业分登记注册类型分岗位就业**

人员年平均工资

登记注册类型	规模以上企业就业人员	中层及以上管理人员	专业技术人员	办事人员和有关人员	社会生产服务和生活服务人员	生产制造及有关人员
全国	88 115	180 630	125 035	82 512	68 022	68 506
私营	69 558	124 641	90 570	65 393	53 963	59 640
私营/全国	78.9	69.0	72.4	79.3	79.3	87.1

续表

登记注册类型	规模以上企业就业人员	中层及以上管理人员	专业技术人员	办事人员和有关人员	社会生产服务和生活服务人员	生产制造及有关人员
国有	109 914	223 372	143 470	102 096	79 308	89 138
国有/全国	124.7	123.7	114.7	123.7	116.6	130.1
集体	57 562	112 074	67 553	55 031	50 237	50 974
集团/全国	65.3	62.0	54.0	66.7	73.9	74.4
有限责任公司	93 606	197 067	130 867	83 142	71 833	73 270
有限责任/全国	106.2	109.1	104.7	100.8	105.6	107.0
股份有限公司	108 377	249 906	143 763	99 520	82 061	82 205
股份公司/全国	123.0	138.4	115.0	120.6	120.6	120.0
港澳台商投资	112 144	283 854	201 726	121 069	88 502	72 210
港澳台/全国	127.3	157.1	161.3	146.7	130.1	105.4
外商投资	124 622	352 263	188 436	133 842	92 047	81 263
外商/全国	141.4	195.0	150.7	162.2	135.3	118.6
其他	81 153	143 047	95 735	69 724	58 662	57 924
其他/全国	92.1	79.2	76.6	84.5	86.2	84.6

资料来源：国家统计局网站年度数据，https：//data.stats.gov.cn/easyquery.htm？cn＝C01。各登记注册类型/全国数据为大成课题组计算得出。

（四）农民工月均收入情况

2021年农民工月均收入4 432元，比上年增加360元，增长8.8%。其中，外出农民工月均收入5 013元，比上年增加464元，增长10.2%；本地农民工月均收入3 878元，比上年增加272元，增长7.5%。

各区域农民工月均收入增速的差异很小，因而这些年地区收入差距变化不大。在2008～2015年增幅最大的东部地区2015年比2008年收入增长了137.6%，增幅最小的中部地区同期增长了128.9%，7年时间收入差距扩大不到4%。在2016～2021年，增幅最大的东部地区2021年比2016年收入增长了38.6%，增幅最小的东北地区同期增长了24.5%，5年时间收入差距扩大 11.3%。从绝对数看，2021 年收入最高的东部地区和收入最低的东北地区之比为 1.26（见表 2-15）。

表 2-15　　　　　2008～2021 年各区域农民工月均收入情况　　　　单位：元

时间	全国	东部	中部	西部	东北
2008 年	1 340	1 352	1 275	1 273	—
2009 年	1 417	1 422	1 350	1 378	—
2010 年	1 690	1 696	1 632	1 643	—
2011 年	2 049	2 053	2 006	1 990	—
2012 年	2 290	2 286	2 257	2 226	—
2013 年	2 609	—	—	—	—
2014 年	2 864	2 966	2 716	2 797	—
2015 年	3 072	3 213	2 918	2 964	—
2016 年	3 275	3 454	3 132	3 117	3 063
2017 年	3 485	3 677	3 331	3 350	3 254
2018 年	3 721	3 955	3 568	3 522	3 298
2019 年	3 962	4 222	3 794	3 723	3 469
2020 年	4 072	4 351	3 866	3 808	3 574
2021 年	4 432	4 787	4 205	4 078	3 813

资料来源：国家统计局 2012～2021 年《农民工监测调查报告》，在 2008～2015 年全国划分为东部、中部、西部三个区域，其中辽宁属于东部，吉林、黑龙江属于中部；自 2016 年全国划分为东部、中部、西部、东部四个区域。

在农民工就业集中的六大行业中，这些年月均收入增速略有不同，但差异不大，所以各行业收入差距变化较小。增幅最大的制造业 2021 年比 2013 年增长了 78%，增幅最小的住宿和餐饮业同期增长了 54%，收入差距仅扩大了 16%。

从绝对数来看，这些年月均收入最高的行业一直是交通运输仓储和邮政业，受益于快递行业的发展；收入最低的行业在 2013～2016 年是居民服务修理和其他服务业，在 2017～2021 年是住宿餐饮业。收入最高行业和最低行业之比在 1.30～1.43 波动（见表 2-16、表 2-17）。

表 2－16   **2013～2021 年农民工月均收入情况**   单位：元

行业	2013 年	2014 年	2015 年	2016 年	2017 年	2018 年	2019 年	2020 年	2021 年
合计	2 609	2 864	3 072	3 275	3 485	3 721	3 962	4 072	4 432
制造业	2 537	2 832	2 970	3 233	3 444	3 732	3 958	4 096	4 508
建筑业	2 965	3 292	3 508	3 687	3 918	4 209	4 567	4 699	5 141
批发和零售业	2 432	2 554	2 716	2 839	3 048	3 263	3 472	3 532	3 796
交通运输仓储和邮政业	3 133	3 301	3 553	3 775	4 048	4 345	4 667	4 814	5 151
住宿和餐饮业	2 366	2 566	2 723	2 872	3 019	3 148	3 289	3 358	3 638
居民服务修理和其他服务业	2 297	2 532	2 686	2 851	3 022	3 202	3 337	3 387	3 710

资料来源：国家统计局 2014～2021 年《农民工监测调查报告》。

表 2－17   **2014～2021 年农民工月均收入增速情况**   单位：%

行业	同比增速								年均增长率
	2014 年	2015 年	2016 年	2017 年	2018 年	2019 年	2020 年	2021 年	2013～2021 年
合计	9.8	7.2	6.6	6.4	6.8	6.5	2.8	8.8	6.8
制造业	11.6	4.9	8.9	6.5	8.4	6.1	3.5	10.1	7.5
建筑业	11.0	6.6	5.1	6.3	7.4	8.5	2.9	9.4	7.1
批发和零售业	5.0	6.4	4.5	7.4	7	6.4	1.7	7.5	5.7
交通运输仓储和邮政业	5.3	7.7	6.2	7.2	7.3	7.4	3.1	7.0	6.4
住宿和餐饮业	8.4	6.2	5.5	5.1	4.3	4.5	2.1	8.3	5.5
居民服务修理和其他服务业	10.2	6.1	6.1	6.0	6.0	4.2	1.5	9.5	6.2

资料来源：同比增速源自国家统计局 2014～2020 年《农民工监测调查报告》，年均增长率为大成课题组依据同比增长数据计算得出。其中 2013～2021 年为以 2013 年为基数的 8 年复合增长率。

农民工在各行业的收入差距不大，这些年各行业收入差距的扩大也较小，各地区农民工收入差距和收入差距的扩大则更小。各地区之间的收入差距反映了当地的生活成本、相对发展态势，也受劳动力市场流动性的影响。在农民工输出的三个地区中，东北地区的农民工外出的比例最低，外出中跨省的比例最低，这些因素在一定程度上压低了东北地区的农民工收入。

农民工劳动力市场可以说是全国规模最大、同质性最高、流动性最好和受管制最少的市场，这些因素都有助于降低行业间、地区间的收入差距。

这与城镇单位在各区域、各行业、私营单位与非私营单位之间的收入差距形成对比。当然，城镇单位各行业的收入差距有其合理性，不同行业对教育背景、职业技能的要求不同；不同登记注册类型单位之间的收入差距很大程度来自所在行业、企业规模和所需职位的人力资本。

2014 年以来农民工月均收入年均增速为 6.8%，相比之下，全国居民人均可支配收入年均增速为 8.5%，城镇居民人均可支配收入年均增速为 7.6%，农村居民人均可支配收入年均增速为 9.1%，城镇私营单位就业人员工资年均增速为 8.5%，城镇非私营单位就业人员工资年均增速为 9.6%。2015 年以来农民工收入增速下滑幅度更大，2015 ~ 2020 年农民工收入增速每年都是最低（见表 2 - 18、表 2 - 19）。

表 2 - 18　　　　2014 ~ 2021 年农民工收入与全国居民可支配收入、
城镇单位就业人员工资增速比较　　　　单位:%

指标	同比增速							
	2014 年	2015 年	2016 年	2017 年	2018 年	2019 年	2020 年	2021 年
农民工月均收入	9.8	7.2	6.6	6.4	6.8	6.5	2.8	8.8
全国居民人均可支配收入	10.1	8.9	8.4	9.0	8.7	8.9	4.7	9.1
城镇居民人均可支配收入	9.0	8.2	7.8	8.3	7.8	7.9	3.5	8.2
城镇居民工资性收入	7.9	7.8	6.9	7.4	7.2	7.5	3.2	8.0
农村居民人均可支配收入	11.2	8.9	8.2	8.6	8.8	9.6	6.9	10.5
农村居民工资性收入	13.7	10.8	9.2	9.5	9.1	9.8	5.9	14.1
城镇私营单位就业人员年均工资	11.3	8.8	8.2	6.8	8.3	8.1	7.7	8.9
城镇非私营单位就业人员年均工资	9.5	10.1	8.9	10	10.9	9.8	7.6	9.7

资料来源：国家统计局网站年度数据，https：//data. stats. gov. cn/easyquery. htm？cn = C01。年均增长率为大成课题组依据同比增长数据计算得出。

表 2-19　　2013~2021 年农民工月均收入与其他各项收入数据比较　　单位：元

指标	2013 年	2014 年	2015 年	2016 年	2017 年	2018 年	2019 年	2020 年	2021 年
农民工月均收入	2 609	2 864	3 072	3 275	3 485	3 721	3 962	4 072	4 432
全国居民人均可支配收入	18 311	20 167	21 966	23 821	25 974	28 228	30 733	32 189	35 128
城镇居民人均可支配收入	26 467	28 844	31 195	33 616	36 396	39 251	42 359	43 834	47 412
农村居民人均可支配收入	9 430	10 489	11 422	12 363	13 432	14 617	16 021	17 131	18 931
城镇私营单位就业人员年均工资	32 706	36 390	39 589	42 833	45 761	49 575	53 604	57 727	62 884
城镇非私营单位就业人员年均工资	51 483	56 360	62 029	67 569	74 318	82 413	90 501	97 379	106 837
规模以上企业就业人员年平均工资	—	49 969	53 615	57 394	61 578	68 380	75 229	79 854	88 115
人均国内生产总值	43 497	46 912	49 922	53 783	59 592	65 534	70 328	72 000	80 976

资料来源：国家统计局网站年度数据，https：//data. stats. gov. cn/easyquery. htm？cn = C01。

（五）各地最低工资标准情况

由于 2021 年有多达 22 个地区调整了最低工资标准，2022 年只有 6 个地区调整了最低工资标准。其中，福建、重庆、四川、湖南从 2022 年 4 月 1日起施行，河南、云南从 2022 年 10 月 1 日起施行。此外，湖南最低工资标准的挡位设置也从四档减少为三档。

比较各地最低工资标准水平，东部经济发达地区最低工资较高，上海、深圳、北京、广东（除深圳）、江苏、浙江 6 个地区的最低工资标准超过 2 200 元。上海月最低工资标准为 2 590 元，属全国最高。西南、西北、东北等地区的最低工资标准较低，其中安徽省第四档最低工资标准仅为 1 340 元。各地第一档最低工资标准的中位数为 1 940 元，为 2021 年城镇私营单位就业人员月平均工资（5 240.33 元）的 37.0%。

2022 年各地最低工资标准第一档平均数为 2 000 元，比 2021 年的 1 956 元增加 44 元，增幅为 2.2%（见表 2–20）。

表 2–20　　　　　**2022 年全国各地区最低工资标准情况**　　　　　单位：元

地区	实行日期	月最低工资标准			
		第一档	第二档	第三档	第四档
上海	2021 年 7 月 1 日	2 590			
深圳	2021 年 12 月 1 日	2 360			
北京	2021 年 8 月 1 日	2 320			
广东（除深圳）	2021 年 12 月 1 日	2 300	1 900	1 720	1 620
江苏	2021 年 8 月 1 日	2 280	2 070	1 840	
浙江	2021 年 8 月 1 日	2 280	2 070	1 840	
天津	2021 年 7 月 1 日	2 180			
山东	2021 年 10 月 1 日	2 100	1 900	1 700	
重庆	2022 年 4 月 1 日	2 100	2 000		
四川	2022 年 4 月 1 日	2 100	1 970	1 870	
福建	2022 年 4 月 1 日	2 030	1 960	1 810	1 660
湖北	2021 年 9 月 1 日	2010	1 800	1 650	1 520
河南	2022 年 10 月 1 日	2 000	1 800	1 600	
内蒙古	2021 年 12 月 1 日	1 980	1 910	1 850	
陕西	2021 年 5 月 1 日	1 950	1 850	1 750	
宁夏	2021 年 9 月 1 日	1 950	1 840	1 750	
湖南	2022 年 4 月 1 日	1 930	1 740	1 550	
辽宁	2021 年 11 月 1 日	1 910	1 710	1 580	1 420
河北	2019 年 11 月 1 日	1 900	1 790	1 680	1 580
云南	2022 年 10 月 1 日	1 900	1 750	1 600	
新疆	2021 年 4 月 1 日	1 900	1 700	1 620	1 540
山西	2021 年 10 月 1 日	1 880	1 760	1 630	
吉林	2021 年 12 月 1 日	1 880	1 760	1 640	1 540
黑龙江	2021 年 4 月 1 日	1 860	1 610	1 450	
江西	2021 年 4 月 1 日	1 850	1 730	1 610	
西藏	2021 年 7 月 1 日	1 850			

续表

地区	实行日期	月最低工资标准			
		第一档	第二档	第三档	第四档
海南	2021 年 12 月 1 日	1 830	1 730	1 680	
甘肃	2021 年 9 月 1 日	1 820	1 770	1 720	1 670
广西	2020 年 3 月 1 日	1 810	1 580	1 430	
贵州	2019 年 12 月 1 日	1 790	1 670	1 570	
青海	2020 年 1 月 1 日	1 700			
安徽	2021 年 12 月 3 日	1 650	1 500	1 430	1 340
2022 年平均数		2 000	1 803	1 663	1 543
2021 年平均数		1 956	1 748	1 620	1 487
2020 年平均数		1 836	—	—	—

资料来源：根据各地政府、人社厅网站整理，截至 2022 年 12 月 31 日。

三、民间投资回升*

——增速逐月下行，占比再创新低

2022 年，受新冠肺炎疫情防控冲击和房地产开发投资下滑拖累，第三产业民间固定资产投资负增长 7%，为公布民间投资数据以来增速最低，且首次负增长；并因此拖累民间投资累计增速逐月走低，全年仅增长 0.9%，同样是公布数据以来的最低。民间投资占全国投资比重也降至公布民间投资数据以来的最低点，占比首次低于 55%。外商投资企业投资增速更是在 5 月后下挫至负增长，全年 –4.7% 的投资增速也创下"入世"以来最低。而在地方政府专项债、国家预算内资金、开发性政策性金融工具的支持下，政府和国有企业投资逆势走高，承担起稳增长的任务。

---

* 如无特别说明，本部分资料来源：国家统计局网站月度数据，http：//data. stats. gov. cn/ easyquery. htm？cn ＝ A01。

（一）投资拉动经济，出口整体平稳，消费较为低迷

2022 年资本形成总额对经济增长贡献率为 50.1%，拉动 GDP 增长 1.5 个百分点。相比之下，最终消费支出对经济增长贡献率为 32.8%，拉动 GDP 增长 1.0 个百分点；货物和服务净出口对经济增长贡献率为 17.1%，拉动 GDP 增长 0.5 个百分点（见表 3-1）。

表 3-1　　　　2013 年以来三大需求对国内生产总值增长的贡献率

时间	对 GDP 增长的贡献率（%）			GDP 增速（%）	社会消费品零售总额（亿元）	同比增速（%）	贸易顺差（亿美元）	同比增速（%）	占 GDP 比重（%）		
	最终消费支出	资本形成总额	货物和服务净出口						最终消费率	资本形成率	净出口
2013 年	50.2	53.1	-3.3	7.8	232 252.6	13.0	2 590.2	12.5	51.4	46.1	2.4
2014 年	56.3	45.0	-1.3	7.4	259 487.3	11.7	3 830.6	47.9	52.3	45.6	2.1
2015 年	69.0	22.6	8.4	7.0	286 887.8	10.6	5 939.0	55.0	53.7	43.0	3.2
2016 年	66.0	45.7	-11.7	6.8	315 806.2	10.1	5 097.1	-14.2	55.1	42.7	2.3
2017 年	55.9	39.5	4.7	6.9	347 326.7	10.0	4 195.5	-17.7	55.1	43.2	1.8
2018 年	64.0	43.2	-7.2	6.7	377 783.1	8.8	3 509.5	-16.4	55.3	44.0	0.8
2019 年	58.6	28.9	12.6	6.0	408 017.2	8.0	4 210.7	20.0	55.8	43.1	1.2
2020 年	-6.8	81.5	25.3	2.2	391 980.6	-3.9	5 239.9	24.4	54.7	42.9	2.5
2021 年	65.4	13.7	20.9	8.1	440 823.2	12.5	6 758.8	29.0	54.5	43.0	2.6
2022 年 1~3 月	69.4	26.9	3.7	4.8	108 659.1	3.3	1 629.4	40.0	—	—	—
2022 年 1~6 月	32.0	32.0	36.0	2.5	210 431.7	-0.7	3 854.4	53.2	—	—	—
2022 年 1~9 月	41.3	26.7	32.0	3.0	320 304.6	0.7	6 451.5	50.9	—	—	—
2022 年 1~12 月	32.8	50.1	17.1	3.0	439 732.5	-0.2	8 776.0	29.7	—	—	—

资料来源：2022 年上半年贡献率为根据国家统计局公布数据计算得出。

受新冠肺炎疫情防控影响，社会消费品零售总额在 3～5 月、10～12 月共有 6 个月当月同比负增长，全年社会消费品零售总额负增长 0.2%，并导致全年 GDP 仅增长 3.0%，为 1978 年以来增速次低的年份，仅高于 2020 年。净出口和投资对经济增长的贡献因此被动变大，净出口在第二季度被动承担起支撑经济增长的作用，而随着国有部门投资发力，投资在第四季度主动承担起拉动经济的主力军作用。

（二）民间投资逐月走低，外商投资负增长，国有投资发力稳增长

2022 年，全国固定资产投资（不含农户）572 138 亿元，同比增长 5.1%。其中，民间固定资产投资 310 145 亿元，同比增长 0.9%。全年各月民间投资累计增速均低于全国增速，而国有及国有控股投资增速均高于全国增速。

上半年全国投资增速逐月下行，至 6 月基本企稳。但民间投资累计增速继续下行，从 1～2 月的 11.4% 下滑到全年的 0.9%。外商投资企业固定资产投资增速也一路下行，比民间投资下行幅度更大，全年累计负增长超 4%。从登记注册类型看，私营企业、港澳台商投资企业、股份有限公司的投资增速都比较低迷（见表 3－2、表 3－3）。

表 3－2　　2022 年全国、国有控股、民间及外商固定资产投资月度数据

时间	全国固定资产投资		民间投资			国有及国有控股	外商投资企业
	绝对值（亿元）	同比增长（%）	绝对值（亿元）	同比增长（%）	占比（%）	同比增长（%）	同比增长（%）
2022 年 1～2 月	50 763	12.2	29 176	11.4	57.5	14.1	13.3
2022 年 1～3 月	104 872	9.3	59 622	8.4	56.9	11.7	5.5
2022 年 1～4 月	153 544	6.8	86 872	5.3	56.6	9.1	0.4
2022 年 1～5 月	205 964	6.2	117 128	4.1	56.9	8.5	-2.2
2022 年 1～6 月	271 430	6.1	153 074	3.5	56.4	9.2	-2.9

续表

时间	全国固定资产投资		民间投资			国有及国有控股	外商投资企业
	绝对值（亿元）	同比增长（%）	绝对值（亿元）	同比增长（%）	占比（%）	同比增长（%）	同比增长（%）
2022 年 1～7 月	319 812	5.7	178 073	2.7	55.7	9.6	-4.3
2022 年 1～8 月	367 106	5.8	203 148	2.3	55.3	10.1	-4.0
2022 年 1～9 月	421 412	5.9	232 043	2.0	55.1	10.6	-2.9
2022 年 1～10 月	471 459	5.8	258 413	1.6	54.8	10.8	-3.0
2022 年 1～11 月	520 043	5.3	284 109	1.1	54.6	10.2	-3.4
2022 年 1～12 月	572 138	5.1	310 145	0.9	54.2	10.1	-4.7

表 3-3　　2019 年以来按登记注册类型分固定资产投资同比增长情况　　单位：%

登记注册类型	2019 年	2020 年	2021 年	2022 年 1～3 月	2022 年 1～6 月	2022 年 1～9 月	2022 年 1～12 月
全国投资	5.4	2.9	4.9	9.3	6.1	5.9	5.1
内资	5.5	2.8	4.7	9.3	6.2	6.2	5.5
国有企业	-1.7	-12.1	0.7	11.7	12.0	13.9	12.8
集体企业	1.7	-21.4	5.5	12.7	18.2	20.4	18.7
股份合作企业	10.9	-34.3	42.4	38.7	18.5	27.7	18.3
联营企业	-9.4	-10.7	35.8	11.1	4.1	0.3	4.5
有限责任公司	17.1	10.8	3.9	10.8	6.1	6.0	5.7
国有独资公司	17.8	20.4	2.9	11.7	9.4	11.0	10.9
其他有限责任公司	16.9	7.8	4.3	10.5	5.0	4.3	3.9
股份有限公司	12.4	-12.2	-13.6	3.7	3.0	1.1	2.2
私营企业	-2.6	5.1	12.7	10.6	5.3	3.4	2.1
港澳台商投资	7.5	4.2	16.4	9.0	6.3	3.8	0.2
外商投资	-0.7	10.6	5.0	5.5	-2.9	-2.9	-4.7
个体经营	0.4	-7.5	28.0	43.9	30.9	22.9	13.6

2022 年民间固定资产投资占全国固定资产投资比例为 54.2%，下滑至 2012 年开始公布民间投资数据以来的最低点。而当年投资增量中民间投资占比更是下滑至 10.0%（见表 3-4、图 3-1、表 3-5）。

表 3 - 4　　　　2012 年以来全国、国有控股、民间及外商固定资产投资年度数据

时间	全国固定资产投资		民间投资			国有及国有控股同比（%）	外商投资企业同比（%）
	绝对值（亿元）	同比（%）	绝对值（亿元）	同比（%）	占比（%）		
2012 年	271 843	18.4	153 698	—	56.5	14.7	7.8
2013 年	318 772	17.3	184 662	20.1	57.9	16.3	4.5
2014 年	362 881	13.8	213 811	15.8	58.9	13.0	-0.3
2015 年	395 518	9.0	232 644	8.8	58.8	10.9	-2.8
2016 年	424 399	7.3	239 137	2.8	56.3	18.7	12.4
2017 年	451 729	6.4	251 650	5.2	55.7	10.1	-2.7
2018 年	478 460	5.9	273 543	8.7	57.2	1.9	6.1
2019 年	504 212	5.4	286 400	4.7	56.8	6.8	-0.7
2020 年	518 907	2.9	289 264	1.0	55.7	5.3	10.6
2021 年	544 547	4.9	307 659	7.0	56.5	2.9	5.0
2022 年	572 138	5.1	310 145	0.9	54.2	10.1	-4.7

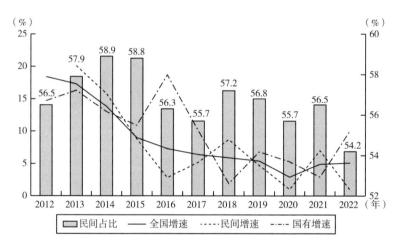

图 3 - 1　2012 年以来全国及民间固定资产投资增速及民间投资占比

表 3 - 5　　　　2013 ~ 2022 年民间投资增量贡献率情况

时间	全国投资增量（亿元）	民间投资增量（亿元）	增量贡献率（%）
2013 年	47 014	30 905	65.7
2014 年	44 005	29 173	66.3

时间	全国投资增量（亿元）	民间投资增量（亿元）	增量贡献率（%）
2015 年	32 657	18 817	57.6
2016 年	28 873	6 513	22.6
2017 年	27 172	12 439	45.8
2018 年	26 656	21 894	82.1
2019 年	25 832	12 857	49.8
2020 年	14 624	2 864	19.6
2021 年	25 436	20 127	79.1
2022 年	27 763	2 766	10.0

资料来源：增量和贡献率为大成课题组依据国家统计局发布的同比增长率计算得出。

（三）预算内资金支持国有部门投资，中部地区、国有独资公司投资增速较高

2022 年 3 月以来，就业、工业生产、用电货运等指标明显走低，针对经济运行超预期因素冲击，国家通过发行地方政府专项债、政策性开发性金融工具支持，开工一批基础设施建设工程，国有部门投资开始发力，国有控股投资增速自 6 月起逆势重新走高，全年增速高达 10.1%，对冲了民间和外商投资的逐月下行，稳住了全国投资增速。中部地区投资增速高于全国投资增速，西部地区与全国增速基本相当，很大程度上体现了政府主导的投资增长。各登记注册类型中，有限责任公司类别下的国有独资公司投资增速达 10.9%，而其他有限责任公司的增速只有 3.9%（见表 3-6）。

表 3-6   **四大区域固定资产投资增速**   单位：%

时间	东部地区	中部地区	西部地区	东北地区	全国
2016 年	9.1	12.0	12.2	-23.5	7.3
2017 年	8.3	6.9	8.5	2.8	6.4
2018 年	5.7	10.0	4.7	1.0	5.9
2019 年	4.1	9.5	5.6	-3.0	5.4

续表

时间	东部地区	中部地区	西部地区	东北地区	全国
2020 年	3.8	0.7	4.4	4.3	2.9
2021 年	6.4	10.2	3.9	5.7	4.9
2022 年	3.6	8.9	4.7	1.2	5.1

从固定资产投资实际到位资金增长情况来看,2022 年来自国家预算的资金增长了 39.3%,而全部实际到位资金仅增长 0.5%,两者之差仅次于 1998 ~ 1999 年经济刺激的水平,高于 2008 ~ 2009 年、2012 年、2014 ~ 2016 年的三次经济刺激以及 2020 年新冠肺炎疫情第一年投资独撑经济的水平。除了国家预算资金之外还有规模庞大的债券,2022 年固定资产投资到位资金来自债券的资金增长 8.4%(见表 3 - 7)。

表 3 - 7　　　　2012 年以来固定资产投资实际到位资金增长情况　　　　单位:%

时间	实际到位资金	国家预算资金	国内贷款	债券	利用外资	自筹资金	其他资金
2012 年	18.4	27.7	11.3	—	− 11.7	21.1	12.9
2013 年	20.0	17.7	15.2	—	− 3.3	20.3	25.3
2014 年	10.6	19.9	9.7	—	− 6.2	13.6	− 5.0
2015 年	7.5	15.6	− 6.4	—	− 29.6	9.2	10.1
2016 年	5.6	17.1	10.1	—	− 20.5	− 0.2	30.7
2017 年	4.7	7.8	8.7	—	− 3.1	2.2	11.5
2018 年	3.4	0.1	− 5.4	—	− 2.3	3.7	8.7
2019 年	4.1	− 0.9	2.0	—	33.3	1.4	11.4
2020 年	7.3	32.8	0.0	—	− 4.4	6.7	7.5
2021 年	4.3	− 3.8	− 3.1	− 20.5	− 10.9	5.7	7.2
2022 年 1 ~ 3 月	0.7	34.7	− 11.9	54	− 36.4	15.0	− 18.0
2022 年 1 ~ 6 月	− 1.7	36.4	− 13.8	74.1	− 36.1	10.7	− 23.0
2022 年 1 ~ 9 月	0.5	37.4	− 9.8	54.9	− 29.3	10.6	− 19.6
2022 年 1 ~ 12 月	0.5	39.3	− 6.0	8.4	− 19.8	9.0	− 19.8

2022 年新增地方政府专项债券额度为 3.65 万亿元,前 8 个月全国已发行地方政府新增专项债券 35 191 亿元,其中 5 月和 6 月发行规模就达 2 万亿

元，专项债资金主要投向交通基础设施、能源、农林水利、生态环保、社会事业、仓储物流基础设施、市政和产业园区基础设施、国家重大战略项目、保障性安居工程等 9 个领域。2022 年 6 月底和 8 月底的国务院常务会议又部署了政策性开发性金融工具支持重大项目建设，国开行、农发行、进出口银行在 9 月底前分别投放 3 600 亿元、1 900 亿元、500 亿元，三批共 6 000 亿元基础设施投资基金。此外，央行在 2022 年 9 月底设立了设备更新改造专项再贷款，专项支持金融机构以不高于 3.2% 的利率向制造业、社会服务领域、中小微企业、个体工商户等设备更新改造提供贷款。这些措施为第四季度国有部门投资提供了支撑。

（四）第三产业民间投资受冲击最严重，制造业民间投资保持增长

分产业看，第一产业投资 142 935 亿元，比上年增长 0.2%，民间投资比上年下降 2.9%；第二产业投资 184 004 亿元，比上年增长 10.3%，民间投资比上年增长 15.5%；第三产业投资 373 842 亿元，比上年增长 3.0%，民间投资比上年下降 7.0%。

第二产业中，工业投资比上年增长 10.3%。其中，采矿业投资增长 4.5%，民间投资增长 21.4%；制造业投资增长 9.1%，民间投资增长 15.6%；电力、热力、燃气及水生产和供应业投资增长 19.3%，民间投资增长 11.4%。

第二产业投资增速从第一季度的 16.1% 降至全年的 10.3%，其中制造业投资从 15.6% 降至 9.1%，采矿业从 19.0% 降至 4.5%，电力/热力/燃气及水生产和供应业增速经过年初的下行后又恢复高增长，体现了国有部门投资的发力。第二产业民间投资从 24.2% 降至 15.5%，其中，制造业从 24.8% 降至 15.6%，采矿业从 39.8% 降至 21.4%，电力/热力/燃气及水生产和供应业从 11.1% 微幅提升至 11.4%。

即使基础设施投资（不含电力）增速基本稳定，第三产业投资增速仍从第一季度的 6.4% 降至全年的 3.0%，既受到疫情防控冲击，也受房地产开

发投资影响。第三产业民间投资更是从 1.0% 降至 -7.0%，从而导致民间投资整体增速下滑（见表 3-8、表 3-9）。

表 3-8　　　　　　　三大产业固定资产投资额与增速

时间	第一产业			第二产业			第三产业			房地产开发投资		
	全国投资额（亿元）	全国增速（%）	民间增速（%）	全国投资额（亿元）	全国增速（%）	民间增速（%）	全国投资额（亿元）	全国增速（%）	民间增速（%）	绝对值（亿元）	增速（%）	占比（%）
2018 年	11 075	12.9	12.4	144 455	6.2	8.8	322 931	5.6	8.5	120 165	9.5	25.1
2019 年	11 136	0.6	1.7	149 005	3.2	2.0	344 071	6.5	6.7	132 194	9.9	26.2
2020 年	13 302	19.5	14.2	149 154	0.1	-3.6	356 451	3.6	3.2	141 443	7.0	27.3
2021 年	14 275	9.1	9.5	167 395	11.3	13.5	362 877	2.1	3.6	147 602	4.4	27.1
2022 年 1~3 月	2 522	6.8	2.7	32 428	16.1	24.2	69 923	6.4	1.0	27 765	0.7	26.5
2022 年 1~6 月	6 827	4.0	0.5	84 694	10.9	17.9	179 909	4.0	-4.3	68 314	-5.4	25.2
2022 年 1~9 月	10 558	1.6	-2.4	132 146	11.0	16.3	278 708	3.9	-5.5	103 559	-8.0	24.6
2022 年 1~12 月	14 293	0.2	-2.9	184 004	10.3	15.5	373 842	3.0	-7.0	132 895	-10.0	23.2

表 3-9　　　　　　　固定资产投资主要领域增速　　　　　　　单位:%

时间	基础设施投资	基础设施民间投资	房地产开发投资	制造业投资	制造业民间投资	全国投资	民间投资
2018 年	3.8	—	9.4	9.5	10.3	5.9	8.7
2019 年	3.8	—	10.0	3.1	2.8	5.4	4.7
2020 年	0.9	—	7.0	-2.2	-4.6	2.9	1.0
2021 年	0.4	12.0	4.4	13.5	14.7	4.9	7.0
2022 年 1~3 月	8.5	11.6	0.7	15.6	24.8	9.3	8.4
2022 年 1~6 月	7.1	—	-5.4	10.4	17.9	6.1	3.5
2022 年 1~9 月	8.6	8.4	-8.0	10.1	16.5	5.9	2.0
2022 年 1~12 月	9.4	—	-10.0	9.1	15.6	5.1	0.9

资料来源：基础设施投资包括交通运输、邮政业，电信、广播电视和卫星传输服务业，互联网和相关服务业，水利、环境和公共设施管理业投资，不含电力、热力、燃气及水生产和供应业。

从全国来看，房地产业、建筑业、文化体育娱乐业、农林牧渔业、采矿业等 5 个行业门类投资增速低于全国投资增速，其余 14 个行业门类投资增速高于全国投资增速。其中，电力/热力/燃气及水生产和供应业、水利/环境和公共设施管理业、卫生和社会工作等行业明显受益于国有部门投资（表3-10）。

表 3-10　　　　　　按行业门类分固定资产投资同比增长情况　　　　单位：%

行业门类	2019 年		2020 年		2021 年		2022 年	
	全国	民间	全国	民间	全国	民间	全国	民间
全国投资	5.4	4.7	2.9	1.0	4.9	7.0	5.1	0.9
农林牧渔业	0.7	2.1	19.1	13.5	9.3	9.9	4.2	-0.5
采矿业	24.1	18.8	-14.1	-7.2	10.9	3.9	4.5	21.4
制造业	3.1	2.8	-2.2	-4.6	13.5	14.7	9.1	15.6
电力热力燃气及水生产和供应业	4.5	-5.9	17.6	12.3	1.1	3.8	19.3	11.4
建筑业	-19.8	-64.2	9.2	-13.2	1.6	34.7	2.0	-4.2
交通运输、仓储和邮政业	3.4	0.8	1.4	-3.8	1.6	3.8	9.1	6.8
水利、环境和公共设施管理业	2.9	-1.9	0.2	-10.7	-1.2	-2.0	10.3	5.8
教育	17.7	28.3	12.3	6.1	11.7	24.9	5.4	-2.7
卫生和社会工作	5.3	2.9	26.8	4.6	19.5	-2.9	26.1	10.7
文化、体育和娱乐业	13.9	16.5	1.0	-3.6	1.6	0.4	3.5	5.0
公共管理、社会保障和社会组织	-15.6	-21.9	-6.4	-24.8	-38.2	-17.6	42.1	21.7

从民间投资来看，采矿业、制造业、电力/热力/燃气及水生产和供应业、卫生和社会工作、公共管理/社会保障和社会组织等 5 个行业民间投资保持两位数增长，大幅高于全国民间投资增速；交通运输/仓储和邮政业、水利/环境和公共设施管理业、文化/体育和娱乐业等 3 个行业民间投资增速高于全国民间投资增速。公布数据的农林牧渔业、建筑业、教育等 3 个行业民间投资增速负增长，其余未公布数据的 8 个行业中，估计房地产业、金融业、批发和零售业、住宿和餐饮业民间投资增速严重拖后腿。

受益于前三季度旺盛的出口势头和近年来新能源行业的快速发展，制造业民间投资保持了较好的增速。电气机械和器材制造业、计算机/通信和其他电子设备制造业、有色金属冶炼和压延加工业、汽车制造业、通用设备制造业等 5 个行业大类民间投资增速超过全国制造业民间投资增速。制造业中电气机械和器材制造业投资无论是全国还是民间增速都排在制造业各行业大类的首位，主要原因是"双碳"政策驱动的新能源投资。其他受益于新能源投资的行业还有制造业中有色金属冶炼和压延加工业、汽车制造业等，民间和全国投资增速都较高（见表 3 – 11）。

表 3 – 11　　　　　制造业 9 个行业大类全国和民间投资同比增速　　　单位：%

行业大类	2020 年		2021 年		2022 年	
	全国	民间	全国	民间	全国	民间
制造业	− 2.2	− 4.6	13.5	14.7	9.1	15.6
非金属矿物制品业	− 3.0	− 5.0	14.1	14.8	6.7	4.9
黑色金属冶炼和压延加工业	26.5	27.5	14.6	22.2	− 0.1	− 0.2
有色金属冶炼和压延加工业	− 0.4	1.2	4.6	11.0	15.7	19.5
通用设备制造业	− 6.6	− 8.0	9.8	11.1	14.8	14.9
专用设备制造业	− 2.3	− 4.2	24.3	22.9	12.1	11.8
汽车制造业	− 12.4	− 14.0	− 3.7	0.8	12.6	20.3
铁路、船舶、航空航天和其他运输设备制造	2.5	1.3	20.5	16.3	1.7	6.7
电气机械和器材制造业	− 7.6	− 10.4	23.3	23.0	42.6	43.6
计算机、通信和其他电子设备制造业	12.5	7.8	22.3	26.1	18.8	20.2

四、民营工业发展 *

——利润效益下滑，挑战严峻复杂

2022 年，我国经济社会发展的外部环境更趋严峻复杂，不确定性有所增加，特别是受新冠肺炎疫情冲击和需求收缩、供给冲击、预期转弱三重压力

---

* 如无特别说明，本部分资料来源如下：

1. 相关指标的月度数据来源于国家统计局网站，https：//data. stats. gov. cn/easyquery. htm？cn = A01。

2. 相关指标历年绝对值数据来源于 2016 ~ 2022 年《中国统计年鉴》中表 13 – 3、表 13 – 5、表 13 – 7、表 13 – 9，2022 年数据为统计局网站公布的当年 12 月数据。

影响，民营企业面临不少困难和风险挑战，民营工业企业发展压力较大。2022 年，全国规模以上工业企业实现利润总额 84 038.5 亿元，同比下降 4.0%，其中私营企业为 26 638.4 亿元，下降 7.2%。规模以上工业企业营业收入利润率为 6.1%，较上年下降 0.7 个百分点，其中私营工业企业营业收入利润率为 5.0%，较上年下降 0.7 个百分点。尽管当月利润降幅收窄，但全年累计利润降幅继续扩大，表明工业企业在企业生产经营方面还存在困难。特别是私营工业企业累计利润降幅在三种经济类型企业中最高，应引起关注。

运营效率方面，2022 年私营工业企业每百元资产实现的营业收入在三类企业中最高，为 124.4 元，较上年下降 9.5 元。亏损面方面，私营企业工业企业亏损面在三类企业中最低，为 18.5%，较上年扩大 3.9 个百分点。

总体来看，工业企业成本水平仍然较高，部分行业和企业生产经营还存在一定困难，加之国际政治经济形势日趋复杂，宏观经济面临较大下行压力，工业企业效益持续恢复仍然面临不少风险挑战。

（一）各类型工业企业增加值增长情况

2022 年，规模以上工业增加值同比增长 3.6%。分经济类型看，国有控股企业增加值同比增长 3.3%；私营工业企业增长 2.9%，外商及港澳台商投资企业下降 1.0%。全年来看，私营工业企业工业月度增加值累计增速在 8 月之前一直在各类型企业中最高，之后开始低于国有控股工业企业（见表 4-1、表 4-2、图 4-1、图 4-2）。

表 4-1　　　　2022 年规模以上工业企业增加值累计同比增速　　　　单位:%

项目	2022 年 3 月	2022 年 6 月	2022 年 9 月	2022 年 12 月
全国工业	6.5	3.4	3.9	3.6
国有控股工业	5.0	2.7	3.6	3.3
私营工业	7.6	4.0	3.4	2.9
外商及港澳台商投资企业	2.1	-2.1	-0.1	-1.0

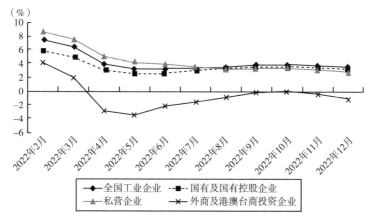

图 4 - 1　2022 年工业增加值累计同比增速

表 4 - 2　　　　　　2015～2022 年规模以上工业企业增加值同比增速　　　　　单位：%

年份	全国工业	国有控股工业	私营工业	外商及港澳台商投资企业
2015	6.1	1.4	8.6	3.7
2016	6	2	7.5	4.5
2017	6.6	6.5	5.9	6.9
2018	6.2	6.2	6.2	4.8
2019	5.7	4.8	7.7	2
2020	2.8	2.2	3.7	2.4
2021	9.6	8.0	10.2	8.9
2022	3.6	3.3	2.9	- 1.0

资料来源：规模以上工业企业增加值年度同比增速为历年 12 月数据，数据源自国家统计局网站月度数报。

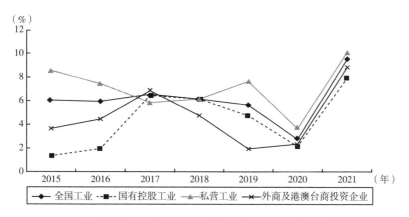

图 4 - 2　2015～2022 年工业增加值累计同比增速

（二）各类型工业企业营业收入情况

2022 年，规模以上工业企业实现营业收入 1 379 098.4 亿元，同比增长 5.9%。其中国有控股企业营业收入 364 843 亿元，同比增长 8.4%；私营工业企业实现营业收入 532 745.3 亿元，增长 3.3%；外商及港澳台商投资企业实现营业收入 285 894.7 亿元，同比增长 1.3%。从月度累计增速来看，国有控股工业企业在三类企业中一直最高（见表 4－3～表 4－6、图 4－3～图 4－5）。

表 4－3　　　　　　　　　2022 年规模以上工业企业营业收入

项目		2022 年 3 月	2022 年 6 月	2022 年 9 月	2022 年 12 月
全国工业	总额（亿元）	312 712	654 147.3	1 001 708.2	1 379 098.4
	同比增长（%）	12.7	9.1	8.2	5.9
国有及国有控股企业	总额（亿元）	85 552	172 443.6	269 748.7	364 843.0
	同比增长（%）	14.1	11.8	10.6	8.4
私营工业	总额（亿元）	119 805	256 075.2	382 238.9	532 745.3
	同比增长（%）	12.3	7.8	5.4	3.3
外商及港澳台商投资企业	总额（亿元）	68 757	138 872.6	210 864.7	285 894.7
	同比增长（%）	5.4	1.8	3.7	1.3

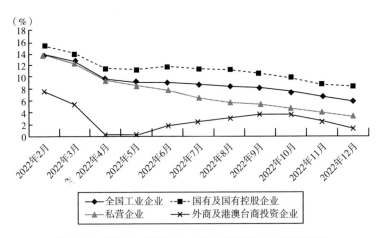

图 4－3　2022 年规模以上工业企业营业收入同比增速

表 4 – 4　　　　　　2015 ~ 2022 年规模以上工业企业营业收入　　　单位：亿元

年份	全国工业	国有控股工业	私营工业	外商及港澳台商投资企业
2015	1 109 853	241 669	386 395	245 698
2016	1 158 999	238 990	410 188	250 393
2017	1 133 161	265 393	381 034	247 620
2018	1 057 327	290 754	343 843	236 959
2019	1 067 397	287 708	361 133	234 410
2020	1 083 658	279 607	413 564	243 187
2021	1 314 557	350 558	517 444	282 716
2022	1 379 098	364 843	532 745	285 895

注：2017 年及以前为主营业务收入，2018 年及以后为营业收入。

表 4 – 5　　　　　2015 ~ 2022 年规模以上工业企业营业收入增长率　　　单位：%

年份	全国工业	国有控股工业	私营工业	外商及港澳台商投资企业
2015	0.8	– 7.8	4.5	– 0.8
2016	4.9	0.3	6.5	3.4
2017	11.1	15	8.8	10.3
2018	8.5	9.2	8.4	5.4
2019	3.8	3.7	5.6	0.1
2020	0.8	– 0.9	0.7	0.9
2021	19.4	21.2	18.9	14.8
2022	5.9	8.4	3.3	1.3
按当年公布增长率计算的年均增长率				
2015 ~ 2022	7.6	7.9	7.3	5.1
按绝对值计算的年均增长率				
2015 ~ 2022	3.2	6.1	4.7	2.2

资料来源：年增长率为统计局网站公布的当年 1 ~ 12 月累计增长率。

值得注意的是，年均增长率方面，按照国家统计局当年 12 月公布的
1 ~ 12 月规模以上工业企业营业收入总额增长率计算和按照历年《中国

统计年鉴》公布规模以上工业企业营业收入总额绝对值计算的数据之间存在较为明显的差异。2015～2022 年各类型工业企业营业收入年均增长率，按当年公布增长率计算得出的结果均高于按绝对值计算得出的结果（见表4－5）。

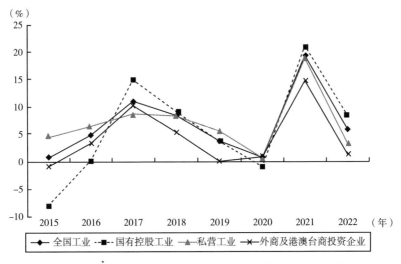

图4－4 2015～2022 年规模以上工业企业营业收入同比增速

表4－6   2015～2022 年规模以上工业企业营业收入占比情况   单位:%

年份	国有控股工业	私营工业	外商及港澳台商投资企业
2015	21.8	34.8	22.1
2016	20.6	35.4	21.6
2017	23.4	33.6	21.9
2018	27.5	32.5	22.4
2019	27.0	33.8	22.0
2020	25.8	38.2	22.4
2021	26.7	39.4	21.5
2022	26.5	38.6	20.7

资料来源：占比为按照统计局公布的绝对数计算得出。

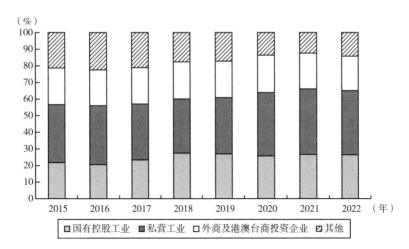

图 4 - 5　2015～2022 年规模以上工业企业营业收入占比情况

（三）各类型工业企业利润总额情况

2022 年，全国规模以上工业企业实现利润总额 84 038.5 亿元，同比下降 4.0%，其中，国有控股工业企业为 23 792.3 亿元，同比增长 3.0%，私营工业企业为 26 638.4 亿元，下降 7.2%；外商及港澳台商投资企业为 20 039.6 亿元，下降 9.5%（见表 4 - 7～表 4 - 10、图 4 - 6～图 4 - 8）。

国有控股工业企业收入利润率在三类企业中最高，并唯一实现正增长，究其原因，与国有控股工业企业较多分布在上游行业，在大宗商品价格上涨中受益更多有关。

表 4 - 7　　　　　　　　2022 年规模以上工业企业利润总额情况

项目		2022 年 3 月	2022 年 6 月	2022 年 9 月	2022 年 12 月
全国工业	总额（亿元）	19 556	42 702.2	62 441.8	84 038.5
	同比增长（%）	8.5	1.0	- 2.3	- 4.0
国有及国有控股企业	总额（亿元）	7 069	14 894.5	20 947.9	23 792.3
	同比增长（%）	19.5	10.2	3.8	3.0

续表

项目		2022 年 3 月	2022 年 6 月	2022 年 9 月	2022 年 12 月
私营工业	总额（亿元）	5 332	11 885.7	17 005.0	26 638.4
	同比增长（%）	3.2	− 3.3	− 8.1	− 7.2
外商及港澳台商投资企业	总额（亿元）	4 708	9 814.1	14 814.5	20 039.6
	同比增长（%）	− 7.6	− 13.9	− 9.3	− 9.5

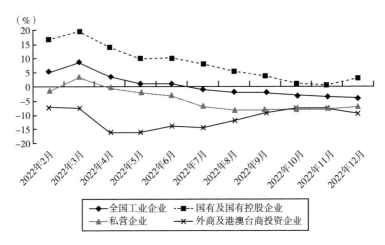

图 4 − 6 2022 年规模以上工业企业利润总额同比增速

表 4 − 8 　　　　　**2015 ～ 2022 年规模以上工业企业利润总额**　　　单位：亿元

年份	全国工业	国有控股工业	私营工业	外商及港澳台商投资企业
2015	66 187	11 417	24 250	15 906
2016	71 921	12 324	25 495	17 597
2017	74 916	17 216	23 043	18 412
2018	71 609	19 285	21 763	16 944
2019	65 799	16 068	20 651	16 483
2020	68 465	15 346	23 800	18 167
2021	92 933	24 435	31 774	22 796
2022	84 039	23 792	26 638	20 040

表 4 - 9	2015 ~ 2022 年规模以上工业企业利润总额增长率			单位:%
年份	全国工业	国有控股工业	私营工业	外商及港澳台商投资企业
2015	- 2.3	- 21.9	3.7	- 1.5
2016	8.5	6.7	4.8	12.1
2017	21	45.1	11.7	15.8
2018	10.3	12.6	11.9	1.9
2019	- 3.3	- 12	2.2	- 3.6
2020	4.1	- 2.9	3.1	7
2021	34.3	56.0	27.6	21.1
2022	- 4.0	3.0	- 7.2	- 9.5
按当年公布增长率计算的年均增长率				
2015 ~ 2022	9.4	13.3	7.3	5.9
按绝对值计算的年均增长率				
2015 ~ 2022	3.5	11.1	1.4	3.4

资料来源: 年增长率为统计局网站公布的当年 1 ~ 12 月累计增长率。

　　年均增长率方面, 与营收总额的情况类似, 2015 ~ 2022 年各类型工业企业利润总额的年均增长率, 按当年公布增长率计算得出的结果均高于按绝对值计算得出的结果(见表 4 - 9)。

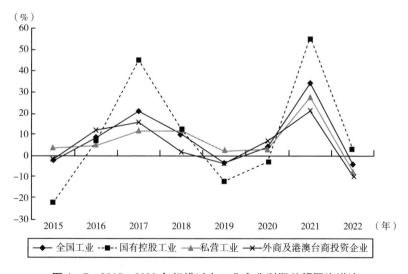

图 4 - 7　2015 ~ 2022 年规模以上工业企业利润总额同比增速

表 4 – 10　　　　2015～2022 年规模以上工业企业利润总额占比情况　　　　单位:%

年份	国有控股工业	私营工业	外商及港澳台商投资企业
2015	17. 2	36. 6	24
2016	17. 1	35. 4	24. 5
2017	23. 0	30. 8	24. 6
2018	26. 9	30. 4	23. 7
2019	24. 4	31. 4	25. 1
2020	22. 4	34. 8	26. 5
2021	26. 3	34. 2	24. 5
2022	28. 3	31. 7	23. 8

资料来源：占比为按照统计局公布的绝对数计算得出同。

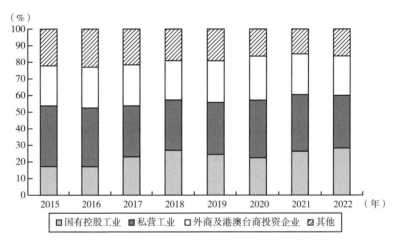

图 4 – 8　2015～2022 年规模以上工业企业利润总额占比情况

（四）各类型工业企业资产及资产负债率情况

2022 年 12 月末，规模以上工业企业资产总额为 1 561 196. 7 亿元，同比增长 8. 2%。其中国有控股企业资产总额 565 386. 5 亿元，同比增长 5. 2%；私营工业企业资产总额 450 610. 8 亿元，增长 10. 7%；外商及港澳台商投资企业资产总额 292 562 亿元，同比增长 4. 3%（见表 4 – 11～表 4 – 14、图 4 –9～图 4 –11）。

表 4－11 2022 年规模以上工业企业资产总额

项目		2022 年 3 月	2022 年 6 月	2022 年 9 月	2022 年 12 月
全国工业	总额（亿元）	1 446 107	1 486 550.2	1 526 400.1	1 561 196.7
	同比增长（%）	10.6	10.2	9.5	8.2
国有及国有控股企业	总额（亿元）	533 696	537 725.3	559 943.4	565 386.5
	同比增长（%）	7.5	7.2	6.6	5.2
私营工业	总额（亿元）	414 600	433 420.3	433 609.8	450 610.8
	同比增长（%）	13.7	13.1	11.6	10.7
外商及港澳台商投资企业	总额（亿元）	287 021	292 855.1	290 956.2	292 562.0
	同比增长（%）	7.7	6.8	6.9	4.3

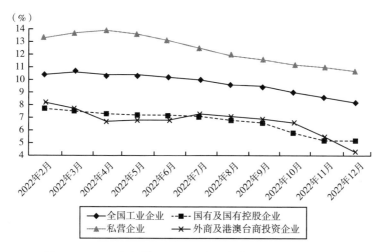

图 4－9 2022 年规模以上工业企业资产总额累计同比增速

表 4－12 2015～2022 年规模以上工业企业资产总额 单位：亿元

年份	全国工业	国有控股工业	私营工业	外商及港澳台商投资企业
2015	1 023 398	397 404	229 007	201 303
2016	1 085 866	417 704	239 543	212 744
2017	1 121 910	439 623	242 637	215 998
2018	1 153 251	456 504	263 451	219 165
2019	1 205 869	469 680	282 830	228 744
2020	1 303 499	500 461	342 023	248 427
2021	1 466 716	565 082	409 303	279 179
2022	1 561 197	565 387	409 303	292 562

表 4 – 13   2015～2022 年规模以上工业企业资产总额增长率   单位:%

年份	全国工业	国有控股工业	私营工业	外商及港澳台商投资企业
2015	6.9	6.6	8.2	3.1
2016	7.1	5.9	7.3	6.9
2017	6.9	5.3	7.3	6.8
2018	6.1	3.9	6.6	5.8
2019	5.8	5.3	7.5	3.7
2020	6.9	5.1	8.7	6.7
2021	9.9	6.8	11.9	8.8
2022	8.2	5.2	10.7	4.3
按当年公布增长率计算的年均增长率				
2015～2022	7.3	5.4	8.6	6.1
按绝对值计算的年均增长率				
2015～2022	6.2	5.2	8.6	5.5

资料来源:年增长率为统计局网站公布的当年 1～12 月累计增长率。

年均增长率方面,与营收总额和利润总额的情况相同,2015～2022 年各类型工业企业资产总额的年均增长率,按当年公布增长率计算得出的结果均高于按绝对值计算得出的结果,但两者之间的差额相比营收和利润则较小。这种按照不同方法计算得出的年均增长率存在较大差异的情况,值得进一步研究和讨论。

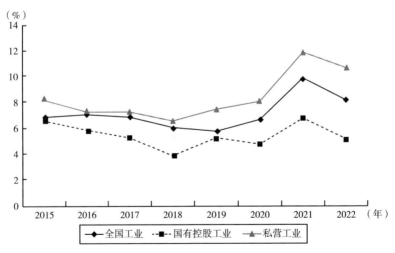

图 4 – 10   2015～2022 年规模以上工业企业资产总额同比增速

表 4-14　　　　　2015～2022 年规模以上工业企业资产总额占比情况　　　　　单位:%

年份	国有控股工业	私营工业	外商及港澳台商投资企业
2015	38.8	22.4	19.7
2016	38.5	22.1	19.6
2017	39.2	21.6	19.3
2018	39.6	22.8	19.0
2019	38.9	23.5	19.0
2020	38.4	26.2	19.1
2021	38.5	27.9	19.0
2022	36.2	26.2	18.7

资料来源:占比为按照统计局公布的绝对数计算得出同。

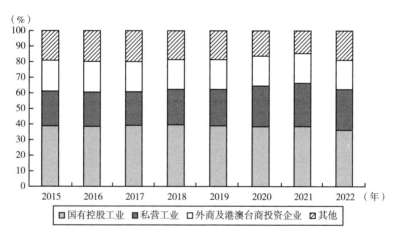

图 4-11　2015～2022 年规模以上工业企业资产总额占比情况

资产负债率方面，2022 年 12 月末，全国规模以上工业企业资产负债率为 56.6%，较 2021 年底上升了 0.5 个百分点。其中，国有控股工业企业资产负债率为 57.3%，较 2021 年底上升了 0.2 个百分点;私营工业企业资产负债率从 2018 年开始升高的趋势在上年稍有缓解之后又有所提高，为58.4%，高于全国平均水平，比 2021 年底升高了 0.8 个百分点;外商及港澳台商投资企业资产负债率最低，为 52.9%，较 2021 年底降低了 0.7 个百分点（见表 4-15～表 4-16、图 4-12～图 4-13）。

表 4 – 15　　　　　　　　2022 年规模以上工业企业资产负债率　　　　单位:%

项目	2022 年 3 月	2022 年 6 月	2022 年 9 月	2022 年 12 月
全国工业	56.5	56.9	56.8	56.6
国有控股工业	57.0	57.5	57.4	57.3
私营工业	58.8	59.3	58.9	58.4
外商及港澳台商投资企业	53.1	53.4	53.3	52.9

资料来源:月度资产负债率为作者根据统计局网站公布的月度各类型工业企业资产和负债总额绝对值数据计算得出。

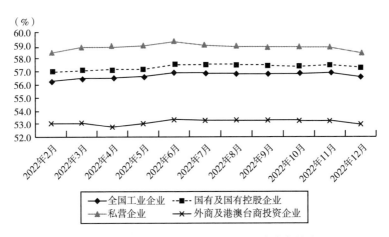

图 4 – 12　2022 年规模以上工业企业资产负债率

表 4 – 16　　　　　　　　2015 ~ 2022 年工业企业资产负债率　　　　单位:%

年份	全国工业	国有控股工业	私营工业	外商及港澳台商投资企业
2015	56.6	61.9	51.8	54.5
2016	55.9	61.6	50.7	54
2017	56	60.5	52.6	54
2018	56.7	58.8	56.5	54.1
2019	56.5	57.8	57.4	53.8
2020	56.4	57.8	58.0	53.8
2021	56.1	57.1	57.6	53.6
2022	56.6	57.3	58.4	52.9

资料来源:历年资产负债率为作者根据 2016 ~ 2022 年《中国统计年鉴》及 2022 年统计局网站公布的 12 月各类型工业企业资产总额和负债总额绝对值数据计算得出。

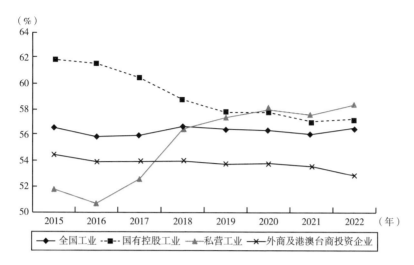

图 4 - 13　　2015 ～ 2022 年规模以上工业企业资产负债率

（五）各类型工业企业效益情况

营业务收入利润率方面，2022 年，全国规模以上工业企业营业收入利润率为 6.1%，较 2021 年末降低了 0.7 个百分点。其中，国有控股工业企业营业收入利润率为 6.5%，较 2021 年底上降低了 0.4 个百分点；私营工业企业营业收入利润率为 5.0%，较 2021 年底降低 0.7 个百分点；外商及港澳台商投资企业为 7.0%，较 2021 年底降低了 0.9 个百分点（见表 4 - 17 ～ 表 4 - 18、图 4 - 14 ～ 图 4 - 15）。

表 4 - 17　　　　　2022 年规模以上工业企业营业收入利润率　　　　　单位:%

项目	2022 年 3 月	2022 年 6 月	2022 年 9 月	2022 年 12 月
全国工业	6.3	6.5	6.2	6.1
国有及国有控股企业	8.3	8.6	7.8	6.5
私营工业	4.5	4.6	4.5	5.0
外商及港澳台商投资企业	6.9	7.1	7.0	7.0

资料来源：收入利润率根据统计局公布的绝对数计算得出。

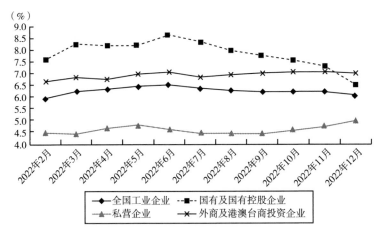

图 4 - 14　2022 年规模以上工业企业营业收入利润率

表 4 - 18　　　　　　2015 ~ 2022 年工业企业营业收入利润率　　　　　单位:%

年份	全国工业	国有控股工业	私营工业	外商及港澳台商投资企业
2015	6.0	4.7	6.3	6.5
2016	6.2	5.2	6.2	7.0
2017	6.6	6.5	6.0	7.4
2018	6.8	6.6	6.3	7.2
2019	6.2	5.6	5.7	7.0
2020	6.3	5.5	5.8	7.5
2021	6.8	6.9	5.7	7.9
2022	6.1	6.5	5.0	7.0

资料来源：收入利润率根据统计局公布的绝对数计算得出。

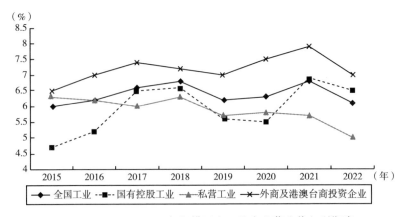

图 4 - 15　2015 ~ 2022 年规模以上工业企业营业收入利润率

资产利润率方面，2021 年末全国规模以上工业企业资产利润率为 7.2%，较 2021 年末提高 1 个百分点。其中，国有控股工业企业资产利润率为 5.6%，较 2021 年末提高 1.2 个百分点；私营工业企业资产利润率为 7.9%，较 2021 年末提高了 0.8 个百分点；外商及港澳台商投资企业为 9.1%，高于全国平均水平，较上年末提高 1.2 个百分点（见表 4 - 19 ~ 表 4 - 20、图 4 - 16 ~ 图 4 - 17）。

表 4 - 19　　　　　　2022 年规模以上工业企业资产利润率　　　　单位:%

项目	2022 年 3 月	2022 年 6 月	2022 年 9 月	2022 年 12 月
全国工业	5.4	5.7	5.5	7.2
国有及国有控股企业	5.3	5.5	5.0	5.6
私营工业	5.1	5.5	5.2	7.9
外商及港澳台商投资企业	6.6	6.7	6.8	9.1

资料来源：规模以上各类工业企业的资产利润率为大成企业研究院根据国家统计局网站和年鉴公布的相关数据计算得出。月度资产利润率计算公式为：资产利润率 = 利润总额/资产总额 ×12/月份数 ×100%。

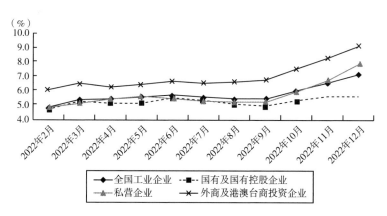

图 4 - 16　2022 年规模以上工业企业资产利润率

表 4 - 20　　　　　　2015 ~ 2022 年工业企业资产利润率　　　　单位:%

年份	全国工业	国有控股工业	私营工业	外商及港澳台商投资企业
2015	6.5	2.9	10.6	7.9
2016	6.6	3	10.6	8.3

续表

年份	全国工业	国有控股工业	私营工业	外商及港澳台商投资企业
2017	6.7	3.9	9.5	8.3
2018	6.2	4.2	8.3	7.7
2019	5.5	3.4	7.3	7.2
2020	5.3	3.1	7.0	7.3
2021	6.2	4.4	7.1	7.9
2022	7.2	5.6	7.9	9.1

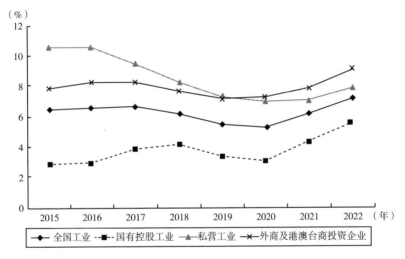

图 4 – 17　2015 ~ 2022 年规模以上工业企业资产利润率

　　每百元营业收入中的成本方面，2022 年，全国规模以上工业企业每百元营业收入中的成本为 84.7 元，较 2021 年上升了 1 元。其中，国有控股工业企业每百元营业收入中的成本在各类型企业中最低，为 83.0 元，但也较 2021 年提高了 1.3 元；私营工业企业每百元营业收入中的成本为 86.4 元，高于全国平均水平，较 2021 年提高了 0.8 元；外商及港澳台商投资企业每百元主营业务 84.6 元，较 2021 年提高了 1 元（见表 4 – 21 ~ 表 4 – 22、图 4 – 18 ~ 图 4 – 19）。

表 4－21　　　　　　　工业企业每百元营业收入中的成本　　　　　　单位：元

项目	2022 年 3 月	2022 年 6 月	2022 年 9 月	2022 年 12 月
全国工业	84.1	84.5	84.9	84.7
国有及国有控股企业	80.1	81.3	82.3	83.0
私营工业	86.8	87.0	87.1	86.4
外商及港澳台商投资企业	84.6	84.7	84.8	84.6

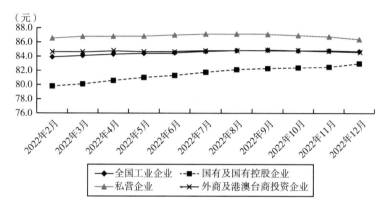

图 4－18　2022 年规模以上工业企业每百元营业收入中的成本

表 4－22　　　　　2015～2022 年工业企业每百元营业收入中的成本　　　　　单位：元

年份	全国工业	国有控股工业	私营工业	外商及港澳台商投资企业
2015	85.1	82.7	86.6	84.8
2016	85.0	82.1	86.7	84.3
2017	84.4	81.5	86.5	84.1
2018	83.3	81.3	85.3	83.7
2019	83.5	81.9	85.3	83.5
2020	83.9	82.3	85.9	83.3
2021	83.7	81.7	85.6	83.6
2022	84.7	83.0	86.4	84.6

　　资料来源：2015～2022 年每百元营业收入中的成本根据统计局公布的营收总额和营业成本总额绝对数计算得出，2020～2022 年数据为统计局网站公布当年 1～12 月数据。

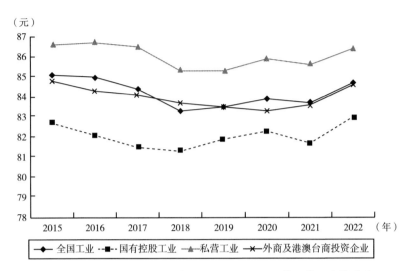

（元）

图 4 – 19   2015～2022 年规模以上工业企业百元营业收入中的成本

（六）各类型工业企业亏损面

2022 年，全国规模以上工业企业亏损面为 20.2%，较 2021 年末扩大了 3.7 个百分点。其中，国有控股工业企业亏损面为 24.5%，较 2020 年末扩大了 1.7 个百分点；私营工业企业亏损面为 18.5%，较 2020 年扩大了 3.9 个百分点；外商及港澳台商投资企业亏损面为 24.5%，较上年扩大了 2.9 个百分点（见表 4 – 23 ～表 4 – 24、图 4 – 20 ～图 4 – 21）。

表 4 – 23　　　　　　　**2022 年规模以上工业企业亏损面**　　　　　单位:%

项目	2022 年 3 月	2022 年 6 月	2022 年 9 月	2022 年 12 月
全国工业	30. 1	26. 1	24. 1	20. 2
国有控股工业	34. 9	30. 0	29. 9	24. 5
私营工业	28. 1	24. 3	22. 3	18. 5
外商及港澳台商投资企业	36. 0	31. 3	27. 9	24. 5

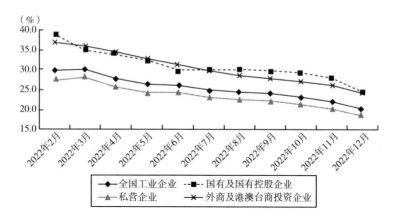

图 4 - 20　2022 年规模以上工业企业亏损面

表 4 - 24		2015～2022 年工业企业亏损面		单位:%
年份	全国工业	国有控股工业	私营工业	外商及港澳台商投资企业
2015	12. 6	28. 9	9. 1	20. 8
2016	10. 8	25. 6	7. 8	17. 7
2017	11. 8	24. 7	9	19
2018	15. 1	25	12. 8	21. 3
2019	15. 9	23. 6	13. 6	21. 9
2020	17. 3	22. 9	15. 3	23. 2
2021	16. 5	22. 8	14. 6	21. 6
2022	20. 2	24. 5	18. 5	24. 5

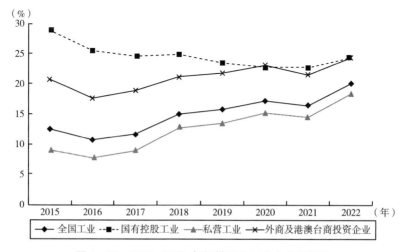

图 4 - 21　2015～2022 年规模以上工业企业亏损面

（七）工业企业劳动生产率

人均营业收入方面，2022 年，全国规模以上工业企业人均营业收入为 182.7 万元，较 2021 年增加了 28.1 万元。其中，国有控股工业企业人均营业收入为 292.1 万元，较 2021 年增加了 48.4 万元；私营工业企业人均营业收入为 146.1 万元，较 2021 年增加了 3.9 万元；外商及港澳台商投资企业人均营业收入 182.4 万元，较上年增加 7.1 万元。

值得关注的是，2015 年以来，私营工业企业人均营收呈现先升后降再逐步上升的趋势，在 2016 年达到 120.7 万元/人之后开始下滑，2018 年达到近 7 年的最低点 103.6 万元/人之后又开始逐步提高，但增速一直在三类企业中最低，这与前些年的私营工业企业劳动生产率持续较高速度增长的情况形成了较大反差（见表 4 - 25、图 4 - 22）。国有控股工业企业劳动生产率持续提高并在三类企业中领先，表明近年来随着国有企业改革不断深入，企业管理水平和技术实力不断提高，带来了劳动生产率的提高，同时也与国有企业大多处于产业链上游，行业集中度高、议价能力强、成本优势显著，在近年来的大宗商品和原材料价格大幅上涨中受益较大等因素有关。而私营工业企业大多处在劳动密集型行业和充分竞争领域，吸纳就业人员多，终端销售价格竞争激烈，加之近年来在原材料、用工、融资等方面的成本压力较大，这些因素都影响了劳动生产率的提高。

表 4 - 25　　　　　　　2015 ~ 2022 年工业企业人均营业务收入　　　　单位：万元

年份	全国工业	国有控股工业	私营工业	外商及港澳台商投资企业
2015	113.5	135.9	111.5	104.3
2016	122.3	140.9	120.7	114.7
2017	126.5	166.3	118.0	120.7
2018	126.5	190.8	103.6	127.6
2019	134.6	202.8	111.3	134.1

续表

年份	全国工业	国有控股工业	私营工业	外商及港澳台商投资企业
2020	145.0	215.6	120.8	148.1
2021	172.0	264.0	142.2	175.3
2022	182.7	292.1	146.1	182.4

资料来源：2015～2019年人均营业收入根据统计局公布的营业收入总额及平均用工人数的绝对数计算得出，2020年～2022年数据为统计局网站公布当年1～12月数据。

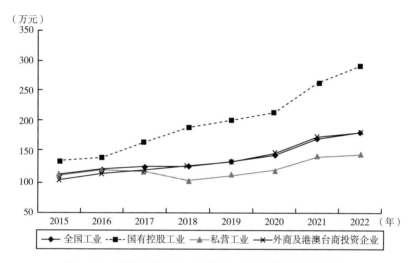

图4-22 2015～2022年规模以上工业企业人均营业收入

人均资产方面，2022年，全国规模以上工业企业人均资产为206.8万元，较2021年增加了16.9万元。其中，国有控股工业企业人均资产为452.7万元，较2021年增加了36.6万元；私营工业企业人均资产为123.6万元，较2021年增加了9.4万元；外商及港澳台商投资企业人均资产186.7万元，较上年增加11.3万元（见表4-26、图4-23）。

从人均营收和人均资产的变化趋势来看，国有控股企业的人均营收和人均资产一直高于全国平均水平，并始终在三类企业中保持最高。私营工业企业的人均营收在2011～2016年略高于外商及港澳台商投资企业，自2017年至今一直在各类型企业中最低。私营工业企业的人均资产在三种类型企业中则一直最低（见表4-25、表4-26、图4-22、图4-23）。

表 4 – 26　　　　　　　　2015～2022 年工业企业人均资产　　　　　　单位：万元

年份	全国工业	国有控股工业	私营工业	外商及港澳台商投资企业
2015	104. 7	223. 5	66. 1	85. 5
2016	114. 6	246. 3	70. 5	97. 5
2017	125. 2	275. 5	75. 1	105. 2
2018	138. 0	299. 5	79. 4	118. 0
2019	152. 1	331. 1	87. 1	130. 8
2020	168. 1	361. 9	95. 7	148. 6
2021	189. 9	416. 1	114. 2	175. 4
2022	206. 8	452. 7	123. 6	186. 7

资料来源：2015～2021 年人均资产根据《中国统计年鉴》公布的规模以上工业企业资产总额及平均用工人数的绝对数计算得出，2022 年根据统计局网站公布的当年 1～12 月数据计算得出。

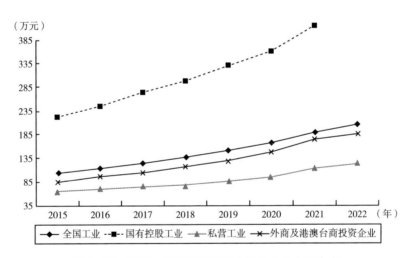

图 4 – 23　2015～2022 年规模以上工业企业人均资产

每百元资产实现的营业收入方面，2022 年末，全国规模以上工业企业每百元资产实现的营业收入为 92.4 元，较 2021 年末降低了 3 元。其中，国有控股工业企业每百元资产实现的营业收入为 66.8 元，较 2021 年末提高了 1.1 元；私营工业企业每百元资产实现的营业收入为 124.4 元，高于全国平均水平，但较 2021 年下降了 9.5 元；外商及港澳台商投资企业每百元资产实现的营业收入为 99 元，较 2021 年下降了 5.2 元（见表 4 – 27、图 4 – 24）。

表 4 - 27   2015～2022 年工业企业每百元资产实现的收入   单位：元

年份	全国工业	国有控股工业	私营工业	外商及港澳台商投资企业
2015	108.4	60.8	168.7	122.1
2016	106.7	57.2	171.2	117.7
2017	101.0	60.4	157.0	114.6
2018	91.7	63.7	130.5	108.1
2019	88.5	61.3	127.7	102.5
2020	87.8	59.4	130.0	102.1
2021	95.4	65.7	133.9	104.2
2022	92.4	66.8	124.4	99.0

资料来源：2010～2019 年每百元资产实现的收入根据统计局公布的资产总额和营收总额绝对数计算得出，2020～2022 年数据为统计局网站公布当年 1～12 月数据。

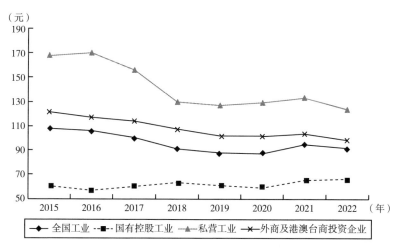

图 4 - 24   2015～2022 年规模以上工业企业每百元资产实现的收入

（八）工业企业平均用工人数

2022 年，规模以上工业企业平均用工人数为 7 549.2 万人，同比下降 5.1%。其中国有控股企业 1 248.9 万人，同比下降 10.2%，在各类企业中降幅最大，就业人数占全部工业企业的 16.5%；私营工业企业 3 645.8 万人，同比下降 4.7%，就业人数占全部工业企业的 48.3%；外商及港澳台商投资企业 1 567 万人，同比下降 6.1%，就业人数占全部工业企业的 20.8%。2015～2022 年，规模以上工业企业吸纳就业人数总体呈下降趋势，年均下降 3.6%，其中国有控股工业企业年均下降 4.9%，私营工业企业年均下降 0.7%，外商及港澳台商投资企业平均用工人数年均下降 5.7%，在各类型企业中降速最高（见表 4－28、表 4－29、表 4－30、图 4－25、图 4－26）。

表 4－28　　　　　　2015～2022 年规模以上工业企业平均用工人数　　　单位：万人

年份	全国工业	国有控股工业	私营工业	外商及港澳台商投资企业
2015	9 775.0	1 777.8	3 464.0	2 355.4
2016	9 475.6	1 695.9	3 397.8	2 182.4
2017	8 957.9	1 595.8	3 230.0	2 052.3
2018	8 356.4	1 524.1	3 318.6	1 856.9
2019	7 929.1	1 418.5	3 245.4	1 748.3
2020	7 756.1	1 382.8	3 574.4	1 672.0
2021	7 951.0	1 390.3	3 824.0	1 668.0
2022	7 549.2	1 248.9	3 645.8	1 567.0

资料来源：2015～2021 年工业企业平均用工人数数据来源为历年《中国统计年鉴》，2022 年数据为统计局网站公布当年 12 月数据。

表 4－29　　　　　2015～2022 年规模以上工业企业平均用工人数增长率　　　单位：%

年份	全国工业	国有控股工业	私营工业	外商及港澳台商投资企业
2015	－2.0	－3.5	－1.2	－4.7
2016	－3.1	－4.6	－1.9	－7.3
2017	－5.5	－5.9	－4.9	－6.0
2018	－6.7	－4.5	2.7	－9.5
2019	－5.1	－6.9	－2.2	－5.8
2020	－2.2	－2.5	10.1	－4.4
2021	2.5	0.5	7.0	－0.2
2022	－5.1	－10.2	－4.7	－6.1
按绝对值计算的年均增长率				
2015～2022	－3.6	－4.9	0.7	－5.7

资料来源：增长率根据统计局公布的绝对额计算得出。

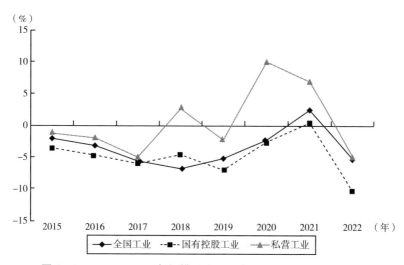

图 4 - 25　2015～2022 年规模以上工业企业平均用工人数增长率

表 4 - 30　　　　2015～2022 年规模以上工业企业平均用工人数占比情况　　　单位：%

年份	国有控股工业	私营工业	外商及港澳台商投资企业
2015	18.2	35.4	24.1
2016	17.9	35.9	23.0
2017	17.8	36.1	22.9
2018	18.2	39.7	22.2
2019	17.9	40.9	22.0
2020	17.8	46.1	21.6
2021	17.5	48.1	21.0
2022	16.5	48.3	20.8

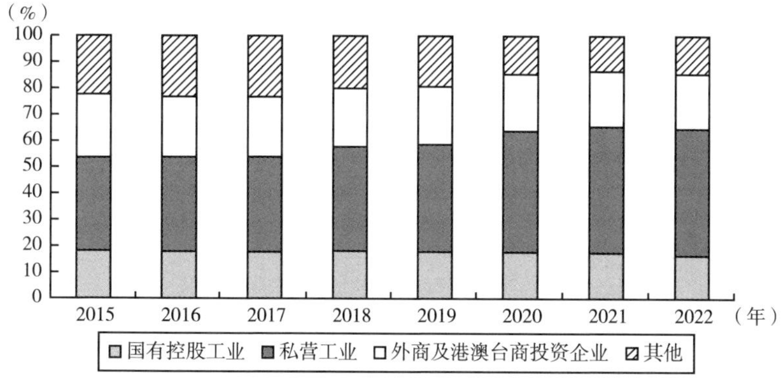

图 4 - 26　2015～2022 年规模以上工业企业平均用工人数占比情况

五、民营建筑发展 *

——增速明显放缓，占比继续走低

国家统计局每季度公布全国建筑业和国有及国有控股建筑业企业主要数据，每年 9 月出版的统计年鉴公布按登记注册类型分的建筑业企业主要数据，包括企业单位数、从业人员数、总产值、新签合同金额等。建筑业中港澳台商投资企业和外商投资企业总产值占比不足 1%，集体企业占比不足 2%，因而除了国有及国有控股企业之外，基本上是民营企业，而民营企业中则基本上是私营企业。本章非国有建筑业企业数据为全国建筑业数据减去国有及国有控股建筑业企业数据，民营建筑业企业数据为全国建筑业数据减去国有及国有控股、港澳台商投资、外商投资建筑业企业数据。

2022 年建筑业非国有企业总产值增速明显放缓，占全国建筑业总产值的比例进一步下降，新签合同金额、从业人员数、房屋施工面积和房屋竣工面积等经济指标的占比也延续自 2015 年以来的下行趋势，2015 年也同时是民间固定资产投资增速开始放缓、占全国固定资产投资比例下行的转折点。

另外，国有及国有控股建筑业企业从业人员数占比（23.4%）超过企业单位数占比（6.2%），总产值占比（40.2%）超过从业人员数占比，而利润占比（46.9%）超过总产值占比，新签合同金额占比（52.7%）又超过利润占比。

（一）增加值和总产值

建筑业与房地产开发、基础设施、制造业等领域的固定资产投资密切相

---

* 如无特别说明，本部分资料来源：国家统计局网站季度数据，https：//data. stats. gov. cn/easyquery. htm？ cn = Bol。

关。2022 年，虽然房地产开发投资下行对建筑业造成一定冲击，但制造业投资基本稳定，基建投资大幅增长，全国建筑业继续稳定增长。全年建筑业增加值 8.34 万亿元，占国内生产总值的比例为 6.9%，同比增长 5.5%，比国内生产总值增速高 2.5 个百分点，增加值率为 26.7%。按当年价格计算，全国建筑业增加值比 2015 年增长 74.6%，年均增长 8.3%。

2022 年全国建筑业总产值约 31.2 万亿元，同比增长 6.4%。其中，国有及国有控股企业总产值约 12.5 万亿元，同比增长 13.5%，占全国建筑业总产值的比例为 40.2%。非国有企业总产值约 18.7 万元，同比增长 2.2%，占比下降至 59.8%（见表 5-1、图 5-1）。

表 5-1　　　　　　　　2015 年以来建筑业总产值与增加值

时间	全国建筑业		国有及国有控股建筑业企业			建筑业增加值			港澳台商与外商投资企业总产值	民营建筑业企业		
	总产值（亿元）	增速（%）	总产值（亿元）	增速（%）	占比（%）	绝对数（亿元）	增速（%）	增加值率（%）		总产值（亿元）	增速（%）	占比（%）
2015 年	180 758	2.3	54 875	4.0	30.4	47 761	7.3	26.4	1 300	124 583	1.6	69.4
2016 年	193 567	7.1	59 518	8.5	30.7	51 499	7.7	26.6	1 209	132 840	6.6	68.9
2017 年	213 944	10.5	67 756	13.8	31.7	57 906	3.9	27.1	1 347	144 841	9.0	68.6
2018 年	225 817	5.5	75 950	12.1	33.6	65 493	4.8	29.0	1 383	148 484	2.5	67.7
2019 年	248 443	10.0	85 367	12.4	34.4	70 648	5.2	28.4	1 345	161 731	8.9	65.8
2020 年	263 947	6.2	95 907	12.3	36.3	72 445	2.7	27.4	2 174	165 867	2.6	65.1
2021 年	293 079	11.0	110 466	15.2	37.7	80 139	2.1	27.3	2 255	180 358	8.7	62.8
2022 年	311 980	6.4	125 382	13.5	40.2	83 383	5.5	26.7	—	—	—	—

资料来源：国家统计局网站季度数据，https://data.stats.gov.cn/easyquery.htm?cn=Bol。历年《中国统计年鉴》表 4-12，其中，总产值增速按绝对数计算，增加值增速为公布数据；建筑业增加值率等于增加值/总产值；民营建筑业数据为全国减去国有及国有控股企业、港澳台商和外商投资企业。

我国建筑业企业主要由中央企业、地方国企和民营企业构成。凭借资质、资金、技术实力等优势，中国建筑、中国铁建、中国中铁、中国交建、中国电建、中国化学、中国中冶、中国能建等主要 8 家建筑央企新签合同额和营业总收入占行业的比重逐年提升。地方国企在项目、融资等方面受到当

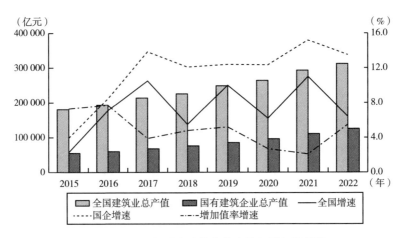

图 5-1 2015 年以来建筑业总产值与增加值增速

地政府支持，但在开拓区域外市场则面临着较多竞争。民营建筑企业以准入壁垒较低的房建业务为主，受房地产市场冲击较大，无论是工程款回收还是融资均面临更大的压力。延续 2021 年下半年以来的态势，2022 年民营建筑企业继续出现债务违约、展期、申请破产重整和清算。随着地方政府财政压力加大，在政府投资项目招投标中对承建方提出了更大的融资需求，民营建筑企业在争取订单中面临着更大的压力。

与 2015 年相比，全国建筑业总产值增长 72.6%，年均增长 8.1%；国有及国有控股企业总产值增长 128.5%，年均增长 12.5%。2015 年以来，国有及国有控股企业总产值每年的增速均高于全国建筑业企业总产值增速，因此，国有及国有控股建筑业企业产值占比一路提升，从 2015 年的 30.4% 提高到 2022 年的 40.2%，7 年时间提高 9.8 个百分点。同期港澳台商和外商投资建筑业企业产值占比基本稳定在 0.8% 左右，民营建筑业企业产值占比则一路下行。

2015 年起民间投资增速回落至个位数，并开始持续低于国有部门投资增速。民间投资以制造业投资和房地产开发投资为主，国有部门投资以基建投资为主。投资长期贡献我国 GDP 的 40% 以上，随着民间投资增速持续放缓，国有部门投资开始发力，以弥补民间投资带来的缺口，维持投资规模的增长。随着投资结构的变化，建筑业企业的结构也发生了变化，承建国有部门基建投资的建筑央企和地方国企份额扩大，承建民间制造业和房地产开发投资的民营建筑企业份额下降。

（二）新签合同额

2022 年，全国建筑业企业新签合同金额 36.6 万亿元，同比增长 6.4%，新订单保障系数为 1.17 倍。其中，国有及国有控股建筑业企业新签合同金额 19.3 万亿元，同比增长 16.5%，占全国建筑业企业的比例为 52.7%，新订单保障系数为 1.54 倍。非国有建筑业企业新签合同金额 17.3 万亿元，同比下降 3.1%，新订单保障系数仅为 0.93 倍。

2015 年以来，全国建筑业企业新签合同金额增长了 98.7%，年均增长 10.3%；而国有及国有控股建筑业企业新签合同金额增长了 175.8%，年均增长 15.6%。国有及国有控股建筑业企业新签合同金额占比相对于 2015 年的 38.0% 提高了 14.7 个百分点（见表 5 - 2）。

表 5 - 2　　　　　　2015 年以来建筑业企业新签合同金额

时间	全国建筑业企业			国有及国有控股建筑业企业			
	本年新签合同金额（亿元）	同比增长（%）	新订单保障系数	本年新签合同金额（亿元）	同比增长（%）	占比（%）	新订单保障系数
2015 年	184 402	- 0.2	1.02	70 014	5.7	38.0	1.28
2016 年	212 768	15.4	1.10	84 890	21.2	39.9	1.43
2017 年	254 666	19.7	1.19	106 054	24.9	41.6	1.57
2018 年	272 854	7.1	1.21	111 253	4.9	40.8	1.46
2019 年	289 235	6.0	1.16	127 557	14.7	44.1	1.49
2020 年	325 174	12.4	1.23	152 439	19.5	46.9	1.59
2021 年	344 558	6.0	1.18	165 669	8.7	48.1	1.50
2022 年 1 ~ 3 月	63 391	2.1	1.23	31 780	13.1	50.1	1.64
2022 年 1 ~ 6 月	149 734	3.9	1.16	76 665	12.1	51.2	1.47

续表

时间	全国建筑业企业			国有及国有控股建筑业企业			
	本年新签合同金额（亿元）	同比增长（%）	新订单保障系数	本年新签合同金额（亿元）	同比增长（%）	占比（%）	新订单保障系数
2022 年 1 ~ 9 月	234 263	6.8	1.14	119 374	17.9	51.0	1.41
2022 年 1 ~ 12 月	366 481	6.4	1.17	193 075	16.5	52.7	1.54

注：新订单保障系数 = 本年新签合同额/本年总产值。

（三）利润和产值利润率

据《2022 年国民经济和社会发展统计公报》，全国具有资质等级的总承包和专业承包建筑业企业利润 8 369 亿元，比上年下降 1.2%；其中国有控股企业 3 922 亿元，增长 8.4%，占全国建筑业企业利润的比例为 46.9%。

2015 年以来，全国建筑业企业利润和国有控股企业利润分别增长了 28.6%、134.0%，国有控股企业利润增速每年均超过全国建筑业企业利润增速，占比相对于 2015 年的 25.8% 提高了 21.1 个百分点（见表 5 - 3）。

表 5 - 3　　　　　　　　2015 年以来建筑业利润

时间	全国建筑业企业		国有及国有控股建筑业企业			非国有建筑业企业利润（亿元）
	利润（亿元）	增速（%）	利润（亿元）	增速（%）	占比（%）	
2015 年	6 508	1.6	1 676	6.0	25.8	4 832
2016 年	6 745	4.6	1 879	6.8	27.9	4 866
2017 年	7 661	9.7	2 313	15.1	30.2	5 348
2018 年	8 104	8.2	2 470	8.5	30.5	5 634
2019 年	8 381	5.1	2 585	14.5	30.8	5 796
2020 年	8 303	0.3	2 871	4.7	34.6	5 432
2021 年	8 554	1.3	3 620	8.0	42.3	4 934
2022 年	8 369	- 1.2	3 922	8.4	46.9	4 447

资料来源：绝对值和增速源自历年《国民经济和社会发展统计公报》，非国有数据为全国减去国有。

七年来，全国建筑业企业的利润增长完全来自国有及国有控股企业，非国有建筑业企业的利润还略有下降。特别是新冠肺炎疫情暴发以来的近三年，非国有建筑业企业利润明显减少。国有与非国有建筑业企业同样面临着疫情防控、上游原材料价格上涨、能耗双控等成本压力，近年来非国有建筑业企业利润下降的主要原因是准入门槛较低的房建业务竞争激烈压缩了利润空间，房建业务应收款计提减值损失，以及融资成本较高等。

2022 年全国建筑业企业产值利润率为 2.7%，国有及国有控股建筑业企业为 3.1%，是全国的 1.17 倍。而 2015 年国有及国有控股建筑业企业的产值利润率仅为全国建筑业企业的 84.5%。

七年来，国有及国有控股建筑业企业产值利润率基本稳定，而全国建筑业企业产值利润率自 2019 年开始明显下滑。与 2015 年相比，国有及国有控股建筑业企业总产值和利润增长 128.5%、134.0%，产值、利润增幅基本相当；全国建筑业企业总产值和利润分别增长 72.6%、28.6%，不仅产值增幅大幅落后于国有及国有控股企业，而且利润增幅更是远低于产值增幅（见表 5-4）。

表 5-4　　　　2015 年以来建筑业产值利润率　　　　单位:%

时间	全国建筑业企业	国有及国有控股建筑业企业	国有企业/全国企业
2015 年	3.6	3.1	84.8
2016 年	3.5	3.2	90.6
2017 年	3.6	3.4	95.3
2018 年	3.6	3.3	90.6
2019 年	3.4	3.0	89.8
2020 年	3.1	3.0	95.2
2021 年	2.9	3.3	112.3
2022 年	2.7	3.1	116.6

（四）企业单位数、从业人员和劳动生产率

2022 年全国建筑业企业单位数约 14.4 万个，同比增长 11.6%。其中，国有及国有控股建筑业企业单位数 8 914 个，同比增长 13.9%，占全国建筑

业企业的比例为 6.2% 。与 2015 年相比，全国建筑业企业单位数和国有及国有控股建筑业企业单位数分别增长了 77.5% 和 33.1% （见表 5 - 5）。

表 5 - 5　　　　　　　　2015 年以来建筑业企业单位数

时间	全国建筑业企业		国有及国有控股建筑业企业		
	单位数（个）	同比增长（%）	单位数（个）	同比增长（%）	占比（%）
2015 年	80 911	- 0.3	6 789	- 1.0	8.4
2016 年	83 017	2.6	6 814	0.4	8.2
2017 年	88 074	6.1	6 800	- 0.2	7.7
2018 年	96 544	9.6	6 880	1.2	7.1
2019 年	103 805	7.5	6 927	0.7	6.7
2020 年	116 722	12.4	7 190	3.8	6.2
2021 年	128 743	10.3	7 826	8.8	6.1
2022 年 1 ~ 3 月	114 717	10.1	6 868	9.8	6.0
2022 年 1 ~ 6 月	129 495	12.5	7 786	12.4	6.0
2022 年 1 ~ 9 月	136 452	12.4	8 600	15.2	6.3
2022 年 1 ~ 12 月	143 621	11.6	8 914	13.9	6.2

2022 年全国建筑业企业从业人员 5 184.0 万人，同比下降 1.9% 。其中，国有及国有控股建筑业企业从业人员 1 210.5 万人，同比增长 0.8% ，占全国建筑业企业的比例为 23.4% 。

近年来，全国建筑业企业从业人员数基本稳定在 5 000 万左右。2022 年全国建筑业企业从业人员数比 2015 年增长了 1.8% ，而国有及国有控股建筑业企业从业人员比 2015 年增长了 32.4% ，占比相对于 2015 年的 18.0% 提高了 5.4 个百分点，非国有建筑业企业从业人员则有小幅下降（见表 5 - 6）。

表 5 - 6　　　　　　　　2015 年以来建筑业企业从业人员

时间	全国建筑业企业		国有及国有控股建筑业企业			非国有建筑业企业从业人员
	从业人员（万人）	同比增长（%）	从业人员（万人）	同比增长（%）	占比（%）	
2015 年	5 093.7	12.3	914.5	- 2.6	18.0	4 179.2
2016 年	5 184.5	1.8	975.2	6.6	18.8	4 209.3

时间	全国建筑业企业		国有及国有控股建筑业企业			非国有建筑业企业从业人员
	从业人员（万人）	同比增长（%）	从业人员（万人）	同比增长（%）	占比（%）	
2017 年	5 529.6	6.7	1 030.5	5.7	18.6	4 499.1
2018 年	5 305.2	−4.1	1 072.9	4.1	20.2	4 232.3
2019 年	5 427.1	2.3	1 081.2	0.8	19.9	4 345.9
2020 年	5 367.0	−1.1	1 158.5	7.1	21.6	4 208.5
2021 年	5 282.9	−1.6	1 201.4	3.7	22.7	4 081.5
2022 年 1~3 月	3 567.1	−0.5	845.8	8.2	23.7	2 721.3
2022 年 1~6 月	4 174.7	0.1	979.2	4.1	23.5	3 195.5
2022 年 1~9 月	4 544.4	1.3	1 113.2	8.9	24.5	3 431.2
2022 年 1~12 月	5 184.0	−1.9	1 210.5	0.8	23.4	3 973.5

　　2022 年全国建筑业企业人均产值约 49.4 万元。其中，国有及国有控股建筑业企业人均产值约 72.8 万元，是全国的 1.48 倍。与 2015 年相比，全国建筑业企业人均产值和国有及国有控股建筑业企业人均产值分别增长了 52.4% 和 54.8%（见表 5−7）。

表 5−7　　　　2015 年以来建筑业企业按总产值计算的劳动生产率　　　　单位：元/人

时间	全国建筑业企业人均产值	国有企业人均产值	国有企业/全国企业
2015 年	323 733	470 315	145.3
2016 年	336 227	484 633	144.1
2017 年	347 462	508 796	146.4
2018 年	373 187	549 950	147.4
2019 年	399 656	596 932	149.4
2020 年	422 906	623 357	147.4
2021 年	473 191	681 110	143.9
2022 年 1~3 月	132 345	187 212	141.5

续表

时间	全国建筑业企业人均产值	国有企业人均产值	国有企业/全国企业
2022 年 1～6 月	278 805	417 406	149. 7
2022 年 1～9 月	390 648	575 651	147. 4
2022 年 1～12 月	493 526	727 905	147. 5

（五）房屋施工和竣工面积

2022 年全国建筑业企业房屋施工面积约 156. 5 亿平方米，同比下降 0. 7%。其中，国有及国有控股建筑业企业房屋施工面积约 59. 6 亿平方米，同比增长 7. 2%，占全国建筑业企业的比例为 38. 1%，比 2015 年的 26. 2% 提高了 11. 9 个百分点。

2015 年以来，全国建筑业企业房屋施工面积增长了 25. 9%，年均增长 3. 3%；而国有及国有控股建筑业企业房屋施工面积增长了 83. 4%，年均增长 9. 0%（见表 5 - 8）。

表 5 - 8　　　　　　2015 年以来建筑业企业房屋施工面积

时间	全国建筑业企业		国有及国有控股建筑业企业		
	房屋施工面积（万平方米）	同比增长（%）	房屋施工面积（万平方米）	同比增长（%）	占比（%）
2015 年	1 242 570	- 0. 6	325 275	6. 0	26. 2
2016 年	1 264 216	1. 7	344 119	5. 8	27. 2
2017 年	1 318 374	4. 3	369 461	7. 4	28. 0
2018 年	1 371 995	4. 1	408 186	10. 5	29. 8
2019 年	1 441 505	5. 1	454 942	11. 5	31. 6
2020 年	1 494 754	3. 7	505 522	11. 1	33. 8
2021 年	1 575 495	5. 4	556 241	10. 0	35. 3
2022 年 1～3 月	1 002 800	3. 0	398 283	6. 8	39. 7
2022 年 1～6 月	1 207 367	1. 2	470 473	4. 5	39. 0
2022 年 1～9 月	1 369 479	1. 4	536 126	6. 0	39. 1
2022 年 1～12 月	1 564 518	- 0. 7	596 499	7. 2	38. 1

2022 年全国建筑业企业房屋竣工面积约 40.5 亿平方米，同比下降
0.7%。其中，国有及国有控股建筑业企业房屋竣工面积约 10.3 亿平方米，
同比增长 5.5%，占全国建筑业企业的比例为 25.4%，比 2015 年的 15.1%
提高了 10.3 个百分点。

2015 年以来，全国建筑业企业房屋竣工面积下降 3.6%；而国有及国有
控股建筑业企业房屋施工面积增长了 62.1%，年均增长 7.1%（见表 5 - 9）。

表 5 - 9　　　　　　　　　2015 年以来建筑业企业房屋施工面积

时间	全国建筑业企业		国有及国有控股建筑业企业		
	房屋竣工面积 （万平方米）	同比增长 （%）	房屋竣工面积 （万平方米）	同比增长 （%）	占比 （%）
2015 年	420 803	- 0.5	63 571	8.6	15.1
2016 年	422 382	0.4	66 584	4.7	15.8
2017 年	419 072	- 0.8	66 886	0.5	16.0
2018 年	411 498	- 1.8	68 150	1.9	16.6
2019 年	402 336	- 2.2	74 951	10.0	18.6
2020 年	384 822	- 4.4	73 664	- 1.7	19.1
2021 年	408 257	6.1	97 664	32.6	23.9
2022 年 1 ~ 3 月	64 065	3.4	12 582	22.8	19.6
2022 年 1 ~ 6 月	147 182	4.4	32 571	6.1	22.1
2022 年 1 ~ 9 月	237 419	4.5	56 195	7.1	23.7
2022 年 1 ~ 12 月	405 477	- 0.7	103 034	5.5	25.4

六、大中小型企业 *

——小企业负债上升，营收增速最弱

2022 年规模以上小型工业企业单位数、资产总计、营业收入均保持增

---

* 如无特别说明，本部分资料来源：国家统计局网站月度数据，http：//data. stats. gov. cn/
easyquery. htm？A = 01。

长，但增幅明显放缓；而利润总额、用工人数明显下降，资产负债率继续提高，资产利润率、资产营收率、营收利润率都有所恶化。规上小型工业企业单位数、利润总额、用工人数占全部规模以上工业企业的比例继续提高，但资产总计、营业收入占比有所下降。新冠肺炎疫情防控持续的三年期间，企业生产和人民生活均受到较大冲击，相对于大企业来说，对中小企业影响更大。2022 年又叠加国际环境动荡带来的各方面冲击，中小企业面临着更大的压力。

2020～2022 年《中国统计摘要》连续三年公布了全国规上企业的主要经济数据。根据统计摘要，规上企业主要有三类：规模以上工业企业、限额以上批发零售住宿餐饮业企业和规模以上服务业企业。公布数据中不包括农业、建筑业和金融业的规上企业。本章首先列出 2019～2021 年全国规上大中小型企业数据。

国家统计局在每年 9 月出版的《中国统计年鉴》中公布上一年规模以上工业企业按企业规模（大型、中型、小型）分的企业单位数、资产总计、营业收入、利润总额等四项数据。因此，本章第二部分规模以上大中小型工业企业相关指标的数据为 2021 年数据。

国家统计局每月公布的工业数据只有规模以上工业企业和大中型工业企业数据，因此，2022 年小型工业企业数据为规模以上工业企业减去大中型工业企业的计算数据。

（一）全国规模以上大中小型企业数据

1. 法人单位数

2021 年，三类规模以上企业法人单位数为 917 265 家，其中大型企业占比 2.4%，中型企业占比 14.2%，小微型企业占比 81.4%，见表 6-1，其中，总量数据来自 2020～2022 年《中国统计摘要》，占比和增长率为大成课题组根据总量数据计算得出，本章余表同。

表 6 - 1   **2019～2021 年按单位规模分组的企业法人单位数**

行业	法人单位数（个）			占比（%）			增长率（%）	
	2019 年	2020 年	2021 年	2019 年	2020 年	2021 年	2020 年	2021 年
规模以上工业企业	372 822	383 077	408 732	100	100	100	2.8	6.7
大型企业	8 355	8 117	7 897	2.2	2.1	1.9	-2.8	-2.7
中型企业	43 105	40 745	39 443	11.6	10.6	9.7	-5.5	-3.2
小微型企业	321 362	334 215	361 392	86.2	87.2	88.4	4	8.1
限上批零住餐业	246 067	277 156	317 504	100	100	100	12.6	14.6
大型企业	5 704	5 954	5 641	2.3	2.1	1.8	4.4	-5.3
中型企业	58 663	62 729	64 085	23.8	22.6	20.2	6.9	2.2
小微型企业	181 700	208 473	247 778	73.9	75.2	78	14.7	18.9
规模以上服务业企业	168 209	173 254	191 029	100	100	100	3	10.3
大型企业	6 413	7 940	8 334	3.8	4.6	4.4	23.8	5
中型企业	21 716	25 433	26 544	12.9	14.7	13.9	17.1	4.4
小微型企业	100 548	123 513	137 800	59.8	71.3	72.1	22.8	11.6
各类企业总计	787 098	833 487	917 265	100	100	100	5.9	10.1
大型企业	20 472	22 011	21 872	2.6	2.6	2.4	7.5	-0.6
中型企业	123 484	128 907	130 072	15.7	15.5	14.2	4.4	0.9
小微型企业	603 610	666 201	746 970	76.7	79.9	81.4	10.4	12.1

2. 资产总计

2021 年，三类规模以上企业资产总额为 3 124 674 亿元，其中大型企业占比 37.4%，中型企业占比 25.3%，小微型企业占比 31.4%（见表 6-2）。

表 6 - 2   **2019～2021 年按单位规模分组的企业资产总计**

行业	资产总计（亿元）			占比（%）			增长率（%）	
	2019 年	2020 年	2021 年	2019 年	2020 年	2021 年	2020 年	2021 年
规模以上工业企业	1 191 375	1 267 550	1 412 880	100	100	100	6.4	11.5
大型企业	569 654	588 348	640 335	47.8	46.4	45.3	3.3	8.8
中型企业	274 050	292 576	328 586	23	23.1	23.3	6.8	12.3
小微型企业	347 672	386 626	443 959	29.2	30.5	31.4	11.2	14.8

续表

行业	资产总计（亿元）			占比（%）			增长率（%）	
	2019 年	2020 年	2021 年	2019 年	2020 年	2021 年	2020 年	2021 年
限上批零住餐业	345 396	398 215	461 493	100	100	100	15.3	15.9
大型企业	118 195	125 782	141 828	34.2	31.6	30.7	6.4	12.8
中型企业	134 480	156 961	174 650	38.9	39.4	37.8	16.7	11.3
小微型企业	92 720	115 472	145 015	26.8	29	31.4	24.5	25.6
规模以上服务业企业	946 045	1 110 158	1 250 301	100	100	100	17.3	12.6
大型企业	277 187	340 560	386 547	29.3	30.7	30.9	22.9	13.5
中型企业	222 880	258 011	285 952	23.6	23.2	22.9	15.8	10.8
小微型企业	311 859	360 114	393 452	33	32.4	31.5	15.5	9.3
各类企业总计	2 482 816	2 775 923	3 124 674	100	100	100	11.8	12.6
大型企业	965 036	1 054 690	1 168 710	38.9	38	37.4	9.3	10.8
中型企业	631 410	707 548	789 188	25.4	25.5	25.3	12.1	11.5
小微型企业	752 251	862 212	982 426	30.3	31.1	31.4	14.6	13.9

3. 营业收入

2021 年，三类规模以上企业营业收入为 2 496 349 亿元，其中大型企业占比 34.0%，中型企业占比 28.7%，小微型企业占比 36.3%（见表 6-3）。

表 6-3　　　　2019~2021 年按单位规模分组的企业营业收入

行业	营业收入（亿元）			占比（%）			增长率（%）	
	2019 年	2020 年	2021 年	2019 年	2020 年	2021 年	2020 年	2021 年
规模以上工业企业	1 057 825	1 061 434	1 279 227	100	100	100	0.3	20.5
大型企业	458 003	444 537	524 470	43.3	41.9	41	-2.9	18
中型企业	239 072	242 372	295 533	22.6	22.8	23.1	1.4	21.9
小微型企业	360 750	374 525	459 223	34.1	35.3	35.9	3.8	22.6
限上批零住餐业	638 713	707 817	919 659	100	100	100	10.8	29.9
大型企业	195 275	194 370	224 795	30.6	27.5	24.4	-0.5	15.7
中型企业	251 500	278 060	351 218	39.4	39.3	38.2	10.6	26.3
小微型企业	191 939	235 387	343 646	30.1	33.3	37.4	22.6	46

行业	营业收入（亿元）			占比（%）			增长率（%）	
	2019 年	2020 年	2021 年	2019 年	2020 年	2021 年	2020 年	2021 年
规模以上服务业企业	218 923	243 018	297 463	100	100	100	11	22.4
大型企业	74 999	85 648	100 559	34.3	35.2	33.8	14.2	17.4
中型企业	45 949	56 675	68 783	21	23.3	23.1	23.3	21.4
小微型企业	60 395	80 390	103 240	27.6	33.1	34.7	33.1	28.4
各类企业总计	1 915 461	2012 269	2 496 349	100	100	100	5.1	24.1
大型企业	728 277	724 555	849 824	38	36	34	-0.5	17.3
中型企业	536 521	577 107	715 534	28	28.7	28.7	7.6	24
小微型企业	613 084	690 302	906 109	32	34.3	36.3	12.6	31.3

4. 利润总额

2021 年，三类规模以上企业利润总额为 133 682 亿元，其中大型企业占比 47.7%，中型企业占比 26.4%，小微型企业占比 25.8%（见表 6-4）。

表 6-4　　　　2019~2021 年按单位规模分组的企业利润总额

行业	利润总额（亿元）			占比（%）			增长率（%）	
	2019 年	2020 年	2021 年	2019 年	2020 年	2021 年	2020 年	2021 年
规模以上工业企业	61 996	64 516	87 092	100	100	100	4.1	35
大型企业	28 606	27 951	40 541	46.1	43.3	46.5	-2.3	45
中型企业	15 137	16 947	22 294	24.4	26.3	25.6	12	31.6
小微型企业	18 252	19 619	24 257	29.4	30.4	27.9	7.5	23.6
限上批零住餐业	13 156	13 408	17 440	100	100	100	1.9	30.1
大型企业	7 508	7 448	8 969	57.1	55.5	51.4	-0.8	20.4
中型企业	3 433	3 677	5 239	26.1	27.4	30	7.1	42.5
小微型企业	2 215	2 283	3 231	16.8	17	18.5	3.1	41.5
规模以上服务业企业	26 196	25 489	29 150	100	100	100	-2.7	14.4
大型企业	11 378	12 939	14 202	43.4	50.8	48.7	13.7	9.8
中型企业	5 556	6 259	7 694	21.2	24.6	26.4	12.7	22.9
小微型企业	7 647	6 501	7 035	29.2	25.5	24.1	-15	8.2

续表

行业	利润总额（亿元）			占比（%）			增长率（%）	
	2019 年	2020 年	2021 年	2019 年	2020 年	2021 年	2020 年	2021 年
各类企业总计	101 348	103 413	133 682	100	100	100	2	29.3
大型企业	47 492	48 338	63 712	46.9	46.7	47.7	1.8	31.8
中型企业	24 126	26 883	35 227	23.8	26	26.4	11.4	31
小微型企业	28 114	28 403	34 523	27.7	27.5	25.8	1	21.5

5. 用工人数

2021 年，三类规模以上企业用工人数为 12 779 万人，其中大型企业占比 32.1%，中型企业占比 28.5%，小微型企业占比 36.3%（见表 6－5）。

表 6－5　　　　　2019～2021 年按单位规模分组的企业用工人数

行业	平均用工人数（万人）			占比（%）			增长率（%）	
	2019 年	2020 年	2021 年	2019 年	2020 年	2021 年	2020 年	2021 年
规模以上工业企业	7 495	7 318	7 439	100	100	100	－2.4	1.7
大型企业	2 496	2 376	2 352	33.3	32.5	31.6	－4.8	－1
中型企业	2 114	2 036	2 047	28.2	27.8	27.5	－3.7	0.5
小微型企业	2 885	2 906	3 040	38.5	39.7	40.9	0.7	4.6
限上批零住餐业	1 536	1 525	1 578	100	100	100	－0.7	3.5
大型企业	568	546	536	37	35.8	34	－3.9	－1.8
中型企业	566	574	580	36.8	37.6	36.8	1.4	1
小微型企业	402	406	462	26.2	26.6	29.3	1	13.8
规模以上服务业企业	3 205	3 508	3 762	100	100	100	9.5	7.2
大型企业	929	1 142	1 216	29	32.6	32.3	22.9	6.5
中型企业	764	927	1 017	23.8	26.4	27	21.3	9.7
小微型企业	850	1 055	1 132	26.5	30.1	30.1	24.1	7.3
各类企业总计	12 236	12 351	12 779	100	100	100	0.9	3.5
大型企业	3 993	4 064	4 104	32.6	32.9	32.1	1.8	1
中型企业	3 444	3 537	3 644	28.1	28.6	28.5	2.7	3
小微型企业	4 137	4 367	4 634	33.8	35.4	36.3	5.6	6.1

6. 效率效益

2021 年，三类规模以上企业资产利润率为 4.3%，其中大型企业 5.5%，中型企业 4.5%，小微型企业 3.5%。三类规模以上企业营收利润率为 5.4%，其中大型企业 7.5%，中型企业 4.9%，小微型企业 3.8%。三类规模以上企业资产营收率为 79.9%，其中大型企业 72.7%，中型企业 90.7%，小微型企业 92.2%（见表 6-6）。

表 6-6　　　 2019～2020 年按单位规模分组的各类企业效益效率情况　　　单位：%

行业	资产利润率			营收利润率			资产营收率		
	2019 年	2020 年	2021 年	2019 年	2020 年	2021 年	2019 年	2020 年	2021 年
规模以上工业企业	5.2	5.1	6.2	5.9	6.1	6.8	88.8	83.7	90.5
大型企业	5	4.8	6.3	6.2	6.3	7.7	80.4	75.6	81.9
中型企业	5.5	5.8	6.8	6.3	7	7.5	87.2	82.8	89.9
小微型企业	5.2	5.1	5.5	5.1	5.2	5.3	103.8	96.9	103.4
限上批零住餐业	3.8	3.4	3.8	2.1	1.9	1.9	184.9	177.7	199.3
大型企业	6.4	5.9	6.3	3.8	3.8	4	165.2	154.5	158.5
中型企业	2.6	2.3	3	1.4	1.3	1.5	187	177.2	201.1
小微型企业	2.4	2	2.2	1.2	1	0.9	207	203.8	237
规模以上服务业企业	2.8	2.3	2.3	12	10.5	9.8	23.1	21.9	23.8
大型企业	4.1	3.8	3.7	15.2	15.1	14.1	27.1	25.1	26
中型企业	2.5	2.4	2.7	12.1	11	11.2	20.6	22	24.1
小微型企业	2.5	1.8	1.8	12.7	8.1	6.8	19.4	22.3	26.2
各类企业总计	4.1	3.7	4.3	5.3	5.1	5.4	77.1	72.5	79.9
大型企业	4.9	4.6	5.5	6.5	6.7	7.5	75.5	68.7	72.7
中型企业	3.8	3.8	4.5	4.5	4.7	4.9	85	81.6	90.7
小微型企业	3.7	3.3	3.5	4.6	4.1	3.8	81.5	80.1	92.2

7. 户均数据

2021 年，三类规模以上企业户均资产为 34 065 万元，其中大型企业 534 341 万元，中型企业 60 673 万元，小微型企业 13 152 万元。三类规模以上企业户均营收为 27 215 万元，其中大型企业 388 544 万元，中型企业 55 011 万元，小微型企业 12 130 万元。三类规模以上企业户均利润为 1 457 万元，其中大型企业 29 129 万元，中型企业 2 708 万元，小微型企业 462 万元（见表 6 - 7、表 6 - 8）。

表 6 - 7　　2019 ~ 2020 年按单位规模分组的各类企业户均资产与营收数据　　单位：万元

行业	户均资产			户均营收		
	2019 年	2020 年	2021 年	2019 年	2020 年	2021 年
规模以上工业企业	31 956	33 089	34 567	28 373	27 708	31 297
大型企业	681 812	724 834	810 859	548 178	547 662	664 138
中型企业	63 577	71 807	83 307	55 463	59 485	74 927
小微型企业	10 819	11 568	12 285	11 226	11 206	12 707
限上批零住餐业	14 037	14 368	14 535	25 957	25 539	28 965
大型企业	207 214	211 256	251 424	342 347	326 453	398 502
中型企业	22 924	25 022	27 253	42 872	44 327	54 805
小微型企业	5 103	5 539	5 853	10 564	11 291	13 869
规模以上服务业企业	56 242	64 077	65 451	13 015	14 027	15 572
大型企业	432 227	428 917	463 819	116 948	107 869	120 661
中型企业	102 634	101 447	107 728	21 159	22 284	25 913
小微型企业	31 016	29 156	28 552	6 007	6 509	7 492
各类企业总计	31 544	33 305	34 065	24 336	24 143	27 215
大型企业	471 393	479 165	534 341	355 743	329 179	388 544
中型企业	51 133	54 888	60 673	43 449	44 769	55 011
小微型企业	12 463	12 942	13 152	10 157	10 362	12 130

表 6 - 8　　2019 ~ 2020 年按单位规模分组的各类企业户均利润与员工数据

行业	户均利润（万元）			户均员工（人）		
	2019 年	2020 年	2021 年	2019 年	2020 年	2021 年
规模以上工业企业	1 663	1 684	2 131	201	191	182
大型企业	34 238	34 435	51 337	2 987	2 927	2 978
中型企业	3 512	4 159	5 652	490	500	519
小微型企业	568	587	671	90	87	84
限上批零住餐业	535	484	549	62	55	50
大型企业	13 163	12 509	15 900	996	917	950

续表

行业	户均利润（万元）			户均员工（人）		
	2019 年	2020 年	2021 年	2019 年	2020 年	2021 年
中型企业	585	586	818	96	92	91
小微型企业	122	110	130	22	19	19
规模以上服务业企业	1 557	1 471	1 526	191	202	197
大型企业	17 742	16 296	17 041	1 449	1 438	1 459
中型企业	2 558	2 461	2 899	352	364	383
小微型企业	761	526	511	85	85	82
各类企业总计	1 288	1 241	1 457	155	148	139
大型企业	23 199	21 961	29 129	1 950	1 846	1 876
中型企业	1 954	2 085	2 708	279	274	280
小微型企业	466	426	462	69	66	62

8. 人均数据

2021 年，三类规模以上企业人均资产为 245 万元，其中大型企业人 285 万元，中型企业 217 万元，小微型企业 212 万元。三类规模以上企业人均营收为 195 万元，其中大型企业 207 万元，中型企业 196 万元，小微型企业 196 万元。三类规模以上企业人均利润为 10.5 万元，其中大型企业 15.5 万元，中型企业 9.7 万元，小微型企业 7.4 万元（见表 6 - 9）。

表 6 - 9   2019 ~ 2020 年按单位规模分组的各类企业人均数据   单位：万元

行业	人均资产			人均营收			人均利润		
	2019 年	2020 年	2021 年	2019 年	2020 年	2021 年	2019 年	2020 年	2021 年
规模以上工业企业	159	173	190	141	145	172	8.3	8.8	11.7
大型企业	228	248	272	183	187	223	11.5	11.8	17.2
中型企业	130	144	161	113	119	144	7.2	8.3	10.9
小微型企业	121	133	146	125	129	151	6.3	6.8	8
限上批零住餐业	225	261	292	416	464	583	8.6	8.8	11.1
大型企业	208	230	265	344	356	419	13.2	13.6	16.7
中型企业	238	273	301	444	484	606	6.1	6.4	9

续表

行业	人均资产			人均营收			人均利润		
	2019 年	2020 年	2021 年	2019 年	2020 年	2021 年	2019 年	2020 年	2021 年
小微型企业	231	284	314	477	580	744	5.5	5.6	7
规模以上服务业企业	295	316	332	68	69	79	8.2	7.3	7.7
大型企业	298	298	318	81	75	83	12.2	11.3	11.7
中型企业	292	278	281	60	61	68	7.3	6.8	7.6
小微型企业	367	341	348	71	76	91	9	6.2	6.2
各类企业总计	203	225	245	157	163	195	8.3	8.4	10.5
大型企业	242	260	285	182	178	207	12	11.9	15.5
中型企业	183	200	217	156	163	196	7	7.6	9.7
小微型企业	182	197	212	148	158	196	7	6.5	7.4

（二）规模以上大中小型工业企业

1. 企业单位数

2021 年全国规模以上工业企业单位数约 44.2 万个，比 2020 年增长 10.6%。其中，大型工业企业单位数 8 490 个，比 2020 年增长 5.9%，占全部工业企业单位数的比例为 1.9%；中型工业企业单位数约 3.9 万个，比 2020 年下降 0.2%，占比 8.8%；小型工业企业单位数约 39.4 万个，比 2020 年增长 11.9%，占比 89.3%。自 2011 年调整中小企业划型标准以来，小型工业企业占比逐年增长，中型和大型工业企业占比逐年下降。

2022 年全国规模以上工业企业单位数约 45.1 万个，比 2021 年增长 2.2%。其中，大中型工业企业单位数约 4.8 万个，比 2021 年增长 0.5%；小型工业企业单位数约 40.4 万个，比 2021 年增长 2.4%。2022 年小型工业企业单位数占全部工业企业单位数的比例为 89.4%，大中型工业企业占比为 10.6%。见表 6 – 10，其中，数据来自国家统计局网站及历年《中国统计年鉴》，表 13 – 1 占比和增长率为大成课题组根据总量数据计算得出，本章余表同。

表 6 - 10   规模以上大中小型工业企业单位数

年份	工业企业		大型工业企业			中型工业企业			小型工业企业		
	单位数（个）	增速（%）	单位数（个）	占比（%）	增速（%）	单位数（个）	占比（%）	增速（%）	单位数（个）	占比（%）	增速（%）
2015	383 148	1.4	9 633	2.5	- 2.6	54 070	14.1	- 2.4	319 445	83.4	2.2
2016	378 599	- 1.2	9 631	2.5	0.0	52 681	13.9	- 2.6	316 287	83.5	- 1.0
2017	372 729	- 1.6	9 240	2.5	- 4.1	49 614	13.3	- 5.8	313 875	84.2	- 0.8
2018	374 964	0.6	8 448	2.3	- 8.6	42 625	11.4	- 14.1	323 891	86.4	3.2
2019	377 815	0.8	8 210	2.2	- 2.8	39 974	10.6	- 6.2	329 631	87.2	1.8
2020	399 375	5.7	8 020	2.0	- 2.3	39 025	9.8	- 2.4	352 330	88.2	6.9
2021	441 517	10.6	8 490	1.9	5.9	38 937	8.8	- 0.2	394 090	89.3	11.9
2022	451 362	2.2	绝对数 47 675；占比 10.6；增速 0.5						403 687	89.4	2.4

2. 资产总计

2021 年全国规模以上工业企业资产总计 146.7 万亿元，比 2020 年增长 12.5%。其中，大型工业企业资产总计 67.8 万亿元，比 2020 年增长 12.1%，占全部工业企业资产总计的比例为 46.2%；中型工业企业资产总计 31.8 万亿元，比 2020 年增长 8.5%，占比 21.7%；小型工业企业资产总计 47.1 万亿元，比 2020 年增长 16.1%，占比 32.1%。

2022 年全国规模以上工业企业资产总计 156.1 万亿元，比 2021 年增长 6.4%。其中，大中型工业企业资产总计 106.3 万亿元，比 2021 年增长 6.8%；小型工业企业资产总计 49.8 万亿元，比 2021 年增长 5.8%。2022 年小型工业企业资产总计占全部工业企业资产总计的比例为 31.9%，大中型工业企业占比为 68.1%（见表 6 - 11）。

表 6 - 11   规模以上大中小型工业企业资产总计

年份	工业企业		大型工业企业			中型工业企业			小型工业企业		
	资产总计（亿元）	增速（%）	资产总计（亿元）	占比（%）	增速（%）	资产总计（亿元）	占比（%）	增速（%）	资产总计（亿元）	占比（%）	增速（%）
2015	1 023 398.1	7.0	476 028.2	46.5	5.7	242 810.4	23.7	6.0	304 559.5	29.8	9.8
2016	1 085 865.9	6.1	508 070.4	46.8	6.7	258 989.4	23.9	6.7	318 806.1	29.4	4.7

续表

年份	工业企业		大型工业企业			中型工业企业			小型工业企业		
	资产总计（亿元）	增速（%）	资产总计（亿元）	占比（%）	增速（%）	资产总计（亿元）	占比（%）	增速（%）	资产总计（亿元）	占比（%）	增速（%）
2017	1 121 909.6	3.3	534 349.3	47.6	5.2	263 386.8	23.5	1.7	324 173.4	28.9	1.7
2018	1 153 251.2	2.8	559 620.7	48.5	4.7	260 730.5	22.6	-1.0	332 899.9	28.9	2.7
2019	1 205 868.9	4.6	569 249.1	47.2	1.7	271 433.5	22.5	4.1	365 186.4	30.3	9.7
2020	1 303 499.3	8.1	604 454.9	46.4	6.2	293 324.4	22.5	8.1	405 720.1	31.1	11.1
2021	1 466 716.3	12.5	677 739.3	46.2	12.1	318 137.0	21.7	8.5	470 840.1	32.1	16.1
2022	1 561 196.7	6.4	绝对数 1 063 246.3；占比 68.1；增速 6.8						497 950.4	31.9	5.8

3. 营业收入

2021 年全国规模以上工业企业营业收入 131.5 万亿元，比 2020 年增长 21.3%。其中，大型工业企业营业收入 54.7 万亿元，比 2020 年增长 21.0%，占全部工业企业营业收入的比例为 41.6%；中型工业企业营业收入 29.3 万亿元，比 2020 年增长 20.3%，占比 22.3%；小型工业企业营业收入 47.5 万亿元，比 2020 年增长 22.3%，占比 36.2%。

2022 年全国规模以上工业企业营业收入 137.9 万亿元，比 2021 年增长 4.9%。其中，大中型工业企业营业收入 89.0 万亿元，比 2021 年增长 6.1%；小型工业企业营业收入 48.9 万亿元，比 2021 年增长 2.8%。2022 年小型工业企业营业收入占全部工业企业营业收入的比例为 35.4%，大中型工业企业占比为 64.6%（见表 6 - 12）。

表 6 - 12 规模以上大中小型工业企业营业收入

年份	工业企业		大型工业企业			中型工业企业			小型工业企业		
	营业收入（亿元）	增速（%）	营业收入（亿元）	占比（%）	增速（%）	营业收入（亿元）	占比（%）	增速（%）	营业收入（亿元）	占比（%）	增速（%）
2015	1 109 853.0	0.3	421 567.3	38.0	-3.5	272 360.5	24.5	1.5	415 925.1	37.5	3.5
2016	1 158 999.5	4.4	436 444.5	37.7	3.5	286 489.9	24.7	5.2	436 064.1	37.6	4.8
2017	1 133 161.8	-2.2	452 178.5	39.9	3.6	269 166.2	23.8	-6.0	411 816.1	36.3	-5.6

年份	工业企业		大型工业企业			中型工业企业			小型工业企业		
	营业收入（亿元）	增速（%）	营业收入（亿元）	占比（%）	增速（%）	营业收入（亿元）	占比（%）	增速（%）	营业收入（亿元）	占比（%）	增速（%）
2018	1 057 327.3	-6.7	459 178.9	43.8	1.5	238 287.8	22.7	-11.5	354 918.2	33.5	-13.8
2019	1 067 397.2	1.0	451 017.8	42.3	-1.8	240 542.7	22.5	0.9	375 836.6	35.2	5.9
2020	1 083 658.4	1.5	451 853.1	41.7	0.2	243 175.3	22.4	1.1	388 630.1	35.9	3.4
2021	1 314 557.3	21.3	546 639.6	41.6	21.0	292 500.4	22.3	20.3	475 417.2	36.2	22.3
2022	1 379 098.4	4.9	绝对数 890 366.6；占比 64.6；增速 6.1						488 731.8	35.4	2.8

4. 利润总额

2021 年全国规模以上工业企业利润总额 9.3 万亿元，比 2020 年增长 35.7%。其中，大型工业企业利润总额 4.5 万亿元，比 2020 年增长 54.1%，占全部工业企业利润总额的比例为 48.2%；中型工业企业利润总额 2.2 万亿元，比 2020 年增长 20.8%，占比 23.6%；小型工业企业利润总额 2.6 万亿元，比 2020 年增长 23.3%，占比 28.2%。

2022 年全国规模以上工业企业利润总额 8.4 万亿元，比 2021 年下降 9.6%。其中，大中型工业企业利润总额 6.0 万亿元，比 2021 年下降 10.1%；小型工业企业利润总额 2.4 万亿元，比 2021 年下降 8.3%。2022 年小型工业企业利润总额占全部工业企业利润总额的比例为 28.6%，大中型工业企业占比为 71.4%（见表 6-13）。

表 6-13　　　　　　　规模以上大中小型工业企业利润总额

年份	工业企业		大型工业企业			中型工业企业			小型工业企业		
	利润总额（亿元）	增速（%）	利润总额（亿元）	占比（%）	增速（%）	利润总额（亿元）	占比（%）	增速（%）	利润总额（亿元）	占比（%）	增速（%）
2015	66 187.1	-2.9	23 582.3	35.6	-10.5	17 982.6	27.2	1.0	24 622.2	37.2	2.6
2016	71 921.4	8.7	26 787.8	37.2	13.6	19 405.0	27.0	7.9	25 728.6	35.8	4.5
2017	74 916.3	4.2	32 713.1	43.7	22.1	18 648.5	24.9	-3.9	23 554.7	31.4	-8.4
2018	71 608.9	-4.4	33 541.3	46.8	2.5	16 829.3	23.5	-9.8	21 238.2	29.7	-9.8

续表

年份	工业企业		大型工业企业			中型工业企业			小型工业企业		
	利润总额 （亿元）	增速 （%）	利润总额 （亿元）	占比 （%）	增速 （%）	利润总额 （亿元）	占比 （%）	增速 （%）	利润总额 （亿元）	占比 （%）	增速 （%）
2019	65 799.0	-8.1	29 526.4	44.9	-12.0	16 496.6	25.1	-2.0	19 776.1	30.1	-6.9
2020	68 465.0	4.1	29 085.0	42.5	-1.5	18 113.6	26.5	9.8	21 266.5	31.1	7.5
2021	92 933.0	35.7	44 826.2	48.2	54.1	21 888.8	23.6	20.8	26 218.0	28.2	23.3
2022	84 038.5	-9.6	绝对数 59 996.9；占比 71.4；增速 -10.1						24 041.6	28.6	-8.3

5. 用工人数

2022 年全国规模以上工业企业用工人数 7 549.2 万人，比 2021 年下降 5.1%。其中，大中型工业企业用工人数 4 374.6 万人，比 2021 年下降 5.1%，占全部工业企业用工人数的比例为 57.9%；小型工业企业用工人数 3 174.6 万人，比 2021 年下降 4.9%，占比 42.1%（见表 6 – 14）。

表 6 – 14 　　　　　　　规模以上大中小型工业企业用工人数

年份	工业企业		大中型工业企业			小型工业企业		
	用工人数 （万人）	增速 （%）	用工人数 （万人）	占比 （%）	增速 （%）	用工人数 （万人）	占比 （%）	增速 （%）
2015	9 775.0	-2.0	6 245.2	63.9	-3.0	3 529.8	36.1	-0.3
2016	9 475.6	-3.1	6 051.6	63.9	-3.1	3 424.0	36.1	-3.0
2017	8 957.9	-5.5	5 664.9	63.2	-6.4	3 293.0	36.8	-3.8
2018	8 356.4	-6.7	5 138.2	61.5	-9.3	3 218.2	38.5	-2.3
2019	7 929.1	-5.1	4 732.8	59.7	-7.9	3 196.3	40.3	-0.7
2020	7 756.1	-2.2	4 582.6	59.1	-3.2	3 173.5	40.9	-0.7
2021	7 951.0	2.5	4 611.1	58.0	0.6	3 339.9	42.0	5.2
2022	7 549.2	-5.1	4 374.6	57.9	-5.1	3 174.6	42.1	-4.9

6. 资产负债率

2022 年，全国规模以上工业企业资产负债率为 56.5%，其中大中型、小型企业资产负债率分别为55.2%、59.4%。在2008年之前，小型工业企业的资产负债率高于大中型企业。2008年之后大中型工业企业资产负债率保持稳定，小型企业负债率小幅下降，因而小型企业负债率低于大中型企业。自2018年起，小型工业企业负债率再次反超大中型企业，而且四年来大中型工业企业资产负债率逐年下降，小型工业企业资产负债率逐年提高，两者之差已超过4个百分点（见表6-15）。

表6-15　　　　　　　规模以上大中小型工业企业资产负债率　　　　单位：%

年份	工业企业	大中型工业企业	小型工业企业
2015	56.6	58.0	53.4
2016	55.9	57.2	52.8
2017	56.0	56.6	54.4
2018	56.7	56.6	57.0
2019	56.5	55.8	58.0
2020	56.4	55.5	58.4
2021	56.5	55.3	59.1
2022	56.6	55.2	59.4

7. 资产利润率

2021年，全国规模以上工业企业资产利润率为6.3%，其中大型、中型、小型企业资产利润率分别为6.6%、6.9%、5.6%，整体均较上一年有所改善。在2018年之前，小型企业的资产利润率高于中型企业，中型企业又高于大型企业。2018年中小型工业企业资产利润率降幅较大，2019～2020年大型和小型工业企业资产利润率降幅较大。2021年大型工业企业资产利润率明显改善，但小型工业企业资产利润率改善很小。2018～2021年的这一系列变化导致小型工业企业资产利率最低。2022年规模以上工业企业资产利润率为5.4%，小型企业、大中型企业资产利润率分别为4.8%、5.6%，整体均较上一年大幅下降（见表6-16）。

表 6－16 规模以上大中小型工业企业资产利润率 单位:%

年份	工业企业	大型工业企业	中型工业企业	小型工业企业
2015	6.5	5.0	7.4	8.1
2016	6.6	5.3	7.5	8.1
2017	6.7	6.1	7.1	7.3
2018	6.2	6.0	6.5	6.4
2019	5.5	5.2	6.1	5.4
2020	5.3	4.8	6.2	5.2
2021	6.3	6.6	6.9	5.6
2022	5.4	5.6		4.8

8. 资产营收率

2021 年,全国规模以上工业企业资产营收率为 89.6%,其中大型、中型、小型企业资产营收率分别为 80.7%、91.9%、101.0%,资产营收率改善的主要原因是营收增幅较大。与资产利润率的趋势类似,小型企业的资产营收率降幅大于大型企业,2012 年,小型企业的资产营收率是大型企业的 1.58 倍,而至 2021 年这一差距缩小至 1.25 倍。2022 年规模以上工业企业资产营收率为 88.3%,小型企业、大中型企业资产营收率分别为 98.1%、83.7%(见表 6－17)。

表 6－17 规模以上大中小型工业企业资产营收率 单位:%

年份	工业企业	大型工业企业	中型工业企业	小型工业企业
2015	108.4	88.6	112.2	136.6
2016	106.7	85.9	110.6	136.8
2017	101.0	84.6	102.2	127.0
2018	91.0	84.2	91.5	107.1
2019	88.5	79.2	88.6	102.9
2020	83.1	74.8	82.9	95.8
2021	89.6	80.7	91.9	101.0
2022	88.3	83.7		98.1

9. 营收利润率

2021 年，全国规模以上工业企业营收利润率为 7.1%，其中大型、中型、小型企业营收利润率分别为 8.2%、7.5%、5.5%，营收利润率的改善主要是由于大中型企业，小型企业没有改善。2022 年规模以上工业企业营收利润率为 6.1%，小型企业、大中型企业营收利润率分别为 4.9%、6.7%（见表 6-18）。

表 6-18　　　　规模以上大中小型工业企业营收利润率　　　　单位:%

年份	工业企业	大型工业企业	中型工业企业	小型工业企业
2015	6.0	5.6	6.6	5.9
2016	6.2	6.1	6.8	5.9
2017	6.6	7.2	6.9	5.7
2018	6.8	7.0	6.5	5.3
2019	6.2	6.5	6.9	5.3
2020	6.3	6.4	7.4	5.5
2021	7.1	8.2	7.5	5.5
2022	6.1	6.7		4.9

10. 劳动生产率

2022 年，全国规模以上工业企业劳动生产率为 182.7 万元/人，其中大中型、小型企业劳动生产率分别为 203.5 万元/人、154.0 万元/人。小型工业企业劳动生产率在 2017~2018 年有所下滑，并导致工业企业整体的劳动生产率在 2018 年出现下降。2019~2022 年以来，营业收入整体保持增长，而用工人数不断降幅，因而劳动生产率持续提高（见表 6-19）。

表 6-19　　　　规模以上大中小型工业企业劳动生产率　　　　单位:万元/人

年份	工业企业	大中型工业企业	小型工业企业
2015	113.5	111.1	117.8
2016	122.3	119.5	127.4

续表

年份	工业企业	大中型工业企业	小型工业企业
2017	126.5	127.3	125.1
2018	125.6	135.7	109.4
2019	134.6	146.1	117.6
2020	139.7	151.7	122.5
2021	165.2	182.0	142.0
2022	182.7	203.5	154.0

（三）中小企业发展指数

2022 年中小企业发展指数中的分行业指标权重、分项指标权重及其细项指标的权重发生了调整，根据最新权重对 2021 年 1～12 月中国中小企业发展指数的数据进行了修正。2022 年及修正后的 2021 年指数与此前的指数不具可比性。

2022 年全年中小企业发展指数（SMEDI）经历两起两落，除 1 月和 6 月上升外，2～5 月指数逐月下降，7～12 月指数呈持平或下降趋势。从分行业指数看，8 个行业指数出现负增长的月数保持在 6～8 个月，其中，工业指数和社会服务业指数出现负增长次数最多，为 8 个月；交通运输邮政仓储业指数和住宿餐饮业指数出现负增长的次数最少，为 6 个月（见表 6－20）。

表 6－20　　　　　　　中小企业发展指数及 8 个行业分指数

年份	中国中小企业发展指数	工业	建筑业	房地产业	交通运输邮政仓储业	批发零售业	住宿餐饮业	信息传输计算机服务和软件业	社会服务业
2009	103.0	108.4	101.7	101.1	99.1	102.1	99.5	100.4	100.9
2010	106.3	102.5	103.3	126.6	97.9	111.2	100.8	115.3	112.7
2011	93.5	92.9	88.3	94.5	88.6	95.2	91.0	95.0	98.3

续表

年份	中国中小企业发展指数	工业	建筑业	房地产业	交通运输邮政仓储业	批发零售业	住宿餐饮业	信息传输计算机服务和软件业	社会服务业
2012	90.8	88.1	91.0	101.3	89.6	91.2	86.8	85.6	97.7
2013	95.7	94.8	99.3	107.7	87.8	95.1	81.9	94.2	99.3
2014	92.8	91.9	95.1	100.9	85.8	92.2	77.4	92.7	97.5
2015	91.8	91.5	96.5	98.4	84.8	91.1	75.3	93.2	94.7
2016	92.5	92.2	96.5	99.3	85.7	92.6	76.3	92.4	95.1
2017	93.1	92.9	97.0	99.9	86.3	93.0	77.2	93.0	95.5
2018	93.0	92.7	97.3	99.5	85.7	93.1	77.7	92.7	95.5
2019	92.7	92.5	97.0	98.8	85.7	92.6	77.9	92.3	94.9
2020	87.0	87.8	91.5	94.6	77.0	87.1	66.6	83.0	88.1
2021	86.4	86.9	90.2	93.7	76.8	87.5	66.9	83.4	88.2
2021（修正）	89.2	89.4	90.3	92.7	83.7	89.0	81.1	87.8	89.1
2022	87.9	88.1	88.8	91.8	82.3	87.7	80.8	87.1	87.9

资料来源：中国中小企业协会网站，https://www.ca-sme.org/caegory/category/list/cid/650。

七、民企税收贡献 *

——史上少有下降，占比仍近六成

2022 年，主要受国际环境和国内疫情双重影响，中国经济增速明显放缓，自然带来财税收入增速的明显放缓。其中，民营经济受冲击更大，总体发展速度更加放缓，导致其税收出现显著的负增长，这是自改革开放 40 多年来的首次大幅度负增长。但从近年的年平均增长情况看，民营企业税收增

---

* 如无特别说明，本部分资料来源：2021 年国家税务总局税收月报第 12 期和 2022 年国家税务总局税收月报第 12 期。

长稳定；其中，私营企业年均增长 9.5%，远高于全国平均水平。

（一）2022 年全国和各类企业税收情况简述

据财政部 2023 年 1 月 30 日公布的 2022 年全国财政收支情况：2022 年，预算执行情况总体良好，全国一般公共预算收入超 20 万亿元、支出超 26 万亿元，均创历史新高。数据显示，2022 年，全国一般公共预算收入比上年增长 0.6%，扣除留抵退税因素后增长 9.1%。其中，全国税收收入比上年下降 3.5%，扣除留抵退税因素后增长 6.6%。从具体税收收入项目来看，国内增值税比上年下降 23.3%，扣除留抵退税因素后增长 4.5%；国内消费税、企业所得税、个人所得税分别比上年增长 20.3%、3.9%、6.6%。[①]

另据国家税务总局税收月报数据：2022 年全国税收总额为 160 744 亿元，增速为 -6.2%，比 2021 年减少 10 547 亿元，为多年未有的下降。而 2021 年，全国税收增长了 13.7%。

其中，国有控股企业税收总额为 44 282 亿元，同比增长 7.6%，占全国税收的比重为 27.5%，比 2021 年提高了 2.8 个百分点。2021 年国有控股企业税收增长了 15.5%。

民营企业税收总额为 91 412 亿元，同比下降 18.7%，占全国税收的比重为 56.9%，比 2021 年下降了 2.7 个百分点。2021 年民营企业税收增长了 13.5%。

涉外企业税收总额为 25 050 亿元，同比下降 15.7%，占全国税收的比重为 15.6%，比 2021 年下降了 0.1 个百分点。2021 年涉外企业税收增长了 11.6%（见表 7-1）。

---

① 中华人民共和国财政部：2022 年中国财政政策执行情况报告［EB/OL］.（2023-03-20）［2023-06-07］. http：//www. mof. gov. cn/zhengwuxinxi/caizhengxinwen/202303/t20230320_3873656. htm.

表 7－1　　　　　　　　2022 年各经济类型企业税收数据比较

项目	2021 年			2022 年		
	收入额（亿元）	增速（％）	增加额（亿元）	收入额（亿元）	增速（％）	增加额（亿元）
全国税收收入	188 737	13.7	22 738	160 744	－6.2	－10 547
国有控股	46 586	15.5	6 259	44 282	7.6	3 119
占比	24.7		27.5	27.5		29.6
涉外企业	29 704	11.6	3 079	25 050	－15.7	－773
占比	15.7		13.5	15.6		－7.3
私营企业	34 883	19.7	5 750	31 045	－9.4	－3 213
占比	18.5		25.3	19.3		－30.5
民营企业	112 447	13.5	13 400	91 412	－18.7	－12 893
占比	59.6		58.9	56.9		－122.2
全国非金融类国有企业应交税金	53 560	16.6	7 449	59 316	8.4	5 756
占全国税收比重	28.4		32.8	36.9		54.6
占国有控股比重	115		119	134		184.5

资料来源：1. 全国非金融类国有控股企业税金源自财政部每月公布的全国国有控股企业经济数据。2. 民营企业数据为除去国有控股和涉外企业后的数据，自行推算。下同。3. 全国非金融国有企业应交税金，包括了税收和非税收的上交收益。其占比为自行计算。

另外，根据财政部公布的全国国有控股企业经营数据，2022 年全国非金融类国有控制企业应交税金总额为 59 316 亿元，比 2021 年增长 8.4％。全国非金融类国有控股企业（即不包括金融类国有控股）的税金总额明显高于全国国有控股企业（包括金融类国有控股）税收总额。之所以高，主要是因为前者除了上缴税收外，还向国家上交国有资本经营预算收益和（石油矿产资源等）特别收益金等。另外，上述税金不包括金融类国有控股企业的税金，加上这一大项，全国国有控股企业的税金总额更大。

（二）2022 年各经济类型企业增值税和所得税情况

1. 2022 年各经济类型企业增值税情况

2022 年，全国增值税下降了 23.1％，其中，国有控股企业下降 17.6％，涉外企业下降 14.4%，私营企业下降 16.4%，全部民营企业下降 26.5%。民营企业中，个体工商户下降 7.9%。

由于各类企业增值税下降幅度不一样，其在增值税中的占比有一定变化。国有控股企业的占比为 19.9%，比 2021 年提高了 1.3 个百分点，涉外企业占比为 16.4%，提高了 1.7 个百分点，民营企业占比为 63.7%，则下降了 3 个百分点。总体来看，民营企业增值税仍占全国的六成以上，仍是国家增值税贡献的最大主力（见表 7 - 2）。

表 7 - 2   2022 年各经济类型企业增值税收入情况

项目	国内增值税	国有控股	涉外企业	私营企业	民营企业
2021 年总额（亿元）	63 573	11 873	9 355	17 769	42 381
增速（%）	11.8	15.2	5.1	19.6	12.5
占比（%）	100	18.6	14.7	28.0	66.7
2022 年总额（亿元）	48 912	9 755	8 007	14 860	31 150
增速（%）	-23.1	-17.6	-14.4	-16.4	26.5
占比（%）	100	19.9	16.4	30.4	63.7

资料来源：国家税务总局 2022 年税收月报。

2. 2022 年各经济类型企业所得税情况

2022 年，全国企业所得税仍然获得了增长，全年增长了 3.9%。其中，国有控股企业增长明显，增长了 13.2%；涉外企业增长了 0.2%，私营企业则下降了 2.1%，全部民营企业增长 1%。

由于各类企业所得税的增长幅度不一样，其在所得税中的占比有一定变化。国有控股企业的占比为 26.9%，比 2021 年提高了 2.2 个百分点；涉外企业占比为 23.7%，降低了 0.7 个百分点，民营企业占比为 50.1%，则下降了 1.5 个百分点。总体来看，民营企业所得税仍占全国的一半，仍是企业所得税贡献的最大主力（见表 7 - 3）。

表7-3   **2022 年各经济类型企业所得税收入情况**

项目	国内所得税	国有控股	涉外企业	私营企业	民营企业
2021 年总额（亿元）	42 238	10 418	10 026	6 826	21 794
增速（%）	15.5	15.6	18.4	23.3	14.2
占比（%）	100	24.7	23.7	16.2	51.6
2022 年总额（亿元）	43 877	11 793	10 072	6 686	22 012
增速（%）	3.9	13.2	0.5	−2.1	1.0
占比（%）	100	26.9	23.0	15.2	50.1

资料来源：国家税务总局 2022 年税收月报。

另外，据国家税务总局数据，2022 年国内消费税取得了较高增长，全国的国内消费税总量为 16 867 亿元，增长了 20.1%。其中，国有控股企业的国内消费税总额为 13 397 亿元，占全国的 79.3%，是国内消费贡献的绝对主体。涉外企业消费税占比为 9.3%，民营企业占比为 11.4%。

（三）五年来各经济类型企业的税收变化情况

以下就 2017～2022 年五年来，也就是党的十九大的五年期间，全国及各经济类型企业税收变化情况做一整体简要描述。

1. 五年来分经济类型税收总收入情况

2017～2022 年的五年，中国税收保持基本稳定态势。据国家税务总局数据，2022 年，全国税收总额为 160 744 亿元，比 2017 年的 155 735 亿元增长 3.2%，五年年均增长 0.6%。需要指出的是，这是按当年绝对数计算的增长速度（下同），与按当年公布的增速并不相同。

2022 年国有控股企业税收 44 282 亿元，比 2017 年的 44 472 亿元下降 0.4%，年均下降 0.1%；2022 年涉外企业税收 25 050 亿元，比 2017 年的 29 201 亿元下降了 14.2%，年均下降 3%；2022 年私营企业税收 31 045 亿元，比 2017 年增长了 54.3%，年均增长 9.1%；2022 年全部民营企业 91 412 亿元，比 2017 年的 82 062 亿元增长了 11.4%，年均增长 2.2%。

民营经济税收占全国税收的比重由 2017 年的 52.6% 提高到 2021 年的 59.6%，2022 年有所下降，占比为 56.9%。由此可见，民营企业成为近五年国家税收稳定的根本支撑（见表 7-4~表 7-6）。

表 7-4 各经济类型企业税收收入 单位：亿元

年份	全国税收 1	全国税收 2	国有控股	涉外企业	私营企业	民营企业
2015	124 892	136 021	43 186	24 763	13 012	68 073
2016	130 354	140 504	43 052	25 613	15 195	71 834
2017	144 360	155 735	44 472	29 201	20 121	82 062
2018	156 401	169 957	43 163	30 328	26 200	96 466
2019	157 992	172 102	42 639	28 596	28 466	100 867
2020	154 310	166 000	40 327	26 625	29 133	99 048
2015~2020 年平均	4.3	4.1	-1.4	1.5	17.5	7.8
2021	172 731	188 737	46 586	29 704	34 883	112 447
2022	166 614	160 744	44 282	25 050	31 045	91 412
2017~2022 年累计	15.4	3.2	-0.4	-14.2	54.3	11.4
2017~2022 年平均	2.9	0.6	-0.1	-3	9.1	2.2

资料来源：1. 全国税收 1 是财政部公布数据。2. 全国税收 2 和各类企业数据，是国家税务总局的税收月报数据。3. 本表年均增速为自行按当年绝对数计算。4. 民营企业数据为自行推算。

表 7-5 各经济类型企业税收收入增速 单位：%

年份	全国税收 1	全国税收 2	国有控股	涉外企业	私营企业	民营企业
2015	4.8	5	8.4	-0.6	3.72	10
2016	4.3	3.3	-0.3	3.4	16.78	5.7
2017	10.7	10.8	3.3	14	32.7	14.5
2018	8.3	9.1	-2.9	3.9	30.2	17.6
2019	1	1.3	-1.1	-5.4	9	4.6
2020	-2.3	-3.5	-5.4	-6.9	2.3	-1.8
2015~2020 年平均	4.3	4.2	-1.3	1.5	17.6	7.9
2021	11.9	13.7	15.5	11.6	19.7	13.5
2022	-3.5	-6.2	7.6	-15.7	-9.4	-18.7
2017~2022 年累计	15.4	13.7	12.9	-13.9	57.5	11.4
2017~2022 年平均	2.9	2.7	2.5	-3	9.5	2.2

资料来源：1. 全国税收 1 是财政部公布数据；2. 全国税收 2 和各类型企业是税务总局月报数据；3. 累计增长与年均增长速度，是按当年公布增速累计计算的增速；4. 民营企业数据是自行计算。

表 7 – 6 　　　　　　　　　 各经济类型企业税收收入占比 　　　　　　 单位:%

年份	国有控股	涉外企业	私营企业	民营企业
2017	28.6	18.8	12.9	52.6
2018	25.4	17.8	15.4	56.8
2019	24.8	16.6	16.5	58.6
2020	24.3	16.0	17.6	59.7
2021	24.7	15.7	18.5	59.6
2022	27.5	15.6	19.3	56.9

注:本表按当年绝对数计算。

以上是按当年绝对数计算的增速。若按财政部和国家税务总局公布的增速看,2017 ~ 2022 年五年期间,全国税收总增长分别为 15.4% 和 13.74%,年均增长分别为 4.2% 和 2.3%。这些数据大多明显高于按绝对数计算的增速。国家税务总局公布数据,国有控股五年总增长 12.9%,年均增长 2.6%;涉外企业五年总增长为下降 13.7%,年均下降 3%;私营企业五年总增长 54.3%,年均增长 9.1%;全部民营企业五年总增长 11.4,年均增长 2.2%。

从全国税收的增量看,民营经济的贡献尤其显示特别大(表 7 – 7 和表 7 – 8)。2018 ~ 2022 年五年间,全国税收累计增加额为 22 456 亿元,其中,国有控股企业贡献了 5 300 亿元,占比为 23.6%;涉外企业累计增量为 – 178 亿元,占比为 – 0.8%;全部民营经济为 17 335 亿元,占比为 77.2%。

表 7 – 7 　　　　　　　　　 各经济类型企业税收增量 　　　　　　　　 单位:亿元

年份	全国税收增量	国有控股	涉外企业	私营企业	民营企业
2017	15 236	1 420	3 588	4 954	9 700
2018	14 222	– 1 309	1 128	6 079	14 404
2019	2 146	– 458	– 1 642	2 351	4 246
2020	– 6 103	– 2 311	– 1 970	668	– 1 822
2021	22 738	6 259	3 079	5 750	13 400
2022	– 10 547	3 119	– 773	– 3 213	– 12 893
2018 ~ 2022 年累计增量	22 456	5 300	– 178	11 635	17 335

注:本表按当年绝对数累计自行计算。

表 7 - 8 各经济类型企业税收增量占比 单位:%

年份	全国增量	国有控股	涉外企业	私营企业	民营企业
2017	100	9.0	24.0	32.3	67.0
2018	100	- 9.2	7.9	42.7	101.3
2019	100	- 21.3	- 76.5	109.6	197.9
2020	100	- 37.9	- 32.3	10.9	- 29.9
2021	100	27.5	13.5	25.3	58.9
2022	100	29.6	- 7.3	- 30.5	- 122.2
2018～2022 年累计增量	100	23.6	- 0.8	51.8	77.2

注:本表按当年绝对数自行计算。

2. 五年来分经济类型企业增值税情况

表 7 - 9～表 7 - 11 为全国及各类型企业近五年的增值税数据。由表可见,民营企业占全国增值税的比重,2017 年为 52.6%;2021 年为 66.7%;2022 年为 63.7%,有所下降。国有控股企业和涉外企业情况见表 7 - 9～表 7 - 11。

表 7 - 9 各经济类型企业增值税收入情况 单位:亿元

年份	国内增值税	国有控股	涉外企业	私营企业	民营企业
2017	56 126	12 227	10 486	10 939	33 412
2018	61 430	11 421	10 431	13 826	39 579
2019	62 423	11 777	10 069	15 164	40 577
2020	56 847	10 279	8 899	14 857	37 669
2021	63 573	11 837	9 355	17 769	42 381
2022	48 912	9 755	8 007	14 860	31 150

表 7 - 10 各经济类型企业增值税收入增速 单位:%

年份	国内增值税	国有控股	涉外企业	私营企业	民营企业
2017	37.5	27.9	19.9	53.5	48.4
2018	9.5	- 6.6	- 0.5	26.4	18.5
2019	1.6	3.1	- 3.5	9.7	2.5
2020	- 8.9	- 12.7	- 11.6	- 2.0	- 7.2
2021	11.8	15.2	5.1	19.6	12.5
2022	- 23.1	- 17.6	- 14.4	- 16.4	- 26.5
2017～2022 年均增速	- 2.7	- 4.4	- 9.5	6.3	- 1.4

注:年均增速按当年绝对数自行计算。

表 7 - 11 各经济类型企业增值税收入占比 单位:%

年份	国有控股	涉外企业	私营企业	民营企业
2017	28. 6	18. 8	19. 50	52. 6
2018	18. 6	17	22. 50	64. 4
2019	18. 9	16. 1	24. 3	65. 0
2020	18. 1	15. 7	26. 1	66. 3
2021	18. 6	14. 7	28. 0	66. 7
2022	19. 9	16. 4	30. 4	63. 7

3. 五年来分经济类型企业所得税收入情况

表 7 - 12 ~ 表 7 - 14 为全国及各类型企业近五年的所得税数据。由表可见,民营企业占全国增值税的比重,2017 年为 43.5% ,2019 年为 53% ,超过一半;之后逐步下降,2022 年为 50.1% 。国有控股企业和涉外企业情况见表 7 - 12 ~ 表 7 - 14。

表 7 - 12 各经济类型企业所得税收入情况 单位:亿元

年份	企业所得税	国有控股	涉外企业	私营企业	民营企业
2017	32 337	10 121	8 139	3 514	14 077
2018	35 490	8 982	8 943	4 650	17 565
2019	37 516	9 010	8 608	5 381	19 898
2020	36 570	9 010	8 470	5 539	19 090
2021	42 238	10 418	10 026	6 826	21 794
2022	43 877	11 793	10 072	6 686	22 012

表 7 - 13 各经济类型企业所得税收入增速 单位:%

年份	企业所得税	国有控股	涉外企业	私营企业	民营企业
2017	11. 0	- 1. 4	14. 4	39. 5	19. 8
2018	9. 7	- 11. 2	9. 9	32. 3	24. 8
2019	5. 7	0. 3	- 3. 7	13. 3	15. 7
2020	- 2. 5	0. 0	- 1. 6	2. 9	- 4. 1
2021	15. 5	15. 6	18. 4	23. 3	14. 2

续表

年份	企业所得税	国有控股	涉外企业	私营企业	民营企业
2022	3.9	13.2	0.5	−2.1	1.0
2017~2022 年年均增速	6.3	3.1	4.4	13.7	9.4

注：年均增速按当年绝对数自行计算。

表 7 - 14　　　　　　各经济类型企业所得税收入占比　　　　单位:%

年份	国有控股	涉外企业	私营企业	民营企业
2017	31.3	25.2	10.90	43.5
2018	25.3	25.2	13.10	49.5
2019	24	22.9	14.3	53
2020	24.6	23.2	15.2	52.2
2021	24.7	23.7	16.2	51.6
2022	26.9	23.0	15.2	50.1

八、民企外经外贸*

——再次刷新纪录，投资热度降低

2022 年是新冠肺炎疫情的第三年，也是我国防疫政策调整的转折期，进

---

* 如无特别说明，本部分资料来源：

海关总署. 2021 年 1 至 12 月出口商品贸易方式企业性质总值表（美元值）[EB/OL]. (2022 - 01 - 18) [2023 - 05 - 22]. http://www.customs.gov.cn/customs/302249/zfxxgk/2799825/302274/302277/302276/4127432/index.html.

海关总署. 2022 年 1 至 3 月出口商品贸易方式企业性质总值表（美元值）[EB/OL]. (2022 - 04 - 18) [2023 - 05 - 22]. http://www.customs.gov.cn/customs/302249/zfxxgk/2799825/302274/302277/302276/4296255/index.html.

海关总署. 2022 年 1 至 6 月出口商品贸易方式企业性质总值表（美元值）[EB/OL]. (2022 - 07 - 18) [2023 - 05 - 22]. http://www.customs.gov.cn/customs/302249/zfxxgk/2799825/302274/302277/302276/4470905/index.html.

海关总署. 2022 年 1 至 9 月出口商品贸易方式企业性质总值表（美元值）[EB/OL]. (2022 - 10 - 24) [2023 - 05 - 22]. http://www.customs.gov.cn/customs/302249/zfxxgk/2799825/302274/302277/302276/4636031/index.html.

海关总署. 2022 年 1 至 12 月出口商品贸易方式企业性质总值表（美元值）[EB/OL]. (2023 - 01 - 18) [2023 - 05 - 22]. http://www.customs.gov.cn/customs/302249/zfxxgk/2799825/302274/302277/302276/4807796/index.html.

出口面临较多不确定因素，同时外需乏力，全球市场萎缩，导致外贸企业承受较大压力。在如此不利的形势下，我国仍旧创造了 6.3 万亿美元进出口总额的历史最好成绩，尤其是民营企业，进出口占比首次超过五成，出口占比首次超过六成，说明我国民营经济的活力与不断向前发展的内在动力是不可阻挡的。同时，也要看到外商及港澳台商投资企业进出口额有所下降，加大鼓励外商来华投资的政策力度具有一定提升空间。在对外直接投资方面，2021 年广义的民营企业（非国有企业）热度有所下降，在存量、流量中的占比及增速均不及国有企业，可能的原因包括民营企业投资信心减弱、资金流动性降低等。党中央制定的一系列扶持民营经济的政策，还将有较大的红利释放空间。

未来，随着疫情影响逐渐消退，我国经济发展必会迎来新的复苏周期，纵然国际形势不确定性难以预测，但国内的经济基本面向好，能够抵消外部的不良影响，外贸发展前景看好，民营企业一定能够继续发挥主力作用。

（一）2022 年 1～12 月各类型企业进出口数据分析

全年进出口突破 6.3 万亿美元。2022 年 1～12 月，我国进出口总额 63 096 亿美元，同比增长 4.3%，再创历史新高，增速较上一年明显放缓，下降了 25.7 个百分点。前三大贸易伙伴依次是东盟、欧盟和美国。全国贸易顺差 8 776 亿美元，同比增长 29.7%。虽然总体势头良好，但要看到外贸企业在下半年由于国内国际大环境影响而承受了较大压力，同样的不利因素短期内不会全部消解，未来外贸形势不宜太乐观。全国制造业 PMI 指数从 9 月的 50.1 连续下降到 12 月的 47.0，新出口订单指数从 9 月的 47.0 连续下降到 12 月的 44.2。2022 年 3～12 月，全国（累计）进出口同比增幅分别为 13.4%、10.6%、8.6%、4.3%，其中外商及港澳台商投资企业第三季度末进出口仅增长 0.9%，第四季度末进出口下降 4.4%（见表 8－1）。

表 8 – 1　　2022 年 1～12 月进出口总额情况（商品贸易方式企业性质）

项目		2021 年 12 月	2022 年 3 月	2022 年 6 月	2022 年 9 月	2022 年 12 月
全国企业	进出口金额（亿美元）	60 515	14 789	30 791	47 520	63 096
	进出口增长额（亿美元）	14 052	1 753	2 939	3 779	2 581
	进出口增长率（%）	30	13.4	10.6	8.6	4.3
国有企业	进出口金额（亿美元）	9 190	2 354	4 981	7 671	10 158
	进出口增长率（%）	52.6	19.1	17.5	14.2	10.5
	进出口比重（%）	15.2	15.9	16.2	16.1	16.1
	进出口增长额（亿美元）	2 532	377	743	955	968
	进出口贡献率（%）	18.0	21.5	25.3	25.3	37.5
外商及港澳台商投资企业	进出口金额（亿美元）	21 717	5 309	10 496	15 929	20 764
	进出口增长率（%）	43.8	8.1	3.1	0.9	– 4.4
	进出口比重（%）	35.9	35.9	34.1	33.5	32.9
	进出口增长额（亿美元）	3 741	395	311	144	– 953
	进出口贡献率（%）	26.60	22.5	10.6	3.8	– 36.9
民营企业	进出口金额（亿美元）	29 609	7 126	15 314	23 920	32 174
	进出口增长率（%）	35.6	16.0	14.0	12.6	8.7
	进出口比重（%）	48.9	48.2	49.7	50.3	51.1
	进出口增长额（亿美元）	7 779	981	1 885	2 680	2 565
	进出口贡献率（%）	55.4	56.0	64.1	5.6	99.4
贸易差额（亿美元）		6 764	1 629	3 854	6 452	8 776

资料来源：1. 贸易额、增长率、贸易差额数据来自中国海关总署，其中民营企业为私营企业＋其他企业数据之和（本章同）。

2. 比重、增长额、贡献率及民营企业增长率为本院计算（本章同）。

3. 此表月度数据为累计数据（本节同）。

　　导致下半年外贸疲软的主要原因一是全球市场不振、经济增速放缓、美欧国家和地区保持货币紧缩的财政政策、海外订单量减少等导致我国出口面临外需萎缩的不利环境；二是从 2022 年 11 月开始新冠肺炎疫情严峻防疫政策收紧，12月因为防疫政策调整导致短期内感染人数增加，部分地区出现物流停运、工厂停工等现象；三是海外航运效率下降导致集装箱回流中国速度下降，等等，均属不可抗力。即便如此，可以看到国内经济活力依旧，国有企业、民营企业受到冲击相对较小，全年进出口额增长率分别为10.5%、8.7%，在艰难的大环境下，这样的成绩还是十分可观的。

民营外贸企业重要性更加提升。由表8-1可知，2022年，民营企业进出口额占全国的比重逐月提升，截至12月底占全国的51%，首次突破五成，尤其是在下半年外商及港澳台商投资企业进出口下降的情况下，民营企业的重要性愈加凸显。国有企业进出口增速表现良好，但也受到外部影响，从3月的19.1%降至12月的10.5%，增势好于民营企业。从政策上看，2022年国务院发布的三项主要的外贸相关政策都利好民营企业，政策落实有待各地进一步发力。其中，1月发布的《国务院办公厅关于做好跨周期调节进一步稳外贸的意见》《国务院办公厅关于促进内外贸一体化发展的意见》，就如何挖掘进出口潜力、保障外贸产业链供应链稳定畅通、稳市场主体保订单、完善内外贸一体化制度体系、完善保障措施等给出指导意见；5月发布的《国务院办公厅关于推动外贸保稳提质的意见》则明确提出"帮扶外贸企业应对困难挑战，实现进出口保稳提质任务目标，助力稳经济稳产业链供应链"目标，出台加强外贸企业生产经营保障、促进外贸货物运输保通保畅、增强海运物流服务稳外贸功能、推动跨境电商加快发展提质增效、加大出口信用保险和信贷支持、进一步加强对中小微外贸企业金融支持等十三条利好政策。各相关部门和各地方如能积极落实，那么政策红利有望在2023年得到进一步释放。

2022年1~12月，我国出口总额继续刷新历史纪录，达到35 936亿美元，同比增长7%，增速回落22.9个百分点，下降幅度高于进出口总额，从第一季度的15.8%连续下降。从出口企业逐月的表现来看，10月当月全国出口额2 891亿美元，环比下降7.3%，同比下降0.3%，12月当月全国出口额3 061亿美元，环比增长3.7，同比下降9.9%，下半年我国企业出口表现受外部因素制约较大。

外商及港澳台商投资企业出口下降最多，民营企业增长稳健，占比突破六成，贡献率超过 100%。民营企业贡献了增量的 106.4%，国有企业贡献增量的 6.6%，外商及港澳台商投资企业第四季度出口下降 2.2%，全年出口额较去年减少 297 亿美元。国有企业出口增速从 3 月的 9.7% 降至 12 月的 5.6%，民营企业在 3～12 月的出口增速分别为 19.7%、19.4%、17.6%、12.6%，表现稳健，占全国比重也逐月提高，直至年底的 60.8%，首次突破六成（见表 8 - 2）。

表 8 - 2 　　　　　　　　2022 年 1～12 月出口总额情况

项目		2021 年 12 月	2022 年 3 月	2022 年 6 月	2022 年 9 月	2022 年 12 月
全国企业	出口金额（亿美元）	33 640	8 209	17 323	26 986	35 936
	出口增长率（%）	29.9	15.8	14.2	12.5	7.0
	出口占比（%）	100	100	100	100.0	100
	出口增长额（亿美元）	7 733	1 109	2 139	2 978	2 296
国有企业	出口金额（亿美元）	2 689	620	1 366	2 156	2 841
	出口增长率（%）	29.5	9.7	9.6	9.6	5.6
	出口比重（%）	8	7.6	7.9	8.0	7.9
	出口增长额（亿美元）	615	56	119	188	152
	出口贡献率（%）	7.9	5.1	5.6	6.3	6.6
外商及港澳台商投资企业	出口金额（亿美元）	11 530	2 850	5 631	8 606	11 233
	出口增长率（%）	23.7	10.6	6.6	4.5	- 2.5
	出口比重（%）	34.3	34.7	32.5	31.9	31.3
	出口增长额（亿美元）	2 207	273	345	363	- 297
	出口贡献率（%）	28.5	24.6	16.1	12.2	- 12.9
民营企业	出口金额（亿美元）	19 420	4 739	10 326	16 224	21 862
	出口增长率（%）	33.9	19.7	19.4	17.6	12.6
	出口比重（%）	57.7	57.7	59.6	60.1	60.8
	出口增长额（亿美元）	4 912	781	1 675	2 426	2 442
	出口贡献率（%）	63.5	70.4	78.3	81.5	106.4

2022 年 1～12 月，全国进口总额 27 160 亿美元，继续刷新历史纪录，同比增长 1.1%，增速回落 29 个百分点，且在 3～12 月逐月下降，进口贸易呈现疲软态势，一是由于国内内需尚未全面提振，二是由于出口订单减少，导致对于原材料等用于二次加工的商品进口需求也在下降，未来可能延续这一趋势。党中央提出的完善内外贸一体化制度体系、加强内外贸一体化能力的目标亟待实现。

民营企业占进口总额比重最多，增量主要来自国有企业。2022 年国有企业进口贸易增势良好，四个季度的同比增长率分别为 19.7%、19%、15.8%、12.5%，比重维持在 26.9% 左右，贡献了 286.8% 的增量；民营企业进口贸易增长势头放缓，但占比仍旧最多，且比重不断提升，1～12 月民营企业进口额为 10 312 亿美元，同比增长 1.2%，占比达到 38%，贡献了 43.7% 的增量；外商及港澳台商投资企业进口大幅度减少，其 1～12 月进口额为 9 530 亿美元，同比下降 6.4%，从第二季度开始持续下跌，全年减少 657 亿美元（见表 8-3）。

表 8-3　　　　　　　　　　2022 年 1～12 月进口总额情况

项目		2021 年 12 月	2022 年 3 月	2022 年 6 月	2022 年 9 月	2022 年 12 月
全国企业	进口金额（亿美元）	26 875	6 580	13 468	20 534	27 160
	进口增长率（%）	30.1	9.6	5.7	4.1	1.1
	进口占比（%）	100	100	100	100	100
	进口增长额（亿美元）	6 319	644	800	801	285
国有企业	进口金额（亿美元）	6 500	1 734	3 616	5 515	7 317
	进口增长率（%）	40.2	19.7	19	15.8	12.5
	进口比重（%）	24.2	26.4	26.8	26.9	26.9
	进口增长额（亿美元）	1 918	321	625	767	817
	进口贡献率（%）	30.4	49.9	78.0	95.7	286.8

项目		2021 年 12 月	2022 年 3 月	2022 年 6 月	2022 年 9 月	2022 年 12 月
外商及港澳台商投资企业	进口金额（亿美元）	10 187	2 460	4 865	7 323	9 530
	进口增长率（%）	17.5	4.9	−0.8	−2.8	−6.3
	进口比重（%）	37.9	37.4	36.1	35.7	35.1
	进口增长额（亿美元）	1 534	124	−34	−220	−657
	进口贡献率（%）	24.3	19.2	−4.2	−27.4	−230.4
民营企业	进口金额（亿美元）	10 188	2 386	4 988	7 696	10 312
	进口增长率（%）	39.2	9.1	4.4	3.4	1.2
	进口比重（%）	37.9	36.3	37.0	37.5	38.0
	进口增长额（亿美元）	2 868	199	209	254	124
	进口贡献率（%）	45.4	30.9	26.1	31.7	43.7

出口贸易方式占比分布。2022 年全国出口额中，按出口贸易方式占比最大的是一般贸易和进料加工贸易。其中，一般贸易占 63.9%，同比（下同）增长 11.9%；进料加工贸易占 20.2%，下降 2.7%；海关特殊监管区域物流货物占 6.4%，增长 4.3%；来料加工装配贸易占 2.3%，增长 4%；保税监管场所进出境货物占 2.1%，增长 18.7%。民营企业占一般贸易比重超过七成。一般贸易中，全部民营企业（私营企业与其他企业之合计）占 73.6%，外商及港澳台商投资企业占 18.6%，国有企业占 7.8%。外商及港澳台商投资企业占进料加工贸易比重超过七成。进料加工贸易中，外商及港澳台商投资企业占 74.9%，民营企业占 21%，国有企业占 4.1%。外商及港澳台商投资企业占来料加工装配贸易比重近八成。来料加工装配贸易中，外商及港澳台商投资企业占 77.8%，民营企业占 19.9%，国有企业占 2.4%。国有企业占保税监管场所进出境货物贸易比重超过五成。保税监管场所进出境货物贸易中，国有企业占 50.5%，民营企业占 32.2%，外商及港澳台商投资企业占 17.3%。民营企业占海关特殊监管区域物流货物贸易比重近六成。海关特殊监管区域物流货物贸易中，民营企业占 57.7%，外商及港澳台商投资企业占 31.8%，国有企业占 10.4%（见表 8 - 4）。

表8-4

出口商品贸易方式按企业性质总值表

企业性质 / 贸易方式	全国合计			国有企业			港澳台及外商投资企业			私营企业			其他		
	金额	±%	占比	金额	±%	占比	金额	±%	占比	金额	±%	占比	金额	±%	占比
总值	3 593 601 450	7		284 083 067	5.6	7.9	1 123 330 224	-2.5	31.3	2 131 243 472	13.4	59.3	54 944 687	-3.3	1.5
一般贸易	2 286 996 323	11.9		178 531 956	6.8	7.8	426 177 096	2.4	18.6	1 634 972 575	15.5	71.5	47 314 696	3.9	2.1
纵向占比（%）	63.6			62.8			37.9			76.7			86.1		
国家间、国际组织无偿援助和赠送的物资	662 407	-45.6		466 255	-46.1	70.4	103 575	-55.8	15.6	55 712	-29.9	8.4	36 866	-4.8	5.6
纵向占比（%）	0			0.2			0			0			0.1		
其他捐赠物资	47 501	-26.3		5 289	-74.1	11.1	1 564	-88	3.3	30 746	31.9	64.7	9 902	27.2	20.8
纵向占比（%）	0			0			0			0			0		
来料加工装配贸易	83 134 876	4		1 987 611	14.2	2.4	64 645 451	-0.7	77.8	16 196 341	26.5	19.5	305 473	20.1	0.4
纵向占比（%）	2.3			0.7			5.8			0.8			0.6		
进料加工贸易	726 268 788	-2.7		29 988 829	6	4.1	544 307 103	-6.5	74.9	147 886 095	12.6	20.4	4 086 761	-12.1	0.6
纵向占比（%）	20.2			10.6			48.5			6.9			7.4		
边境小额贸易	36 665 900	14.7		414 790	-15.7	1.1	—	—		36 230 883	15.2	98.8	20 227	-44	0.1
纵向占比（%）	1			0.1			—			1.7			0		

续表

企业性质 / 贸易方式	全国合计 金额/±%	占比	国有企业 金额/±%	占比	港澳台及外商投资企业 金额/±%	占比	私营企业 金额/±%	占比	其他 金额/±%	占比
对外承包工程出口货物	10 675 819		9 147 243	85.7	281 811	2.6	1 115 719	10.5	131 047	1.2
	-16.2		-12.9		5.6		-16.4		-79.7	
纵向占比（%）	0.3		3.2		0		0.1		0.2	
租赁贸易	1 192 929		164 791	13.8	11 981	1	1 006 658	84.4	9 500	0.8
	193.7		-31.3		95.5		528.6		—	
纵向占比（%）	0		0.1		0		0		0	
出料加工贸易	134 994		21 477	15.9	55 634	41.2	57 497	42.6	386	0.3
	-17.8		-45.2		145.4		-43.8		955	
纵向占比（%）	0		0		0		0		0	
保税监管场所进出境货物	76 991 987		38 896 522	50.5	13 339 121	17.3	24 070 705	31.3	685 639	0.9
	18.7		25.4		22.1		8.6		-7.2	
纵向占比（%）	2.1		13.7		1.2		1.1		1.2	
海关特殊监管区域物流货物	228 069 727		23 805 101	10.4	72 616 692	31.8	131 644 852	57.7	3 082	0
	4.3		-14.7		-5.2		15.3		-1.5	
纵向占比（%）	6.3		8.4		6.5		6.2		1.2	
其他	142 760 198		653 204	0.5	1 790 197	1.3	137 975 691	96.6	2 341 106	1.6
	-8.7		2.3		23.3		-7.6		-52.3	
纵向占比（%）	4		0.2		0.2		6.5		4.3	

（二）2015～2022 年中国对外贸易情况回顾

"十三五"规划以来，外贸民营企业表现突出，出口、进口贸易占比都超过国有企业、外商及港澳台商投资企业，是贸易顺差的绝对贡献者。七年来，我国进出口总额从 39 530 亿美元增长到 63 096 亿美元，年均增长 6.9%，国有企业年均增长 6.6%，外商及港澳台商投资企业年均增长 1.8%，全部民营企业年均增长 11.9%，增幅快于全国 4.9 个百分点。民营企业进出口占全国的比重从 2015 年的 37.2% 不断增加至 2022 年的 51%，正式成为我国外贸的半壁江山；外商及港澳台商投资企业比重则从七年前的 46.4% 下降到 32.9%，国有企业占比变化不大（见表 8-5）。

表 8-5　　　　　　　　　2015～2022 年各类企业进出口情况

年份	全国企业		国有企业			外商及港澳台商投资企业			民营企业		
	金额（亿美元）	增长率（%）	金额（亿美元）	比重（%）	增长率（%）	金额（亿美元）	比重（%）	增长率（%）	金额（亿美元）	比重（%）	增长率（%）
2015	39 530	-8.1	6 502	16.4	-13.0	18 346	46.4	-7.5	14 721	37.2	-6.3
2016	36 849	-6.8	5 764	15.6	-11.4	16 874	45.8	-8.0	14 206	38.6	-3.5
2017	41 045	11.4	6 687	16.3	16.0	18 391	44.8	9.0	15 967	38.9	12.4
2018	46 230	12.6	8 046	17.4	20.3	19 681	42.6	7.0	18 504	40.2	15.9
2019	45 761	-1.0	7 725	16.9	-4.0	18 239	39.9	-7.3	19 796	43.3	7.0
2020	46 463	1.5	6 657	14.3	-13.8	17 976	38.7	-1.4	21 830	47.0	10.3
2021	60 515	30.0	9 190	15.2	38.0	21 717	35.9	20.8	29 608	48.9	5.6
2022	63 096	4.3	10 158	16.1	10.5	20 764	32.9	-4.4	32 174	51.0	8.7
进出口额年均增长率											
2015～2022	6.9		6.6			1.8			11.8		

注：绝对数和年度增长率来自中国海关总署；比重、年均增长率为大成企业研究院根据绝对数计算得出。

资料来源：海关总署. 统计月报 [EB/OL]. (2023-04-18) [2023-05-22]. http://www.customs. gov.cn/customs/302249/zfxxgk/2799825/302274/302277/4899681/index.html.

全国出口总额从 22 750 亿美元增加到 35 936 亿美元，年均增长 7%，国有企业出口年均增长 2.3%，占比从 10.7% 降至 7.9%，外商及港澳台商投资企

业出口年均增长 1.6%，比重从 44.2% 降至 31.3%；民营企业出口年均增长
11.4%，快于全国 4.6 个百分点，比重从 45.2% 升至 60.8%（见表 8 - 6）。

表 8 - 6　　　　　　2015~2022 年各类企业出口走势情况

年份	全国企业		国有企业			外商及港澳台商投资企业			民营企业		
	金额 （亿美元）	增长率 （%）	金额 （亿美元）	比重 （%）	增长率 （%）	金额 （亿美元）	比重 （%）	增长率 （%）	金额 （亿美元）	比重 （%）	增长率 （%）
2015	22 750	-2.9	2 424	10.7	-5.5	10 047	44.2	-6.5	10 278	45.2	1.6
2016	20 982	-7.7	2 156	10.3	-11	9 170	43.7	-8.7	9 651	46.0	-6.1
2017	22 635	7.9	2 312	10.2	7.3	9 776	43.2	6.6	10 547	46.6	9.3
2018	24 874	9.9	2 573	10.3	11.1	10 360	41.7	6.0	11 941	48.0	13.2
2019	24 990	0.5	2 356	9.4	-8.3	9 661	38.7	-6.7	12 974	51.9	8.6
2020	25 906	3.6	2 075	8.0	-12.0	9 323	36.0	-3.5	14 509	56.0	11.8
2021	33 640	29.9	2 689	8.0	29.5	11 530	34.3	23.7	19 420	57.7	33.9
2022	35 936	7.0	2 841	7.9	5.6	11 233	31.3	-2.5	21 862	60.8	12.6
出口额年均增长率											
2015~2022	6.7		2.3			1.6			11.4		

全国进口总额从 16 820 亿美元增加到 27 160 亿美元，年均增长 7.1%，
国有企业进口年均增长 8.7%，比重变化不大，外商及港澳台商投资企业进
口年均增长 2%，比重从 49.3% 降至 35.1%；民营企业进口年均增长
12.8%，快于全国 5.7 个百分点，比重从 26.4% 升至 38%（见表 8 - 7）。

表 8 - 7　　　　　　2015~2022 年各类企业进口走势情况

年份	全国企业		国有企业			外商及港澳台商投资企业			民营企业		
	金额 （亿美元）	增长率 （%）	金额 （亿美元）	比重 （%）	增长率 （%）	金额 （亿美元）	比重 （%）	增长率 （%）	金额 （亿美元）	比重 （%）	增长率 （%）
2015	16 820	-14.2	4 078	24.2	-16.9	8 299	49.3	-8.7	4 442	26.4	-21
2016	15 874	-5.5	3 608	22.8	-11.4	7 705	48.6	-7	4 555	28.8	3
2017	18 410	15.9	4 374	23.8	21.1	8 616	46.8	11.8	5 420	29.4	19
2018	21 356	15.8	5 474	25.6	24.9	9 321	43.6	8.1	6 561	30.8	21.1
2019	20 771	-2.7	5 369	25.8	-1.9	8 578	41.3	-7.9	6 824	32.9	4.0
2020	20 556	-1.1	4 582	22.3	-14.7	8 653	42.1	0.9	7 321	35.6	7.3

续表

年份	全国企业		国有企业			外商及港澳台商投资企业			民营企业		
	金额 （亿美元）	增长率 （%）	金额 （亿美元）	比重 （%）	增长率 （%）	金额 （亿美元）	比重 （%）	增长率 （%）	金额 （亿美元）	比重 （%）	增长率 （%）
2021	26 875	30.1	6 500	24.2	40.2	10 187	37.9	17.5	10 188	37.9	39.2
2022	27 160	1.1	7 317	26.9	12.5	9 530	35.1	-6.3	10 312	38.0	1.2
进口额年均增长率											
2015～2022	7.1		8.7			2.0			12.8		

（三）2015～2021 年中国对外直接投资回顾*

"十三五"规划以来，我国企业对外直接投资总体热度下降。七年来，中国对外直接投资流量持续保持全球前三，进入相对饱和期，增速放缓，全球对外投资格局也较为稳定。2015～2021 年，我国对外直接投资流量从 2015 年的 688 亿美元增至 2021 年的 1 788 亿美元，年均增长 3%（见图 8-1、表 8-8），

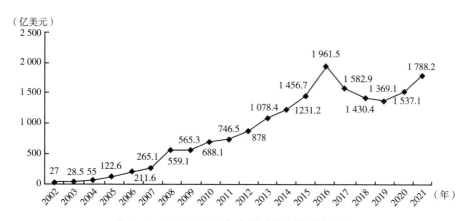

图 8-1　2002～2021 年中国对外直接投资流量

资料来源：2021 年度中国对外直接投资统计公报。

---

　*　商务部、国家统计局、国家外汇管理局：2021 年度中国对外直接投资统计公报 ［M］. 北京：中国商务出版社，2022.

占全球份额从 2015 年的 9.9% 最高升至 2020 年的 20.2%，2021 降至 10.5%（见图 8 - 2）。

表 8 - 8	2015 ~ 2022 年中国对外直接投资流量年均增长率						
项目	2015 年	2016 年	2017 年	2018 年	2019 年	2020 年	2021 年
对外直接投资流量（亿美元）	1 457	1 962	1 583	1 430	1 369	1 537	1 788
2015 ~ 2021 年年均增长率（%）	3.0						

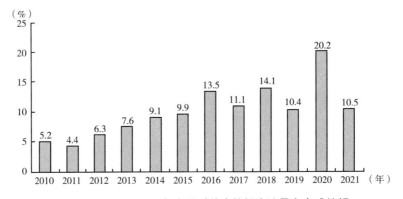

图 8 - 2　2010 ~ 2021 年中国对外直接投资流量占全球份额

"十三五"规划以来，中国对外投资并购波动较大。"十三五"规划以来，随着中国对外直接投资的方式、标的、涉及国家不断增多，以及国家政策的调整，中国企业对海外并购交易量波动较大，占比持续下降，历史数据显示，2015 ~ 2018 年，我国对外投资并购交易量处于高位阶段，从 2015 年的 544.4 亿美元上涨至 2016 年的 1 353.3 亿美元，2017 年小幅回落至 1 196.2 亿美元，2018 年回落至 742.3 亿美元，2019 年断崖式下跌至 342.8 亿美元，至今保持在低位。2021 年，中国企业共在全球 59 个国家（地区）实施并购项目 505 起，交易总额 318.3 亿美元，同比增长 12.9%，但还没有恢复到 2015 年的水平，占当年流量的比重仍然较低。交易总额中，对外直接投资占 63.9%，境外融资占 36.1%（见图 8 - 3）。

年份	并购金额（亿美元）	同比（%）	比重（%）
2004	30.0	—	54.4
2005	65.0	116.7	53.0
2006	82.5	26.9	39.0
2007	63.0	−23.6	23.8
2008	302.0	379.4	54.0
2009	192.0	−36.4	34.0
2010	297.0	54.7	43.2
2011	272.0	−8.4	36.4
2012	434.0	59.6	31.4
2013	529.0	21.9	31.3
2014	569.0	7.6	26.4
2015	544.4	−4.3	25.6
2016	1 353.3	148.6	44.1
2017	1 196.2	−11.6	21.1
2018	742.3	−37.9	21.7
2019	342.8	−53.8	12.6
2020	282.0	−17.7	10.7
2021	318.3	12.9	11.4

图 8 - 3   2004 ~ 2021 年中国对外直接投资并购情况

2021 年我国对外直接投资稳定增长。2021 年，全球对外直接投资回暖，流量同比大增 119%，总计 1.7 万亿美元，2019 ~ 2021 年平均增长 85.5%，同年我国对外直接投资流量 1 788.2 亿美元，保持世界第二，同比增长 16.3%，慢于全球总体增速 102.7 个百分点。我国对外直接投资流量中，非金融类同比增长 13.4%，金融类同比增长 36.1%。截至 2021 年末，我国对外直接投资存量 27 851.5 亿美元，位居全球第三。目前，全球对外投资第一的国家仍然是美国，2021 年美国对外直接投资流量 4 031 亿美元、存量 98 136 亿美元，依旧与中国拉开不小差距，荷兰对外直接投资存量 33 568.6 亿美元。

截至 2021 年末，中国共有对外直接投资企业的境内投资者 2.86 万家，在国（境）外设置 4.6 万家境外投资企业，分布于全球 190 个国家（地区），从业员工总人数 395 万人，资产总额 8.5 万亿美元。我国对外直接投资存量中，股权投资占 57.3%，收益再投资占 32.1%、债务工具投资占 10.6%。值得一提的是，2021 年我国对外直接投资带动出口 2 142 亿美元，为史上最多，同比增长 23.5%。

对外直接投资流量构成。流量中，金融类投资 268 亿美元，占 15%，非金融类投资 1 520.2 亿美元，占 85%；存量中，金融类投资 3 003.5 亿美元，占 10.8%，非金融类投资 24 848 亿美元，占 89.2%；较往年无太大变化。

对外直接投资主要流向领域。2021 年我国对外投资流量中，前五大领域占了 80.2%，其中占比最大的是租赁和账务服务业（27.6%），其次是批发和零售业，占 15.7%，制造业占 15%，金融业占 15%，交通运输/仓储和邮政业占 6.8%。截至 2021 年末，我国对外金融类直接投资存量中，对外货币金融服务占 48.5%，保险业占 2.9%，资本市场服务（原证券业）占 6.9%，其他金融业务占 41.7%。

对外直接投资主要流向的国家（地区）。2021 年对外直接投资的目标国家中，流向中国香港 1 011.9 亿美元，占 56.6%，流向英属维京群岛的资金占 7.8%，流向开曼群岛的资金占 6%，流向新加坡的资金占 4.1%，流向美国的资金占 3.1%，流向印度尼西亚的资金占 2.5%，流向德国的资金占 1.5%。①

（四）2021～2022 年前 11 个月中国对外直接投资情况

1. 2022 年 1～11 月中国对外投资流量分布

据商务部、外汇局统计，2022 年 1～11 月我国对外全行业直接投资流量

---

① 商务部. 2022 年我国对外全行业直接投资简明统计［EB/OL］.（2023－02－13）［2023－05－22］. http://www.customs.gov.cn/customs/302249/zfxxgk/2799825/302274/302277/4899681/index.html.

1 465 亿美元，同比增长 0.9%；我国境内投资者共对全球 160 个国家和地区的 6 430 家境外企业进行了非金融类直接投资 1 168.5 亿美元，同比增长 2.8%。①

2. 2021～2022 年 1～12 月中国对"一带一路"沿线国家投资情况

2021 年，我国在"一带一路"沿线国家直接投资 241.5 亿美元，涉及 18 个行业大类，同比增长至 7.1%，占同期流量的 13.5%；主要流向新加坡、印度尼西亚、越南、泰国、马来西亚、老挝、阿联酋、哈萨克斯坦、巴基斯坦、沙特阿拉伯等国家。截至 2021 年末，中国对"一带一路"沿线国家直接投资存量 2 138.4 亿美元，占中国对外投资存量的 7.7%，存量位列前十的国家是：新加坡、印度尼西亚、越南、俄罗斯联邦、马来西亚、老挝、泰国、阿联酋、哈萨克斯坦、巴基斯坦。②

2022 年 1～12 月，我国在"一带一路"沿线国家非金融类直接投资 209.7 亿美元，同比增长 3.3%，占同期流量的 17.9%，主要流向新加坡、印度尼西亚、马来西亚、泰国、越南、巴基斯坦、阿联酋、柬埔寨、塞尔维亚和孟加拉国等国家；在沿线国家新签承包工程合同额 1 296.2 亿美元，下降 3.3%，完成营业额 849.4 亿美元，下降 5.3%，分别占同期总额的 51.2% 和 54.8%（见表 8－9）。③

3. 公有经济控股企业对外投资增速和占比超过非公有经济控股企业

2021 年，广义的民营企业（非公有经济控股企业）在对外直接投资流量中增速和占比都被公有经济控股企业反超。对外非金融投资流量中，非公

---

① 商务部. 2022 年我国对外全行业直接投资简明统计 [EB/OL]. （2023－02－13）[2023－05－22]. http：//www. customs. gov. cn/customs/302249/zfxxgk/2799825/302274/302277/4899681/index. html.

② 商务部、国家统计局、国家外汇管理局. 2021 年度中国对外直接投资统计公报 [M]. 北京：中国商务出版社，2022：18－19.

③ 商务部. 2022 年我对"一带一路"沿线国家投资合作情况 [EB/OL]. （2023－02－13）[2023－05－22]. http：//file. mofcom. gov. cn/article/tongjiziliao/dgzz/202302/20230203384453. shtml.

表 8—9 "一带一路"沿线国家投资合作情况

项目	2017 年	2018 年	2019 年	2020 年	2021 年	2022 年
"一带一路"国家（个）	59	56	56	58	57	—
主要流向	新加坡、马来西亚、老挝、印度尼西亚、巴基斯坦、越南、俄罗斯、阿联酋、柬埔寨	新加坡、老挝、印度、巴基斯坦、印度尼西亚、越南、马来西亚、泰国、柬埔寨	新加坡、越南、老挝、印度尼西亚、巴基斯坦、泰国、马来西亚、柬埔寨、阿联酋、哈萨克斯坦	新加坡、印度尼西亚、越南、老挝、马来西亚、泰国、柬埔寨、阿联酋、哈萨克斯坦、以色列	新加坡、印度尼西亚、马来西亚、孟加拉国、越南、阿联酋、老挝、泰国、哈萨克斯坦和柬埔寨	新加坡、印度尼西亚、马来西亚、越南、泰国、阿联酋、巴基斯坦、柬埔寨、塞尔维亚和孟加拉国
非金融类投资（亿美元）	143.6	129.6	150.4	177.9	203	209.7
占同期总额（%）	12	12.4	13.6	16.2	17.9	17.9
同比（%）	↓1.2	↑4.8	↓3.8	↑2.6	14.1↑	3.3↑
新签对外承包工程项目合同额（亿美元）	1 443.2	904.3	1 276.7	1 414.6	1 340.4	1 296.2
占同期对外承包工程新签合同额（%）	54.4	48.8	59.5	55.4	51.9	51.2
同比（%）	↑14.5	↓20.3	↑23.1	↓8.7	↓5.2	↓3.3

资料来源：商务部. 2022 年我对"一带一路"沿线国家投资合作情况［EB/OL］.（2023 - 02 - 13）［2023 - 05 - 22］. http：//file. mofcom. gov. cn/article/tongjiziliao/dgzz/202302/20230203384453. shtml.

有控股的投资者投资了699亿美元，占46%，同比增长4.1%，公有控股的投资者投资了821.2亿美元，占54%，增长22.8%。①

在对外非金融直接投资存量中，国有企业占51.6%，非国有企业投资占48.4%，其中外商投资企业占2.9%，港澳台商投资企业占1.6%，私营企业占6.1%，股份有限公司占10.2%，股份合作企业占0.4%，集体企业占0.4%，其他企业占19.2%（见图8-4、图8-5）。

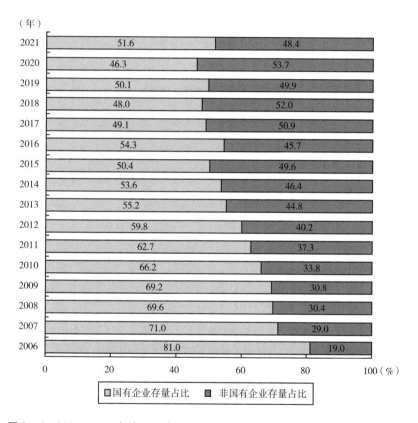

图8-4 2006~2021年中国国有企业和非国有企业对外直接投资存量占比情况

资料来源：商务部、国家统计局、国家外汇管理局2021年度中国对外直接投资统计公报[M]．北京：中国商务出版社，2022：30-31．

---

① 商务部．2022年我对"一带一路"沿线国家投资合作情况［EB/OL］．（2023-02-13）［2023-05-22］．http：//file．mofcom．gov．cn/article/tongjiziliao/dgzz/202302/20230203384453．shtml．

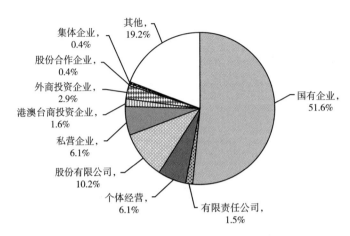

图 8 – 5 2021 年末中国对外非金融类直接投资存量按境内投资者注册类型

资料来源：商务部、国家统计局、国家外汇管理局 2021 年度中国对外直接投资统计公报 [M]. 北京：中国商务出版社，2022：30 – 31.

九、民营科技发展[*]

——创新活力不减，地位日益重要

作为我国科技创新的重要力量和主力军，民营企业已经成为科技创新的重要主体，贡献了超过 70% 的技术创新成果、85% 的国家专精特新"小巨人"企业和 90% 的高新技术企业。近三年来，尽管面临多重困难、特别是受到新冠肺炎疫情冲击，民营企业创新活力不减，研发投入力度不断加大，创新成果不断涌现，民营企业科技创新能力不断提高。

本章主要对规模以上工业企业中的私营企业科技活动情况、全国工商联发布的《2022 研发投入前 1 000 家民营企业创新状况报告》中的民营企业创

---

[*] 如无特别说明，本部分资料来源如下：

1. 相关指标年度绝对值数据来源于国家统计局年度数据，https：//data. stats. gov. cn/easyquery. htm？ cn = C01 。

2. 增长率和占比为作者根据绝对值计算得出。

新情况，以及专精特新"小巨人"企业中的私营企业等三个方面的数据进行分析，力求展现民营企业科技创新的总体情况。

（一）规模以上工业企业科技活动开展情况

自 2012 年以来，国家统计局每年对上一年底的规模以上工业企业科技活动情况进行分类统计，包括研究与试验发展（R&D）活动情况、新产品开发及生产情况、专利情况等。在此选用 R&D 人员、R&D 经费、R&D 项目数、新产品开发项目数、新产品开发经费支出、新产品销售收入、有效发明专利数等指标进行分析。

此外，据有关部门内部分析估计，在全国范围内的有限责任公司和股份有限公司中，约有 1/3 为国有控股企业、2/3 为民营企业。最后用一张表将有限责任公司和股份有限公司数据合并计算，并按此比例各自归在国有控股和民营企业门下，对其进行参考性比较。也就是说，国有控股为国有企业加 1/3 有限责任公司和股份有限公司，民营企业为私营企业加 2/3 有限责任公司和股份有限公司，港澳台商投资企业与外商投资企业的对应数据合并计算。

2015 年以来，私营工业企业的科技发展与创新整体呈现平稳增长的态势，逐渐超越有限责任公司成为规模以上工业企业科技发展的第一大贡献者，从研发人员、研发经费、研发项目数、有效发明专利数，以及新产品开发项目数、新产品开发经费支出、新产品销售收入等指标来看，私营工业企业在规模以上工业企业中的占比逐年增加，大多保持了平稳增长、增速逐年提高。

1. R&D 人员

截至 2021 年末，全国规模以上工业企业 R&D 人员全时当量约为 382.67 万人年，其中私营企业约为 179.35 万人年，占比为 44.01%；港澳台商投资企业约为 35.46 万人年，占比为 9.27%；外商投资企业约为 36.16 万人年，占比为 9.45%。

增速方面，2021 年全国规模以上工业企业 R&D 人员全时当量比 2020 年增长了 10.58%，各类型企业中私营企业增速最快，为 17.76%；外商投资企业次之，为 7.14%；港澳台商投资企业为 6.54%。2015～2021 年，规模以上工业企业 R&D 人员全时当量年均增速 6.39%，私营企业年均增速 18.07%，为各类型企业中最高；港澳台商投资企业为 3.70%；外商投资企业为 1.61%（见表 9 - 1～表 9 - 4）。

表 9 - 1   按登记注册类型分规模以上工业企业 R&D 人员全时当量　　单位：人年

年份	规模以上工业企业整体	国有企业	有限责任公司	股份有限公司	私营企业	港澳台商投资企业	外商投资企业
2015	2 638 290	82 297	826 422	433 413	662 024	285 158	328 657
2016	2 702 489	74 005	845 680	425 175	732 398	285 902	330 649
2017	2 736 244	55 692	832 012	431 937	790 796	303 102	313 490
2018	2 981 234	21 624	862 665	442 700	993 467	319 641	334 362
2019	3 151 828	23 575	831 757	451 358	1 202 413	314 242	322 470
2020	3 460 409	37 310	807 686	414 203	1 523 010	332 813	337 516
2021	3 826 651	39 239	851 692	417 814	1 793 534	354 588	361 606

资料来源：绝对值数据来源于历年中国统计年鉴；增长率和占比为作者自行计算。本章同。

表 9 - 2   按登记注册类型分规模以上工业企业 R&D 人员全时当量增长情况　　单位：%

年份	规模以上工业企业整体	国有企业	有限责任公司	股份有限公司	私营企业	港澳台商投资企业	外商投资企业
2015	- 0.12	- 7.40	- 1.82	- 3.82	9.20	0.71	- 7.49
2016	2.43	- 10.08	2.33	- 1.90	10.63	0.26	0.61
2017	1.25	- 24.75	- 1.62	1.59	7.97	6.02	- 5.19
2018	8.95	- 61.17	3.68	2.49	25.63	5.46	6.66
2019	5.72	9.02	- 3.58	1.96	21.03	- 1.69	- 3.56
2020	9.79	58.26	- 2.89	- 8.23	26.66	5.91	4.67
2021	10.58	5.17	5.45	0.87	17.76	6.54	7.14
2015～2021 年均增长率	6.39	- 11.61	0.50	- 0.61	18.07	3.70	1.61

表 9 - 3 　　　　按登记注册类型分规模以上工业企业 R&D 人员全时

当量占比情况　　　　　　　　　单位:%

年份	国有企业	有限责任公司	股份有限公司	私营企业	港澳台商投资企业	外商投资企业
2015	3.12	31.32	16.43	25.09	10.81	12.46
2016	2.74	31.29	15.73	27.10	10.58	12.23
2017	2.04	30.41	15.79	28.90	11.08	11.46
2018	0.73	28.94	14.85	33.32	10.72	11.22
2019	0.75	26.39	14.32	38.15	9.97	10.23
2020	1.08	23.34	11.97	44.01	9.62	9.75
2021	1.03	22.26	10.92	46.87	9.27	9.45

表 9 - 4 　　经调整口径的规模以上工业企业 R&D 人员全时当量情况

项目		规模以上工业企业整体	有限责任公司和股份有限公司	国有控股	民营企业	外商及港澳台商投资企业
2015 年	人员全时当量（人年）	2 638 290	1 259 835	502 242	1 501 914	613 815
	占比（%）	100.00	47.75	19.04	56.93	23.27
2020 年	人员全时当量（人年）	3 460 409	1 221 889	444 606	2 337 603	670 329
	占比（%）	100.00	35.31	12.85	67.55	19.37
2021 年	人员全时当量（人年）	3 826 651	1 269 506	462 407.67	2 639 871	716 194
	占比（%）	100	33.18	12.08	68.99	18.72
2015～2021 年均增速（%）		6.39	0.13	-1.37	9.86	2.60

2. R&D 经费

截至 2021 年末，全国规模以上工业企业 R&D 经费为 17 514.25 亿元，其中私营企业为 6 781.97 亿元，占比为 38.72%；港澳台商投资企业为 1 448.09 亿元，占比为 8.27%；外商投资企业为 1 929.34 亿元，占比为 11.02%。

增速方面，2021 年全国规模以上工业企业 R&D 经费相比 2020 年增长了 14.69%，各类型企业中国有企业增速最快，为 38.88%；私营企业次之，为 20.10%；港澳台商投资企业为 15.28%；外商投资企业为 10.73%。2015 ~ 2021 年，规模以上工业企业 R&D 经费年均增速 9.77%，私营企业年均增速 19.21%，在各类型企业中增速最快；港澳台商投资企业为 7.32%；外商投资企业为 6.08（见表 9 - 5 ~ 表 9 - 8）。

表 9 - 5　　　　按登记注册类型分规模以上工业企业 R&D 经费　　　单位：亿元

年份	规模以上工业企业整体	国有企业	有限责任公司	股份有限公司	私营企业	港澳台商投资企业	外商投资企业
2015	10 013.93	322.37	3 388.89	1 534.74	2 363.58	947.65	1 353.85
2016	10 944.66	283.92	3 754.91	1 612.83	2 800.54	1 013.55	1 405.73
2017	12 012.96	213.44	4 102.07	1 847.24	3 188.06	1 115.05	1 474.90
2018	12 954.83	83.44	4 279.33	2 025.17	3 851.61	1 130.75	1 552.03
2019	13 971.10	83.18	4 449.79	2 139.11	4 516.75	1 138.37	1 613.77
2020	15 271.29	157.32	4 262.46	2 169.27	5 646.99	1 256.16	1 742.44
2021	17 514.25	218.49	4 856.70	2 238.13	6 781.97	1 448.09	1 929.34

表 9 - 6　　　　按登记注册类型分规模以上工业企业 R&D 经费增长情况　　　单位：%

年份	规模以上工业企业整体	国有企业	有限责任公司	股份有限公司	私营企业	港澳台商投资企业	外商投资企业
2015	8.21	- 1.03	7.27	2.01	16.62	11.19	4.26
2016	9.29	- 11.93	10.80	5.09	18.49	6.95	3.83
2017	9.76	- 24.82	9.25	14.53	13.84	10.01	4.92
2018	7.84	- 60.91	4.32	9.63	20.81	1.41	5.23
2019	7.84	- 0.31	3.98	5.63	17.27	0.67	3.98
2020	9.31	89.13	- 4.21	1.41	25.02	10.35	7.97
2021	14.69	38.88	13.94	3.17	20.10	15.28	10.73
2015 ~ 2021 年均增长率	9.77	- 6.28	6.18	6.49	19.21	7.32	6.08

表 9-7　　　按登记注册类型分规模以上工业企业 R&D 经费占比情况　　　单位:%

年份	国有企业	有限责任公司	股份有限公司	私营企业	港澳台商投资企业	外商投资企业
2015	3.22	33.84	15.33	23.60	9.46	13.52
2016	2.59	34.31	14.74	25.59	9.26	12.84
2017	1.78	34.15	15.38	26.54	9.28	12.28
2018	0.64	33.03	15.63	29.73	8.73	11.98
2019	0.60	31.85	15.31	32.33	8.15	11.55
2020	1.03	27.91	14.20	36.98	8.23	11.41
2021	1.25	27.73	12.78	38.72	8.27	11.02

表 9-8　　　　　　　经调整口径的规模以上工业企业 R&D 经费情况

项目		规模以上工业企业整体	有限责任公司和股份有限公司	国有控股	民营企业	外商及港澳台商投资企业
2015 年	经费（亿元）	10 013.93	4 923.64	1 963.58	5 646.01	2 301.50
	占比（%）	100.00	49.17	19.61	56.38	22.98
2020 年	经费（亿元）	15 271.29	6 431.73	2 301.23	9 934.81	2 998.61
	占比（%）	100.00	42.12	15.07	65.06	19.64
2021 年	经费（亿元）	17 514.25	7 094.83	2 583.43	11 511.86	3 377.43
	占比（%）	100	40.51	14.75	65.73	19.28
2015～2021 年均增速（%）		9.77	6.28	4.68	12.61	6.60

3. R&D 项目数

截至 2021 年末，全国规模以上工业企业 R&D 项目数约为 82.46 万项，其中私营企业约为 48.97 万项，占比为 59.38%；港澳台商投资企业约为 5.02 万项，占比为 6.08%；外商投资企业约为 5.53 万项，占比为 6.71%。

增速方面，2021 年全国规模以上工业企业 R&D 项目数相比 2020 年增长了 15.41%，各类型企业中国有企业增速最快，为 29.37%；私营企业次之，为 21.25%；外商投资企业为 9.78%，港澳台商投资企业为 7.52%。2015～2021 年，规模以上工业企业 R&D 项目数年均增速 17.72%，私营企业年均增速 29.38%，在各类型企业中增速最快；港澳台商投资企业次之，为 10.22%；外商投资企业为 8.74%（见表 9-9～表 9-12）。

表 9-9　　　　按登记注册类型分规模以上工业企业 R&D 项目数　　单位：项

年份	规模以上工业企业整体	国有企业	有限责任公司	股份有限公司	私营企业	港澳台商投资企业	外商投资企业
2015	309 895	7 739	93 183	41 368	104 396	27 978	33 474
2016	360 997	6 473	107 090	47 793	130 402	31 396	36 494
2017	445 029	6 225	131 045	56 425	172 422	36 837	40 484
2018	472 299	2 632	125 602	57 178	208 855	36 250	40 592
2019	598 072	3 890	145 405	65 058	294 868	40 931	46 632
2020	714 527	6 476	141 329	63 236	403 872	46 648	51 192
2021	824 637	8 378	154 868	64 478	489 679	50 158	55 337

表 9-10　　　　按登记注册类型分规模以上工业企业 R&D 项目数增长情况　　单位：%

年份	规模以上工业企业整体	国有企业	有限责任公司	股份有限公司	私营企业	港澳台商投资企业	外商投资企业
2012	23.85	9.34	18.64	21.38	37.06	17.95	28.60
2013	12.19	-47.07	23.07	7.32	24.01	9.24	13.91
2014	6.18	-6.30	5.98	4.19	15.62	1.94	-4.55
2015	-9.52	-22.33	-14.41	-10.83	0.71	-4.89	-18.22
2016	16.49	-16.36	14.92	15.53	24.91	12.22	9.02
2017	23.28	-3.83	22.37	18.06	32.22	17.33	10.93
2018	6.13	-57.72	-4.15	1.33	21.13	-1.59	0.27
2019	26.63	47.80	15.77	13.78	41.18	12.91	14.88
2020	19.47	66.48	-2.80	-2.80	36.97	13.97	9.78
2021	15.41	29.37	9.58	1.96	21.25	7.52	8.10
2015～2021 年均增长率	17.72	1.33	8.84	7.68	29.38	10.22	8.74

表 9 – 11　　按登记注册类型分规模以上工业企业 R&D 项目数占比情况　　单位：%

年份	国有企业	有限责任公司	股份有限公司	私营企业	港澳台商投资企业	外商投资企业
2015	2.50	30.07	13.35	33.69	9.03	10.80
2016	1.79	29.67	13.24	36.12	8.70	10.11
2017	1.40	29.45	12.68	38.74	8.28	9.10
2018	0.56	26.59	12.11	44.22	7.68	8.59
2019	0.65	24.31	10.88	49.30	6.84	7.80
2020	0.91	19.78	8.85	56.52	6.53	7.16
2021	1.02	18.78	7.82	59.38	6.08	6.71

表 9 – 12　　　　经调整口径的规模以上工业企业 R&D 项目数情况

项目		规模以上工业企业整体	有限责任公司和股份有限公司	国有控股	民营企业	外商及港澳台商投资企业
2015 年	项目数（项）	309 895	134 551	52 589	194 097	61 452
	占比（%）	100.00	43.42	16.97	62.63	19.83
2020 年	项目数（项）	714 527	204 565	74 664	540 249	97 840
	占比（%）	100.00	28.63	10.45	75.61	13.69
2021 年	项目数（项）	824 637	219 346	81 493	635 910	105 495
	占比（%）	100	26.60	9.88	77.11	12.79
2015~2021 年均增速（%）		17.72	8.49	7.57	21.87	9.42

4. 新产品开发项目数

截至 2021 年末，全国规模以上工业企业新产品开发项目数约为 95.87 万项，其中私营企业约为 58.33 万项，占比为 60.84%；港澳台商投资企业约为 5.95 万项，占比为 6.21%；外商投资企业约为 6.65 万项，占比为 6.93%。

增速方面，2021 年全国规模以上工业企业新产品开发项目数相比 2020 年增长了 21.64%，各类型企业中私营企业增速最快，为 28.94%；国有企业次之，为 23.53%；外商投资企业为 13.01%；港澳台商投资企业为 13.17% 。2015 ~ 2021 年，规模以上工业企业新产品开发项目数年均增速 19.68% ，私营企业年均增速 31.38% ，在各类型企业中增速最快；港澳台商投资企业次之，为 11.84% ；外商投资企业为 9.66% （见表 9 - 13 ~ 表 9 - 16）。

表 9 - 13　　　　按登记注册类型分规模以上工业企业新产品开发项目数　　单位：项

年份	规模以上工业企业整体	国有企业	有限责任公司	股份有限公司	私营企业	港澳台商投资企业	外商投资企业
2015	326 286	6 912	92 383	43 073	113 439	30 416	38 237
2016	391 872	5 700	110 556	50 236	145 329	36 315	42 326
2017	477 861	5 313	133 898	58 706	188 834	43 324	46 261
2018	558 305	2 466	142 539	63 899	253 782	44 253	50 187
2019	671 799	3 494	156 913	68 678	338 247	48 400	54 666
2020	788 125	6 414	149 703	66 290	452 380	52 612	58 825
2021	958 709	7 923	170 067	69 399	583 300	59 539	66 476

表 9 - 14　　　　　按登记注册类型分规模以上工业企业新产品
开发项目数增长情况　　单位：%

年份	规模以上工业企业整体	国有企业	有限责任公司	股份有限公司	私营企业	港澳台商投资企业	外商投资企业
2015	- 13. 19	- 23. 83	- 18. 23	- 14. 81	- 5. 05	- 8. 33	- 19. 42
2016	20. 10	- 17. 53	19. 67	16. 63	28. 11	19. 39	10. 69
2017	21. 94	- 6. 79	21. 11	16. 86	29. 94	19. 30	9. 30
2018	16. 83	- 53. 59	6. 45	8. 85	34. 39	2. 14	8. 49
2019	20. 33	41. 69	10. 08	7. 48	33. 28	9. 37	8. 92
2020	17. 32	83. 57	- 4. 59	- 3. 48	33. 74	8. 70	7. 61
2021	21. 64	23. 53	13. 60	4. 69	28. 94	13. 17	13. 01
2015 ~ 2021 年均增长率	19. 68	2. 30	10. 71	8. 27	31. 38	11. 84	9. 66

表 9 – 15　　　　　　　　　　按登记注册类型分规模以上工业企业新产品

开发项目数占比情况　　　　　　　　　　单位:%

年份	国有企业	有限责任公司	股份有限公司	私营企业	港澳台商投资企业	外商投资企业
2015	2.12	28.31	13.20	34.77	9.32	11.72
2016	1.45	28.21	12.82	37.09	9.27	10.80
2017	1.11	28.02	12.29	39.52	9.07	9.68
2018	0.44	25.53	11.45	45.46	7.93	8.99
2019	0.52	23.36	10.22	50.35	7.20	8.14
2020	0.81	18.99	8.41	57.40	6.68	7.46
2021	0.83	17.74	7.24	60.84	6.21	6.93

表 9 – 16　　　经调整口径的规模以上工业企业新产品开发项目数情况

项目		规模以上工业企业整体	有限责任公司和股份有限公司	国有控股	民营企业	外商及港澳台商投资企业
2015 年	项目数（项）	326 286	135 456	52 064	203 743	68 653
	占比（%）	100.00	41.51	15.96	62.44	21.04
2020 年	项目数（项）	788 125	215 993	78 412	596 375	111 437
	占比（%）	100.00	27.41	9.95	75.67	14.14
2021 年	项目数（项）	958 709	239 466	87 745	742 944	126 015
	占比（%）	100	24.98	9.15	77.49	13.14
2015～2021 年均增速（%）		19.68	9.96	9.09	24.06	10.65

5. 新产品开发经费支出

截至 2021 年末，全国规模以上工业企业新产品开发经费支出约为 22.65 万亿元，其中私营企业为 8 898.47 亿元，占比 39.28%；港澳台商投资企业为 1 998.01 亿元，占比 8.82%；外商投资企业为 2 556.09 亿元，占比 11.28%。

增速方面，2021 年全国规模以上工业企业新产品开发经费支出比 2020 年增长了 21.63%，各类型企业中国有企业增速最快，为 43.17%；私营企业次之，为 28.57%；港澳台商投资企业为 28.27%；外商投资企业为 13.82%。2015～2021 年，规模以上工业企业新产品开发经费支出年均增速为 14.09%，私营企业年均增速 24.04%，在各类型企业中增速最快；港澳台商投资企业次之，为 12.35%；外商投资企业为 9.20%（见表 9－17～表 9－20）。

表 9－17　　按登记注册类型分规模以上工业企业新产品开发经费支出　　单位：亿元

年份	规模以上工业企业整体	国有企业	有限责任公司	股份有限公司	私营企业	港澳台商投资企业	外商投资企业
2015	10 270.83	303.37	3 323.11	1 602.25	2 442.75	993.56	1 507.29
2016	11 766.27	296.08	3 863.57	1 728.89	2 972.69	1 150.84	1 683.72
2017	13 497.84	267.72	4 414.33	2 045.49	3 537.48	1 369.40	1 791.31
2018	14 987.22	84.13	4 843.16	2 188.53	4 501.74	1 393.80	1 944.08
2019	16 985.72	93.58	5 439.47	2 409.07	5 389.68	1 487.57	2 133.88
2020	18 623.78	184.95	5 153.40	2 524.45	6 921.33	1 557.63	2 245.81
2021	22 652.86	264.79	6 047.84	2 848.62	8 898.47	1 998.01	2 556.09

表 9－18　　　　　按登记注册类型分规模以上工业企业新产品

开发经费支出增长情况　　　　单位：%

年份	规模以上工业企业整体	国有企业	有限责任公司	股份有限公司	私营企业	港澳台商投资企业	外商投资企业
2015	1.46	12.27	2.16	-3.17	5.43	3.07	-4.80
2016	14.56	-2.40	16.26	7.90	21.69	15.83	11.71
2017	14.72	-9.58	14.26	18.31	19.00	18.99	6.39
2018	11.03	-68.58	9.71	6.99	27.26	1.78	8.53
2019	13.33	11.23	12.31	10.08	19.72	6.73	9.76
2020	9.64	97.64	-5.26	4.79	28.42	4.71	5.25
2021	21.63	43.17	17.36	12.84	28.57	28.27	13.82
2015～2021年均增长率	14.09	-2.24	10.49	10.07	24.04	12.35	9.20

表 9－19　　　　　　按登记注册类型分规模以上工业企业新产品

开发经费支出占比情况　　　　　　　　单位:%

年份	国有企业	有限责任公司	股份有限公司	私营企业	港澳台商投资企业	外商投资企业
2015	2.95	32.35	15.60	23.78	9.67	14.68
2016	2.52	32.84	14.69	25.26	9.78	14.31
2017	1.98	32.70	15.15	26.21	10.15	13.27
2018	0.56	32.32	14.60	30.04	9.30	12.97
2019	0.55	32.02	14.18	31.73	8.76	12.56
2020	0.99	27.67	13.55	37.16	8.36	12.06
2021	1.17	26.70	12.58	39.28	8.82	11.28

表 9－20　　　　经调整口径的规模以上工业企业新产品开发经费支出情况

项目		规模以上工业企业整体	有限责任公司和股份有限公司	国有控股	民营企业	外商及港澳台商投资企业
2015 年	经费支出（亿元）	10 270.83	4 925.36	1 945.15	5 726.32	2 500.85
	占比（%）	100.00	47.95	18.94	55.75	24.35
2020 年	经费支出（亿元）	18 623.78	7 677.85	2 744.23	12 039.89	3 803.44
	占比（%）	100.00	41.23	14.74	64.65	20.42
2021 年	经费支出（亿元）	22 652.86	8 896.46	3 230.28	14 829.44	4 554.10
	占比（%）	100	39.27	14.26	65.46	20.10
2015 ~ 2021 年均增速（%）		14.09	10.36	8.82	17.19	10.51

6. 新产品销售收入

截至 2021 年末，全国规模以上工业企业新产品销售收入约为 29.57 万亿元，其中私营企业约为 11.21 万亿元，占比为 37.92%；港澳台商投资企业约为 33.45 万亿元，占比为 11.66%；外商投资企业约 3.76 万亿元，占比为 12.71%。

增速方面，2021 年全国规模以上工业企业新产品销售收入相比 2020 年增长了 24.15%，各类型企业中国有企业增速最快，为 37.17%；私营企业次之，为 36.50%；港澳台商投资企业为 27.09%；外商投资企业为 9.38%。

2015～2021 年，规模以上工业企业新产品销售收入年均增速 11.86%，私营企业年均增速 22.81%，在各类型企业中增速最快；港澳台商投资企业为 9.18%；外商投资企业为 4.76%。

新产品销售收入/营业收入方面，2015～2021 年，全国规模以上工业企业新产品销售收入/营业收入从 13.59% 增长到 22.48%，其中私营企业增长多，从 8.46% 增长到 21.66%；国有企业从 8.44% 增长到 10.37%；港澳台商投资企业从 21.00% 增长到 29.70%；外商投资企业从 19.11% 增长到 22.54%（见表 9-21～表 9-30）。

表 9-21　　　按登记注册类型分规模以上工业企业新产品销售收入　　单位：亿元

年份	规模以上工业企业整体	国有企业	有限责任公司	股份有限公司	私营企业	港澳台商投资企业	外商投资企业
2015	150 856.55	3 813.69	41 105.83	23 312.79	32 670.45	20 352.93	28 426.29
2016	174 604.15	4 678.37	49 476.18	26 775.59	38 967.56	21 626.00	32 139.07
2017	191 568.69	4 757.12	55 975.54	28 984.54	42 847.15	26 044.23	32 030.28
2018	197 094.07	1 283.48	57 340.87	30 057.21	54 779.58	23 331.53	29 944.75
2019	212 060.26	1 470.90	59 168.99	30 793.88	63 979.17	25 217.77	31 071.00
2020	238 073.66	2 356.99	58 810.24	32 956.51	82 110.01	27 124.40	34 347.30
2021	295 566.70	3 233.11	70 550.27	37 150.65	112 083.17	34 472.73	37 569.48

表 9-22　　　　　按登记注册类型分规模以上工业企业新产品

销售收入增长情况　　单位：%

年份	规模以上工业企业整体	国有企业	有限责任公司	股份有限公司	私营企业	港澳台商投资企业	外商投资企业
2015	5.57	-2.24	4.83	2.23	19.42	22.54	-10.69
2016	15.74	22.67	20.36	14.85	19.27	6.25	13.06
2017	9.72	1.68	13.14	8.25	9.96	20.43	-0.34
2018	2.88	-73.02	2.44	3.70	27.85	-10.42	-6.51
2019	7.59	14.60	3.19	2.45	16.79	8.08	3.76

续表

年份	规模以上工业企业整体	国有企业	有限责任公司	股份有限公司	私营企业	港澳台商投资企业	外商投资企业
2020	12.27	60.24	-0.61	7.02	28.34	7.56	10.54
2021	24.15	37.17	19.96	12.73	36.50	27.09	9.38
2015~2021年均增长率	11.86	-2.72	9.42	8.08	22.81	9.18	4.76

表 9 - 23 按登记注册类型分规模以上工业企业新产品

销售收入占比情况   单位：%

年份	国有企业	有限责任公司	股份有限公司	私营企业	港澳台商投资企业	外商投资企业
2015	2.53	27.25	15.45	21.66	13.49	18.84
2016	2.68	28.34	15.34	22.32	12.39	18.41
2017	2.48	29.22	15.13	22.37	13.60	16.72
2018	0.65	29.09	15.25	27.79	11.84	15.19
2019	0.69	27.90	14.52	30.17	11.89	14.65
2020	0.99	24.70	13.84	34.49	11.39	14.43
2021	1.09	23.87	12.57	37.92	11.66	12.71

表 9 - 24 经调整口径的规模以上工业企业新产品销售收入情况

项目		规模以上工业企业整体	有限责任公司和股份有限公司	国有控股	民营企业	外商及港澳台商投资企业
2015 年	收入（亿元）	150 856.55	64 418.62	25 286.56	75 616.20	48 779.22
	占比（%）	100.00	42.70	16.76	50.12	32.33
2020 年	收入（亿元）	238 073.66	91 766.75	32 945.91	143 287.84	61 471.70
	占比（%）	100.00	38.55	13.84	60.19	25.82
2021 年	收入（亿元）	295 566.70	107 700.92	39 133.42	183 883.78	72 042.21
	占比（%）	100	36.44	13.24	62.21	24.37
2015~2021 年均增速（%）		11.86	8.94	7.55	15.96	6.71

表 9 - 25　　　　　　　　按登记注册类型分规模以上工业企业营业收入　　　单位：亿元

年份	规模以上工业企业整体	国有企业	有限责任公司	股份有限公司	私营企业	港澳台商投资企业	外商投资企业
2015	1 109 852. 97	45 201. 64	321 610. 1	99 630. 68	386 394. 6	96 925. 99	148 771. 6
2016	1 158 998. 52	40 648. 98	344 805. 2	103 912	410 188. 1	99 172. 8	151 220. 2
2017	1 133 160. 76	38 464. 95	347 278. 4	111 615. 4	381 034. 4	102 299. 6	145 320. 1
2018	1 049 490. 5	42 334. 5	331 503. 5	115 447. 5	311 970	101 368. 7	143 109. 3
2019	1 067 397. 2	20 453. 6	336 867. 7	112 161. 6	361 133. 2	92 566	141 843. 8
2020	1 083 658. 4	25 169. 9	299 936. 6	99 526. 3	413 564	95 890. 8	147 297. 9
2021	1 314 557. 29	31 179. 2	362 897. 3	117 262. 2	517 444. 3	116 056. 1	166 660. 1

注：2017 年及以前为主营业务收入（下同）。

表 9 - 26　　　　按登记注册类型分规模以上工业企业营业收入增长情况　　　单位：%

年份	规模以上工业企业整体	国有企业	有限责任公司	股份有限公司	私营企业	港澳台商投资企业	外商投资企业
2015	0. 25	- 8. 84	2. 22	- 5. 35	3. 82	2. 25	- 5. 74
2016	4. 43	- 10. 07	7. 21	4. 30	6. 16	2. 32	1. 65
2017	- 2. 23	- 5. 37	0. 72	7. 41	- 7. 11	3. 15	- 3. 90
2018	- 7. 38	10. 06	- 4. 54	3. 43	- 18. 13	- 0. 91	- 1. 52
2019	1. 71	- 51. 69	1. 62	- 2. 85	15. 76	- 8. 68	- 0. 88
2020	1. 52	23. 06	- 10. 96	- 11. 27	14. 52	3. 59	3. 85
2021	21. 31	23. 87	20. 99	17. 82	25. 12	21. 03	13. 14
2015 ~ 2021 年均增长率	2. 86	- 6. 00	2. 03	2. 75	4. 99	3. 05	1. 91

表 9 - 27　　　　　　经调整口径的规模以上工业企业营业收入情况　　　单位：亿元

年份	规模以上工业企业整体	有限责任公司和股份有限公司	国有控股	民营企业	外商及港澳台商投资企业
2015	1 109 852. 97	421 240. 82	185 615. 25	667 221. 81	245 697. 55
2016	1 158 998. 52	448 717. 26	190 221. 40	709 332. 90	250 392. 99
2017	1 133 160. 76	458 893. 76	191 429. 54	686 963. 61	247 619. 68
2018	1 049 490. 50	446 951. 00	191 318. 17	609 937. 33	244 478. 00

续表

年份	规模以上工业 企业整体	有限责任公司和 股份有限公司	国有控股	民营企业	外商及港澳台商 投资企业
2019	1 067 397.20	449 029.30	170 130.03	660 486.07	234 409.80
2020	1 083 658.40	399 462.90	158 324.20	679 872.60	243 188.70
2021	1 314 557.29	480 159.45	191 232.35	837 550.55	282 716.15

表 9 – 28　　　经调整口径的规模以上工业企业营业收入增长情况　　　单位:%

年份	规模以上 工业企业 整体	有限责任公司和 股份有限公司	国有控股	民营企业	外商及港澳台商 投资企业
2015	0.25	0.33	− 2.07	2.32	− 2.74
2016	4.43	6.52	2.48	6.31	1.91
2017	− 2.23	2.27	0.64	− 3.15	− 1.11
2018	− 7.38	− 2.60	− 0.06	− 11.21	− 1.27
2019	1.71	0.46	− 11.07	8.29	− 4.12
2020	1.52	− 11.04	− 6.94	2.94	3.75
2021	21.31	20.20	20.79	23.19	16.25
2015～2021 年均增长率	2.86	2.21	0.50	3.86	2.37

表 9 – 29　　　按登记注册类型分规模以上工业企业新产品

销售收入/营业收入　　　单位:%

年份	规模以上 工业企业 整体	国有企业	有限责任 公司	股份有限 公司	私营企业	港澳台商 投资企业	外商投资 企业
2015	13.59	8.44	12.78	23.40	8.46	21.00	19.11
2016	15.07	11.51	14.35	25.77	9.50	21.81	21.25
2017	16.91	12.37	16.12	25.97	11.24	25.46	22.04
2018	18.78	3.03	17.30	26.04	17.56	23.02	20.92
2019	19.87	7.19	17.56	27.45	17.72	27.24	21.91
2020	21.97	9.36	19.61	33.11	19.85	28.29	23.32
2021	22.48	10.37	19.44	31.68	21.66	29.70	22.54

表 9 – 30　　经调整口径的规模以上工业企业新产品销售收入/营业收入　　单位:%

年份	规模以上工业企业整体	有限责任公司和股份有限公司	国有控股	民营企业	外商及港澳台商投资企业
2015	13.59	15.29	13.62	11.33	19.85
2016	15.07	16.99	15.82	12.66	21.47
2017	16.91	18.51	17.28	14.48	23.45
2018	18.78	19.55	15.90	18.53	21.79
2019	19.87	20.03	18.49	18.77	24.01
2020	21.97	22.97	20.81	21.08	25.28
2021	22.48	22.43	20.46	21.95	25.48

7. 有效发明专利数

截至 2021 年末,全国规模以上工业企业有效发明专利数约为 169.19 万件,其中私营企业约为 66.17 万件,占比为 39.11%;港澳台商投资企业约为 11.19 万件,占比为 6.61%;外商投资企业约 12.93 万件,占比为 7.64%。

增速方面,2021 年全国规模以上工业企业有效发明专利数相比 2020 年增长了 16.85%,各类型企业中国有企业增速最快,为 42.41%;私营企业次之,为 23.06%;港澳台商投资企业为 7.61%;外商投资企业为 17.09%。2015~2021 年,规模以上工业企业有效发明专利数年均增速 19.75%,私营企业年均增速 31.38%,在各类型企业中增速最快;港澳台商投资企业为 11.51%;外商投资企业为 13.69%(见表 9 – 31~表 9 – 34)。

表 9 – 31　　按登记注册类型分规模以上工业企业有效发明专利数　　单位:件

年份	规模以上工业企业整体	国有企业	有限责任公司	股份有限公司	私营企业	港澳台商投资企业	外商投资企业
2015	573 765	17 748	178 596	127 392	128 688	58 214	59 862
2016	769 847	23 393	243 148	171 965	180 490	68 740	78 574
2017	933 990	19 778	305 070	210 065	231 855	81 769	81 151
2018	1 094 200	12 259	365 468	206 003	322 578	89 280	97 064

续表

年份	规模以上工业企业整体	国有企业	有限责任公司	股份有限公司	私营企业	港澳台商投资企业	外商投资企业
2019	1 218 074	14 497	394 039	226 204	392 406	93 651	95 856
2020	1 447 950	20 760	423 483	249 414	537 734	104 000	110 396
2021	1 691 909	29 564	484 602	268 900	661 711	111 913	129 267

表 9 - 32   按登记注册类型分规模以上工业企业有效发明

专利数增长情况   单位:%

年份	规模以上工业企业整体	国有企业	有限责任公司	股份有限公司	私营企业	港澳台商投资企业	外商投资企业
2015	27. 82	31. 78	28. 10	37. 34	24. 01	36. 95	8. 36
2016	34. 17	31. 81	36. 14	34. 99	40. 25	18. 08	31. 26
2017	21. 32	- 15. 45	25. 47	22. 16	28. 46	18. 95	3. 28
2018	17. 15	- 38. 02	19. 80	- 1. 93	39. 13	9. 19	19. 61
2019	11. 32	18. 26	7. 82	9. 81	21. 65	4. 90	- 1. 24
2020	18. 87	43. 20	7. 47	10. 26	37. 04	11. 05	15. 17
2021	16. 85	42. 41	14. 43	7. 81	23. 06	7. 61	17. 09
2015～2021年均增长率	19. 75	8. 88	18. 10	13. 26	31. 38	11. 51	13. 69

表 9 - 33   按登记注册类型分规模以上工业企业有效发明

专利数占比情况   单位:%

年份	国有企业	有限责任公司	股份有限公司	私营企业	港澳台商投资企业	外商投资企业
2015	3. 09	31. 13	22. 20	22. 43	10. 15	10. 43
2016	3. 04	31. 58	22. 34	23. 44	8. 93	10. 21
2017	2. 12	32. 66	22. 49	24. 82	8. 75	8. 69
2018	1. 12	33. 40	18. 83	29. 48	8. 16	8. 87
2019	1. 19	32. 35	18. 57	32. 22	7. 69	7. 87
2020	1. 43	29. 25	17. 23	37. 14	7. 18	7. 62
2021	1. 75	28. 64	15. 89	39. 11	6. 61	7. 64

表 9 - 34 经调整口径的规模以上工业企业有效发明专利数情况

项目		规模以上工业企业整体	有限责任公司和股份有限公司	国有控股	民营企业	外商及港澳台商投资企业
2015 年	数量（件）	573 765	305 988	119 744	332 680	118 076
	占比（%）	100.00	53.33	20.87	57.98	20.58
2020 年	数量（件）	1 447 950	672 897	245 059	986 332	214 396
	占比（%）	100.00	46.47	16.92	68.12	14.81
2021 年	数量（件）	1 691 909	753 502	280 731.33	1 164 046	241 180
	占比（%）	100	44.54	16.59	68.80	14.25
2015～2021 年均增速（%）		19.75	16.21	15.26	23.21	12.64

（二）全国工商联《2022 研发投入前 1 000 家民营企业创新状况报告》中的民营企业创新情况

2022 年 9 月，全国工商联发布了《2022 研发投入前 1 000 家民营企业创新状况报告》（以下简称《报告》）①，报告数据源于全国工商联上规模民营企业调研，调研对象为 8 602 家 2021 年度营收总额在 5 亿元人民币（含）以上的民营企业，选取 2021 年研发费用总额前 1 000 家企业作为样本数据。《报告》表明：民营企业已经成为我国科技创新的重要主体，研发投入前 1 000 家的民企研发费用总额超过了 1 万亿元，占到全国的近四成。以下为《报告》中前 1 000 家民营企业科技创新的总体情况。

1. 研发人员情况

2021 年，研发投入前 1 000 家民营企业研发人员总数达到 165.38 万人，研发人员总数占员工总数的比例为 12.98%，占全社会研发人员的 28.93%；人均

---

① 房汉廷. 民营经济走向创新舞台中央［EB/OL］.（2022 - 11 - 11）［2023 - 02 - 23］. http://www.eeo.com.cn/2022/1111/566611.shtml.

研发费用达到 65.22 万元，较按 R&D 人员全时工作量计算的人均经费高 33%。

入围企业的研发人员占比集中分布在 10%～20%，研发人员占比超过 30% 的企业有 113 家，户均研发人员 4 230 人。

2. 研发费用情况

2021 年排序第 1 000 家民营企业的研发费用为 1.45 亿元。从研发投入情况看，入围企业的研发费用总额 1.08 万亿元，占全国研发经费投入的 38.58%，占全国企业研发经费支出的 50.16%；同比增长 23.14%，增速比全国高 8.5 个百分点，比全国企业高 7.9 个百分点；平均研发强度 3.00%，比上年提高 0.14 个百分点，比全国研发经费投入强度高 0.56 个百分点。

入围企业的研发投入集中分布在 1 亿～5 亿元的共 661 家，平均研发强度为 1.62%；研发投入超 20 亿元的企业有 76 家，平均研发强度达到 5.44%，其中研发投入超 100 亿元的企业有 15 家，平均研发强度达到 7.82%。

位列研发投入金额前十的企业分别为华为、阿里巴巴、腾讯、百度、吉利、蚂蚁集团、美团、京东、快手和网易。这十家企业在 2021 年的研发投入分别为 1 427 亿元、578.23 亿元、518.8 亿元、249.38 亿元、226.17 亿元、188.48 亿元、166.76 亿元、163.32 亿元、150 亿元、140.76 亿元。

3. 区域分布情况

研发投入排名前 1 000 的民营企业中，东部地区企业 721 家，研发费用总额 9 335 亿元，平均研发强度 3.14%；中部地区企业 170 家，研发费用总额 885 亿元，平均研发强度 2.73%；西部地区企业 98 家，研发费用总额 523 亿元，平均研发强度 2.04%；东北地区企业 11 家，研发费用总额 43 亿元，平均研发强度 1.11%。

重点区域的创新示范引领作用显现，其中，长三角地区共 431 家企业，研发费用总额 3 686 亿元，平均研发强度 2.67%，较上年提高 0.48 个百分点；京津冀地区共 96 家企业，研发费用总额 1 812 亿元，平均研发强度

3.07%，较上年提高 0.48 个百分点。

4. 专利、商标和标准情况

2021 年，入围前 1 000 家民营企业累计拥有国内外有效专利 95.8 万件，其中有效发明专利占比较高。入围企业中，有 932 家填报了有效专利数，累计国内外有效专利合计 95.8 万件。其中，国内有效专利 79.8 万件，国际有效专利 16.0 万件。从发明专利来看，入围企业拥有国内有效发明专利 25.1 万件，占全国企业的 13.2%；国际有效发明专利总数 13.3 万件，占国际有效专利的 83.3%。单家企业国内有效专利最高 91 000 件，国内有效发明专利最高 41 256 件，国外有效专利最高 73 590 件，国外有效发明专利最高 70 078 件。

入围企业注册国内有效商标 30 万个，国际有效商标 3 万个。入围企业中有 846 家企业注册国内有效商标共计 298 251 个，419 家企业有效注册马德里国际商标共计 32 442 个；单家企业国内有效商标注册量最高达到 23 728 个，马德里国际商标注册量最高达到 4 574 个。

入围企业主导或参与制定标准超过 24 000 项。其中，有 688 家主导或参与制定国际、国家、行业标准，总计达到 24 339 项，最高一家企业参与制定 1 017 项标准。参与制定标准超过 100 项的企业有 50 家，制定标准总数达到 11 866 项，占比全部标准的 48.75%。336 家企业参与制定标准在 10～100 项，制定标准总数达到 11 184 项，占全部制定标准的 45.95%。另外，研发投入排名前 1 000 的民营企业中获得国家级科技奖励的企业共 156 家。

5. 行业分布情况

研发投入排名前 5 的行业：一是计算机、通信和其他电子设备制造业，研发费用总额 2 578 亿元，平均研发强度 7.33%；二是互联网和相关服务业，研发费用总额 2 140 亿元，平均研发强度 6.82%；三是黑色金属冶炼和压延加工业，研发费用总额 843 亿元，平均研发强度 1.72%；四是电气机械和器材制造业，研发费用总额 777 亿元，平均研发强度 2.84%；五是汽车制造业，研发费用总额 624 亿元，平均研发强度 4.72%。从重点领域分布来看，新一代信息技术领域共 162 家企业，研发费用总额 5 298 亿元，占比近半，平均研发强度 7.42%；装备制造业领域共 309 家企业，研发费用总额 4 504 亿元，占比 41.76%，平均研发强度 4.94%；消费品制造业领域共 160 家企业，研发费用总额 869 亿元，占比 8.06%，平均研发强度 2.55%。

（三）专精特新"小巨人"企业中的民营企业

"专精特新"企业，即"专业化、精细化、特色化和创新型"企业的简称，由中国中小企业发展促进中心、中国信息通信研究院、中国工业互联网研究院编制发布的《专精特新中小企业发展报告（2022 年)》① 显示，自 2019 年培育工作开展以来，专精特新"小巨人"企业总量快速提升，企业认定数量累计 8 997 家，其中，第一批复核通过 155 家，第二批认定通过 1 584 家，第三批认定通过 2 930 家，第四批认定通过 4 328 家。截至 2021 年底，专精特新"小巨人"企业实现全年营收 3.7 万亿元，同比增长超过 30%，增速高于规模以上中小工业企业约 11 个百分点；全年利润总额超过 3 800 亿元，营业收入利润率超过 10%，比规模以上中小工业企业高约 4 个百分点。

民营企业是专精特新"小巨人"企业的主体，占比约为 85%。同时，小微型企业数量大幅增长，占比约为 56%。专精特新"小巨人"企业区域分布与区域经济发展紧密相关，数量分布与工业增加值全国分布基本保持一致。行业方面，专精特新"小巨人"企业的行业分布较为集中，数量排名前 10 的行业中 9 个为制造业，分别为计算机、通信和其他电子设备制造业、专用设备制造业、通用设备制造业、化学原料和化学制品制造业、电气机械和器材制造业、汽车制造业、仪器仪表制造业、非金属矿物制品业、金属制品业。

---

① 四川省科技成果评价服务联盟. 工信部发布专精特新中小企业发展报告（2022 年）（附图解）［EB/OL］.（2022 - 09 - 23）［2023 - 02 - 23］. https://mp.weixin.qq.com/s?__biz = MzU3NTQ4MDg0Nw = = &mid = 2247608926&idx = 1&sn = f6600bb3d96504414ac42a56316b08ab&chksm = fd211f3eca56962855c6c486d7bf4c3a00f64505885d73c3f3e7b4fbad84cb1c9aab60adf15b&scene = 27.

十、民企最强五百*

——经营有所波动，韧性潜力凸显

2022 年，各大企业"500 强"榜单显示，上榜大型民营企业的一些指标出现了波动，如"2022 中国民营企业 500 强"，上榜企业资产、利润均有所下滑。在其他国内外"企业 500 强"榜单评选中，民营企业上榜数量在保持了多年增长后也出现了下降，如在"2022 中国企业 500 强榜单"中，民营企业上榜数量为 242 家，与上年相比减少了 7 家；在"《财富》中国 500 强"中，民营企业上榜 34 家，比上年减少 2 家。需要说明的是，2022 年各"企业 500 强"榜单排名的依据均为 2021 年企业的经营数据，受 2022 年经济变化的影响，榜单中很多企业 2022 年营收、上市公司股市市值又有所下滑，有些还很严重。

尽管一些经营指标有所下降，但各榜单上榜民营企业总体规模有所提升，产业结构不断优化，科技创新能力持续加力。面对困境，中国民营企业展现出了较强可韧性和发展潜力。

（一）"2022 年中国民营企业 500 强"

2022 年 9 月 7 日，全国工商联发布了"2021 年中国民营企业 500 强"榜单及调研报告。①"2022 年中国民营企业 500 强"榜单排名及数据分析的依据为参加排名的企业 2021 年的经营数据。

榜单及调研报告显示，2021 年，民营企业 500 强的规模稳步增长、产业结构调整优化、创新能力持续提升，资产、营收、利润等均较上年稳中有升，但受国内外多种因素影响，500 强企业利润空间收窄，经营效率有所下降。

---

* 如无特别说明，本部分资料来源：民企 500 强数据均源自 2011~2022 年全国工商联经济部发布的《中国民营企业 500 强调研分析报告》。

① 经济服务部. 2022 中国民营企业 500 强发布报告 [EB/OL]. (2022-09-07) [2023-02-23]. http://www.acfic.org.cn/ztzlhz/2022my5bq/2022my5bq_4/202208/t20220830_111966.html.

1. 民营企业 500 强入围门槛

2022 年民营企业 500 强营收的入围门槛为 264 亿元，较 2021 年加了 29 亿元，增幅为 12.07%（见图 10 - 1）。

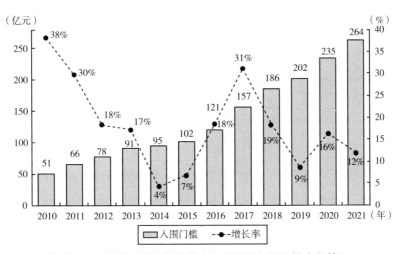

图 10 - 1 　 2010 ~ 2021 年民营企业 500 强入围门槛变化情况

2. 民营企业 500 强营收情况

2021 年，民营企业 500 强的营业收入总额为 383 218 亿元，增速为 9.13%，500 强企业户均营收 766 亿元（见图 10 - 2）。

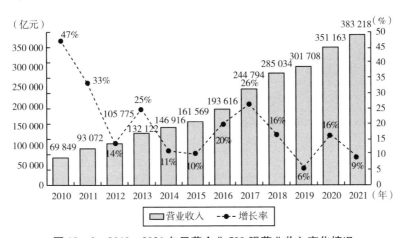

图 10 - 2 　 2010 ~ 2021 年民营企业 500 强营业收入变化情况

2021 年，有 87 家企业营业收入总额超过 1 000 亿元（含）；118 家企业营业收入总额在 500 亿~1 000 亿元；295 家企业的营业收入总额在 100 亿~500 亿元（见表 10 - 1）。

表 10 - 1　　　　　　2015~2020 年民营企业 500 强营业收入结构

营业收入总额标准（亿元）	企业数量（家）						
	2021 年	2020 年	2019 年	2018 年	2017 年	2016 年	2015 年
≥1 000	87	78	57	56	42	27	22
≥500 <1 000	118	116	106	85	91	64	45
≥100 <500	295	306	337	359	367	409	433

相比上年，榜单排名前 10 的企业总体排名总体变化不大，京东集团排名第 1，2021 年营收总额为 9 515.92 亿元。多年保持排名第 1 的华为集团，2021 年排名下降到第 5 名，主要是由于受美国制裁造成的产业链上游供应紧缺和新冠肺炎疫情等多种因素影响，公司 2021 年营收同比大幅下降，降幅达 28.6%，其消费者业务尤其是手机业务受到极大影响，手机销量跌出全球前 5。2020 年排名第 10 的中南集团，其主业为房地产和建筑，近两年来营收和利润均大幅下滑，并深陷流行性危机，今年下滑到第 21 名。榜单前 20 名的情况见表 10 - 2。

表 10 - 2　　　　　　2021 年民营企业 500 强营业收入前 20 家　　　单位：亿元

2021 年排名	2020 年排名	企业名称	2021 年营业收入	2020 年营业收入
1	2	京东集团	9 515.92	7 686.24
2	5	阿里巴巴	8 634.05	6 442.08
3	3	恒力集团	7 323.45	6 953.36
4	4	正威国际	7 227.54	6 919.37
5	1	华为投资	6 368.07	8 913.68
6	6	腾讯控股	5 601.18	4 820.64
7	7	碧桂园控股	5 230.64	4 628.56
8	9	联想控股	4 898.72	4 175.67
9	8	万科企业	4 527.98	4 191.12
10	13	浙江荣盛	4 483.18	3 086.09

2021 年排名	2020 年排名	企业名称	2021 年营业收入	2020 年营业收入
11	15	山东魏桥	4 111.35	2 889.65
12	11	浙江吉利	3 603.16	3 256.19
13	14	青山控股	3 520.18	2 928.92
14	12	国美控股	3 500.54	3 104.77
15	19	盛虹控股	3 479.79	2 652.37
16	16	美的集团	3 433.61	2 857.10
17	18	浙江恒逸	3 288.00	2 660.76
18	22	小米通讯	3 283.09	2 458.66
19	17	江苏沙钢	3 027.56	2 667.86
20	23	泰康保险	2 619.33	2 447.82

3. 民营企业 500 强资产总额情况

2021 年，民营企业 500 强的企业资产总额合计为 416 401 亿元，较上年下降 17.92%，户均资产总额 833 亿元（见图 10 - 3）。

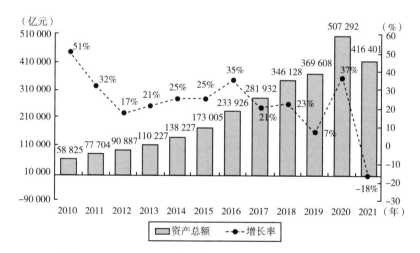

图 10 - 3　2010 ~ 2021 年民营企业 500 强资产总额变化情况

2021 年，民营企业 500 强中资产总额超过 1 000 亿元的有 88 家企业，比上年减少 10 家；资产总额在 100 亿 ~ 1 000 亿元的有 336 家；资产总额在 50

亿~100 亿元的有 48 家，资产总额小于 50 亿元的有 28 家（见表 10 - 3）。其中，碧桂园控股有限公司、万科企业股份有限公司、阿里巴巴（中国）有限公司股、腾讯控股有限公司、泰康保险集团股份有限公司等 5 家企业资产总额超过万亿元。碧桂园控股有限公司以 19 583.65 亿元的规模位居民营企业 500 强资产总额榜首（见表 10 - 4）。

表 10 - 3　　　　　　2015~2021 年民营企业 500 强资产总额结构

资产总额标准（亿元）	企业数量（家）						
	2021 年	2020 年	2019 年	2018 年	2017 年	2016 年	2015 年
≥1 000	88	98	80	76	61	50	34
≥100 <1 000	336	332	336	339	338	318	287
≥50 <100	48	47	53	59	72	78	99
<50	28	23	31	26	29	54	80

表 10 - 4　　　　2021 年末民营企业 500 强资产总额前 20 家　　　　单位：亿元

2021 年排名	2020 年排名	企业名称	2021 年资产	2020 年资产
1	2	碧桂园控股	19 483.65	20 158.09
2	3	万科企业	19 386.38	18 691.77
3	4	阿里巴巴	17 605.67	16 352.66
4	5	腾讯控股	16 123.64	13 334.25
5	6	泰康保险	13 297.78	11 296.16
6	8	华为投资	9 829.78	8 768.54
7	10	龙湖集团	8 756.51	7 651.59
8	9	复星国际	8 063.72	7 676.81
9	11	联想控股	6 806.86	6 517.33
10	12	新城控股	5 342.93	5 377.53
11	15	浙江吉利	5 182.29	4 854.04
12	14	京东集团	4 965.07	4 906.25
13	—	蚂蚁科技集团	4 899.98	3 769.67
14	18	阳光保险集团	4 416.24	4 054.80

续表

2021 年排名	2020 年排名	企业名称	2021 年资产	2020 年资产
15	24	TCL（集团）	3 952.54	3 263.09
16	26	旭辉集团	3 904.91	3 243.91
17	21	中南控股	3 890.00	3 838.22
18	22	美的集团	3 879.46	3 603.83
19	20	重庆市金科投资	3 809.02	3 905.93
20	23	百度公司	3 800.34	3 327.08

4. 民营企业 500 强税后净利润情况

2021 年，民营企业 500 强税后净利润有所回落，总额为 17 278 亿元，较 2020 年降低 12.28%（见图 10 - 4）。

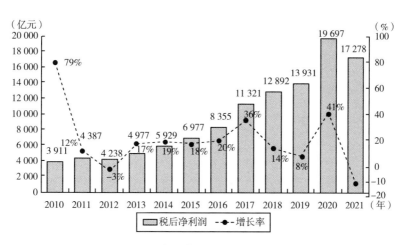

图 10 - 4　2010～2021 年民营企业 500 强税后净利润增长情况

5. 民营企业 500 强经营效益情况

从盈利能力看，民营企业 500 强的销售净利率、资产净利率、净资产收益率等都不同程度有所下降。2021 年（末）民营企业 500 强销售净利率为 4.51%，资产净利率为 3.74%，净资产收益率为 11.44%（见图 10 - 5）。

图 10 – 5   2010 ~ 2021 年民营企业 500 强盈利情况

6. 民营企业 500 强经营效率情况

从经营效率看，民营企业 500 强的人均营业收入、总资产周转率较上年有所增加，人均净利润较上年有所下降。2021 年（末），民营企业 500 强人均营业收入为 350.24 万元，人均净利润为 15.79 万元，总资产周转率为 82.98%（见图 10 -6）。

图 10 – 6   2010 ~ 2021 年民营企业 500 强经营效率情况

（二）"2022 中国企业 500 强"中的民营企业

2022 年 9 月 6 日，中国企业联合会、中国企业家协会以 2021 年企业营业收入为主要依据，发布了"2022 中国企业 500 强"榜单。"2022 中国企业 500 强"入围门槛（营业收入）由上年的 392.36 亿元升至 446.25 亿元，提高 53.89 亿元。500 强企业 2021 年营收总额达到 102.48 万亿元，较上年增长 14.08%。其中，12 家企业营业收入规模超万亿元，除国家电网、中国石油、中国石化、中国建筑、中国工商银行、中国建设银行、中国平安、中国农业银行 8 家原万亿元级企业外，中国中化、中国中铁、中国铁建、中国人寿 4 家企业成为万亿元级企业新成员。营业收入超过 1 000 亿元的共 244 家，较上年增加 17 家。

"2022 中国企业 500 强"实现净利润 44 600 亿元，比上年增长 9.63%。500 强企业资产总额达到 372.53 万亿元，比上年增加了 28.95 万亿元，增长 8.43%。"2022 中国企业 500 强"员工总数为 3 243.35，较上年 500 强减少 96.25 万人，500 强企业对全国城镇就业（46 773 万人）的贡献比为 6.93%，连续三年下降。

从所有制来看，"2022 中国企业 500 强"上榜企业中国有企业较上年增加 7 家达到 258 家，民营企业 242 家，国有企业与民营企业的差距再次拉大，国有企业和民营企业分别占 500 强企业数量的 51.6% 和 48.4%（见图 10 - 7）。

"2022 中国企业 500 强"上榜的 242 家民营企业的营业收入总额约为 31.56 万亿元，净利润约为 1.47 万亿元，资产总额约为 59.44 万亿元，员工总数 876 万人。

尽管民营企业在上榜数量上几近一半，但是与国有企业的差距仍然较大，在营业收入、净利润、资产、员工数等指标上，分别只占 500 强的 30.8%、32.9%、15.9%、27.0%（见表 10 - 5）。

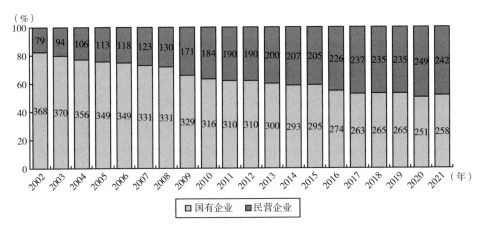

图 10 - 7 "中国企业 500 强"所有制分布（2002 年度至 2021 年度）

注：2002 年度至 2008 年度，"中国企业 500 强"中还有部分外资企业，这几年民营企业与国有企业数量之和小于 500 家。

表 10 - 5 "2022 中国企业 500 强"国有企业、民营企业主要总量指标

所有制	企业数（家）	营业收入（亿元）	净利润（亿元）	资产总额（亿元）	员工数（万人）
全国	500	1 024 774	44 635	3 725 308	3 243
全国户均		2 050	89	7 451	6
国有	258	709 200	29 935	3 130 900	2 367
国有占比	51.6	69.2	67.1	84.1	73.0
国有户均		2 749	116	12 135	9
民营	242	315 574	14 700	594 408	876
民营占比	48.4	30.8	32.9	15.9	27.0
民营户均		1 304	61	2 456	4

　　人均营收方面，上榜企业的人均营收为 316 万元，全部上榜民营企业为 360.24 万元，全国上榜国有企业为 299.62 万元。人均净利润方面，上榜企业的人均净利润为 13.76 万元，全部上榜民营企业为 16.78 万元，全国上榜国有企业为 12.65 万元。人均资产方面，上榜企业的人均资产为 1 148.72 万元，全部上榜民营企业为 678.55 万元，全国上榜国有企业为 1 322.73 万元（见表 10 - 6）。

表 10 - 6   "2022 中国企业 500 强"国有企业、民营企业人均指标   单位：万元

所有制	人均营收	人均净利润	人均资产
全国	316.00	13.76	1 148.72
国有企业	299.62	12.65	1 322.73
民营企业	360.24	16.78	678.55

营收净利润率方面，上榜企业的营收净利润率为 4.36%，全部上榜民企为 4.66%，全部上榜国有企业为 4.22%。资产净利润率方面，上榜企业的资产净利润率为 1.20%，全部上榜民营企业为 2.47%，全部上榜国有企业为 0.96%（见表 10 - 7）。

表 10 - 7   "2022 中国企业 500 强"企业营收净利润率和资产净利润率

项目	营收总额（亿元）	净利润总额（亿元）	资产总额（亿元）	营收净利润率（%）	资产净利润率（%）
全部	1 024 774	44 635	3 725 308	4.36	1.20
国有企业	709 200	29 935	3 130 900	4.22	0.96
民营企业	315 574	14 700	594 408	4.66	2.47

（三）2022 年《财富》世界 500 强中的中国民营企业[①]

北京时间 2022 年 8 月 3 日，财富中文网公布了世界 500 强排行榜。2022 年，中国公司上榜数量达到 145 家（其中台湾地区 9 家、香港地区 3 家），上榜公司数量继续位居各国之首。作为对比，美国今年共计 124 家公司上榜。

中国上榜企业 133 家（不含港澳台地区，下同），比去年增加 1 家。其中，国有企业 99 家，比去年增加 3 家，民营企业 34 家，比去年减少 2 家。

---

① 2022 年《财富》世界 500 强排行榜：世界经济在疫情中重启，上榜门槛跃升 [EB/OL]. (2022 - 08 - 03) [2023 - 02 - 23]. https://www.fortunechina.com/fortune500/c/2022 - 08/03/content_415683.htm.

133 家中国企业营业收入总和约为 11 万亿美元，占全部上榜企业约 37.8 万亿美元营业收入总和的 29.10%，34 家民营企业营业收入总和约为 2.2 万亿美元，占全部上榜企业的 5.82%。上榜中国 133 家企业利润总和约为 5 473.70 亿美元，占全部上榜企业约 3.1 万亿美元利润总和的 17.66%，上榜中国民营企业利润总和约为 1 386.49 亿美元，占全部上榜企业利润之和的 4.47%。

500 强名单排名前 10 的企业中，中国企业占 4 家，分别为：排名第 3 的国家电网有限公司、排名第 4 的中国石油天然气集团有限公司、排名第 5 的中国石油化工集团有限公司和排名第 9 的中国建筑集团有限公司。民营企业中排名最高的为中国平安保险（集团）股份有限公司，排在第 25 位。

新上榜和重新上榜公司中，共有 13 家中国企业，其中国有企业 9 家，分别为中国中化控股有限责任公司、杭州钢铁集团有限公司、蜀道投资集团有限责任公司、中国航空油料集团有限公司、湖南钢铁集团有限公司、潞安化工集团有限公司、新疆中泰（集团）有限责任公司、山东高速集团有限公司、成都兴城投资集团有限公司；民营企业 4 家，分别为苏商建设集团有限公司、比亚迪股份有限公司、顺丰控股股份有限公司、上海德龙钢铁集团有限公司。

民营企业方面，从上榜企业的排名来看，除新上榜和再上榜企业外，17 家排名上升，12 家排名下降，1 家排名未变。上升幅度较大的 5 家企业是山东魏桥、浙江荣盛、小米集团、盛虹控股和北京建龙重工，分别上升了 83 位、75 位、72 位、70 位和 68 位。华为投资、中国民生银行、海亮集团、万科企业、联想集团等 5 家企业的下降幅度较大，分别下降了 52 位、49 位、31 位、18 位和 12 位。互联网巨头京东、阿里巴巴和腾讯在今年榜单的排名均有上升，分别位列第 46 位、第 55 位和第 121 位。

2021 年上榜的中国恒大、苏宁易购、阳光龙净、雪松控股、融创中国、万洲国际 6 家企业则没有进入今年的榜单（见表 10–8）。

表 10 - 8 　　　 **2022 年《财富》世界 500 强中的中国民营企业**

排名	上年排名	公司名称	营业收入（百万美元）	利润（百万美元）	营收利润率（％）
25	16	中国平安保险	199 629.40	15 753.90	7.89
46	59	京东集团	147 526.20	−551.8	−0.37
55	63	阿里巴巴集团	132 935.70	9 700.50	7.30
75	67	恒力集团	113 536	2 374.50	2.09
76	68	正威国际	112 049.20	2 010.70	1.79
96	44	华为投资控股	98 724.70	17 622.70	17.85
121	132	腾讯控股	86 835.60	34 854.40	40.14
138	139	碧桂园控股	81 091.10	4 154.40	5.12
150	149	太平洋建设集团	77 072.90	5 594	7.26
171	159	联想集团	71 618.20	2 029.80	2.83
178	160	万科企业	70 197.60	3 491.90	4.97
180	255	浙江荣盛	69 503.20	1 170.60	1.68
199	282	山东魏桥	63 738.60	1 758	2.76
229	239	浙江吉利	55 860.10	1 471	2.63
238	279	青山控股	54 573.60	2 385.90	4.37
241	311	盛虹控股	53 947.50	941.2	1.74
245	288	美的集团	53 231.50	4 429.80	8.32
264	309	浙江恒逸	50 974.10	177.5	0.35
266	338	小米集团	50 898.10	2 998.20	5.89
273	224	中国民生银行	50 079.20	5 330.10	10.64
291	308	江苏沙钢	47 072.20	2 273.50	4.83
299	—	苏商建设	46 478.10	1 654.30	3.56
346	343	泰康保险	40 607.70	3 826.30	9.42
356	390	新希望控股	39 168.90	335.8	0.86
363	431	北京建龙重工	38 356.60	556.6	1.45
386	375	敬业集团	36 882.10	891	2.42
405	405	海尔智家	35 278.20	2 025.80	5.74
412	456	龙湖集团	34 630.10	3 698.10	10.68
436	—	比亚迪	32 758	472.1	1.44
441	—	顺丰控股	32 120.30	661.8	2.06

续表

排名	上年排名	公司名称	营业收入（百万美元）	利润（百万美元）	营收利润率（%）
453	444	新疆广汇	31 505.90	65.5	0.21
459	428	海亮集团	31 048.60	127.9	0.41
469	—	上海德龙钢铁集团	30 343	787.8	2.60
487	488	珠海格力	29 402.20	3 575.60	12.16

从上榜企业的营收来看，133 家中国企业中，99 家国有企业营业收入总额约为 86 935 亿美元，占中国企业的 79.8%，比去年提高 2.4 个百分点；34 家民营企业营业收入总额约为 21 997 亿美元，占中国企业的 20.2%。营收排名第 1 的国企为国家电网，营业收入约为 4 087 亿美元，民营企业中列第 1 位的是中国平安保险（集团）股份有限公司，营业收入约为 1 996 亿美元；国有企业前 10 位的营业收入之和约为 26 551 亿美元，民营企业前 10 的营业收入之和约为 11 210 亿美元，民营企业前 10 的营业收入之和为国有企业前 10 营业收入之和的 42.22%。相关数据见表 10 – 9。

表 10 – 9　　　　　2022 年《财富》世界 500 强中国企业有关数据

项目	民营企业	国有企业	民营企业/国有企业（%）
企业数量（家）	34	99	34.34
营收总额（百万美元）	2 199 674.4	8 693 513.1	25.30
利润总额（百万美元）	138 649.4	408 720.5	33.92
营收第 1 位（百万美元）	199 629.4	460 616.9	43.34
营收前 10 位（百万美元）	1 121 019.0	2 655 097.2	42.22
利润第 1 位（百万美元）	34 854.4	54 003.1	64.54
亏损数量（家）	1	7	14.29
亏损额（百万美元）	551.8	4 484.6	12.30

2022 年进入榜单的金融类企业 20 家，其中民营 3 家，为中国平安保险、中国民生银行和泰康保险集团。这 20 家金融企业的利润总额约为 2 659 亿美元，占全部上榜中国 133 家企业利润总额的 48.6%。

营收利润率方面，上榜中国 133 家企业的营收利润率为 5.02%，其中金融企业的营收利润率为14.02%，除金融业外企业为3.13%；全部上榜民企为6.30%，其中金融类企业为8.58%，除金融业外民企为5.96%；全部上榜国企为4.70%，其中金融类企业为15%，除金融业外国企为2.37%（见表10-10）。

表10-10　2022年《财富》世界500强中国企业营收利润率

项目	营收总额（百万美元）	利润总额（百万美元）	营收利润率（%）
全部上榜企业	10 893 187.5	547 369.9	5.02
除金融业外企业	8 996 647.4	281 483.5	3.13
全部上榜民营企业	2 199 674.4	138 649.4	6.30
除金融业外民营企业	1 909 358.1	113 739.1	5.96
全部上榜国有企业	8 693 513.1	408 720.5	4.70
除金融业外国有企业	7 087 289.3	167 744.4	2.37

十一、民企上市公司

——增长有所放缓，效益基本稳定

上市公司是中国企业的精华。2022年，中国各类上市公司数量继续增加，资产、营收、利润增长放缓。由于上市公司年报尚未公布，以下以2022年三季度业绩为基础，简要分析各类上市公司特别是民营上市公司的主要经济指标。

（一）公司数量

从上市公司的数量来看，截至2022年三季度末，共有4 943家上市公司，其中民营上市公司有3 124家，占比高达63.20%。

近五年来上市公司中民营企业的数量占比一直保持60%左右，2022年三季报民营上市公司的占比甚至超过了63%。近两年民营上市公司数量的蓬勃发展主要与北交所市场的成立与注册制改革有着密切的关系（见表 11 – 1、图 11 –1、表 11 –2）。

表 11 – 1　2015～2022 年三季报各类型上市公司数量变化情况（全部）

项目	2015 年	2016 年	2017 年	2018 年	2019 年	2020 年	2021 年	2021 年三季报	2022 年三季报
全部	2 819	3 044	3 477	3 576	3 767	4 184	4 685	4 564	4 943
民营企业	1 575	1 752	2 123	2 178	2 251	2 545	2 924	2 831	3 124
公众企业	115	132	144	154	200	232	252	258	274
集体企业	17	19	19	19	21	23	24	24	23
国有企业	996	1 016	1 040	1 064	1 122	1 194	1 286	1 255	1 322
外资企业	87	93	115	124	136	153	161	160	168

资料来源：Wind 数据库。

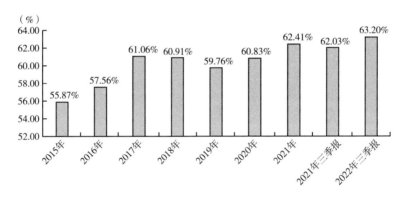

图 11 – 1　2015～2022 年三季报民营企业数量占比变化情况

资料来源：Wind 数据库。

表 11 – 2　2015～2022 年三季报各类型上市公司数量变化情况

（非金融业）

项目	2015 年	2016 年	2017 年	2018 年	2019 年	2020 年	2021 年	2021 年三季报	2022 年三季报
全部	2 769	2 979	3 400	3 485	3 659	4 062	4 558	4 437	4 816
民营企业	1 571	1 744	2 113	2 164	2 234	2 522	2 902	2 809	3 105
公众企业	104	116	127	138	181	210	228	233	248

续表

项目	2015 年	2016 年	2017 年	2018 年	2019 年	2020 年	2021 年	2021 年三季报	2022 年三季报
集体企业	17	19	18	18	20	22	23	23	22
国有企业	961	976	992	1 005	1 053	1 120	1 208	1 179	1 242
外资企业	87	92	114	123	135	152	160	158	168

资料来源：Wind 数据库。

（二）整体业绩

整体来看，2022 年三季报全部上市公司的平均营业收入规模为 105.62 亿元，同比提升了 2.96%；2022 年三季报全部上市公司的平均净利润为 9.63 亿元，同比下降了 1.13%；2022 年三季报全部上市公司的平均总资产为 773.26 亿元，同比增长了 3.36%；2022 年三季报全部上市公司的资产负债率均值为 41.69%；2022 年三季报全部上市公司的总资产净利率中位数为 2.74%；2022 年三季报全部上市公司的营业净利率中位数为 7.13%（见表 11 - 3）。

表 11 - 3　　2016 ~ 2022 年三季报全部上市公司主要财务指标一览

项目	2015 年	2016 年	2017 年	2018 年	2019 年	2020 年	2021 年	2021 年三季报	2022 年三季报
营收均值（亿元）	104.14	106.04	112.18	126.14	133.39	126.68	138.48	102.58	105.62
营收均值增速（%）		1.83	5.79	12.44	5.75	- 5.03	9.32		2.96
净利润均值（亿元）	9.37	9.68	10.31	10.24	10.83	10.28	11.33	9.74	9.63
净利润均值增速（%）		3.30	6.48	- 0.70	5.78	- 5.02	10.12		- 1.13
上市公司盈利企业数量所占比例（%）	86.84	91.59	92.78	86.35	86.73	84.92	83.99	86.31	81.59

续表

项目	2015 年	2016 年	2017 年	2018 年	2019 年	2020 年	2021 年	2021 年 三季报	2022 年 三季报
总资产均值（亿元）	611.73	663.38	634.40	674.72	745.50	749.92	740.93	748.16	773.26
总资产均值增速（%）		8.44	−4.37	6.36	10.49	0.59	−5.79		3.36
资产负债率均值（%）	43.83	42.30	42.07	45.05	46.04	48.08	43.26	42.70	41.69
总资产净利率中位数（%）	3.44	3.85	4.40	3.61	3.59	3.89	4.31	3.32	2.74
营业净利率中位数（%）	6.60	7.91	8.38	7.05	6.99	7.69	7.69	8.34	7.13

资料来源：Wind 数据库。

（三）总市值

截至 2022 年 9 月 30 日，全部上市公司总市值为 81.54 万亿元，其中全部民营企业总市值规模为 32.54 万亿元，占全市场总市值的 39.90%（见图 11 - 2）。

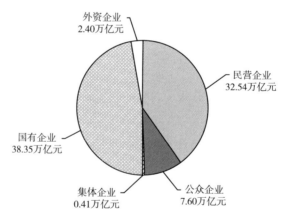

图 11 - 2　截至 2022 年 9 月 30 日，各类型企业总市值规模占比情况

资料来源：Wind 数据库。

（四）营业收入

从上市公司 2022 年三季报的营业收入数据来看，全部上市公司的 2022 年三季报营业收入均值水平为 105.62 亿元，相比于 2021 年同期均值增长了 2.96%；民营上市公司的 2022 年三季报营业收入均值水平为 37.82 亿元，相比于 2021 年同期均值增长了 7.02%（见表 11-4、图 11-3）。

表 11-4　　　2015～2022 年三季报各类型上市公司营业收入均值和
营收增速情况一览（全部）

项目	2015 年	2016 年	2017 年	2018 年	2019 年	2020 年	2021 年	2021 年三季报	2022 年三季报
全部公司（亿元）	104.14	106.04	112.18	126.14	133.39	126.68	138.48	102.58	105.62
增速（%）		1.83	5.79	12.44	5.75	-5.03	9.32		2.96
民营企业（亿元）	30.01	34.92	38.72	42.93	45.24	44.64	48.44	35.34	37.82
增速（%）		16.35	10.90	10.86	5.38	-1.31	8.51		7.02
公众企业（亿元）	212.11	205.58	223.41	262.91	233.84	241.87	256.01	191.73	187.95
增速（%）		-3.08	8.68	17.68	-11.06	3.43	5.85		-1.97
集体企业（亿元）	85.32	95.41	127.74	146.98	143.89	148.53	162.15	120.98	138.96
增速（%）		11.83	33.88	15.07	-2.10	3.22	9.17		14.86
国有企业（亿元）	217.68	223.86	253.81	285.38	303.22	289.72	333.01	245.41	260.13
增速（%）		2.84	13.38	12.44	6.25	-4.45	14.94		6.00
外资企业（亿元）	32.17	37.65	38.20	42.24	40.82	40.71	45.67	32.76	32.85
增速（%）		17.04	1.46	10.59	-3.36	-0.28	12.19		0.28

资料来源：Wind 数据库。

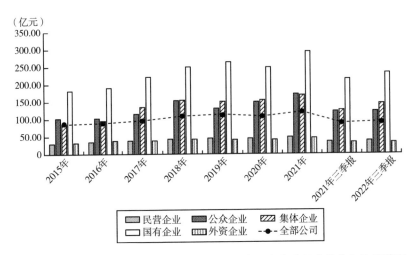

图 11 - 3　2015～2022 年三季报各类型非金融企业上市公司营业收入均值情况

资料来源：Wind 数据库。

2022 年三季报全部上市公司营业收入总规模为 52.03 万亿元，其中民营企业 2022 年三季报营业收入总规模为 11.80 万亿元，占全部上市公司营业收入总规模的 22.67%（见图 11 - 4）。

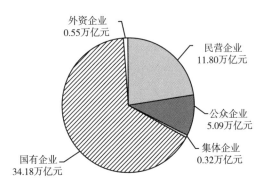

图 11 - 4　2022 年三季报各类型企业营业收入总规模占比情况

资料来源：Wind 数据库。

（五）净利润

从上市公司 2022 年三季报的净利润数据来看，全部上市公司的 2022

年三季报净利润均值为 9.63 亿元，相比于 2021 年同比下滑了 1.13%。其中，民营上市公司的 2022 年三季报净利润均值为 2.68 亿元，相比于 2021 年三季报同比下滑了 3.15%。2022 年三季度各类型企业净利润的普遍下滑或与 2022 年一季度新冠肺炎疫情的卷土重来有一定的关系（见表 11－5、表 11－6）。

表 11－5　　　2015～2022 年三季报各类型上市公司净利润均值和增速情况一览（全部）

项目	2015 年	2016 年	2017 年	2018 年	2019 年	2020 年	2021 年	2021 年三季报	2022 年三季报
全部公司（亿元）	9.37	9.68	10.31	10.24	10.83	10.28	11.33	9.74	9.63
增速（%）		3.30	6.48	－0.70	5.78	－5.02	10.12		－1.13
民营企业（亿元）	2.01	2.62	2.73	1.89	1.91	2.65	2.72	2.78	2.68
增速（%）		30.28	4.19	－30.69	1.07	38.38	2.61		－3.51
公众企业（亿元）	25.81	23.92	27.56	27.05	28.23	26.43	23.14	22.38	21.74
增速（%）		－7.32	15.24	－1.85	4.33	－6.36	－12.46		－2.83
集体企业（亿元）	5.87	6.65	8.00	9.06	9.12	8.08	6.19	4.87	8.36
增速（%）		13.30	20.26	13.21	0.73	－11.39	－23.45		71.67
国有企业（亿元）	19.94	20.84	24.34	25.95	26.92	24.86	29.85	23.96	24.63
增速（%）		4.52	16.80	6.59	3.73	－7.63	20.08		2.77
外资企业（亿元）	3.08	3.71	4.08	3.62	3.01	4.15	4.25	3.86	3.64
增速（%）		20.29	10.03	－11.18	－17.01	37.96	2.35		－5.67

资料来源：Wind 数据库。

表 11 - 6 **2015 ~ 2022 年三季报各类型上市公司净利润均值和**

增速情况一览（非金融业）

项目	2015 年	2016 年	2017 年	2018 年	2019 年	2020 年	2021 年	2021 年三季报	2022 年三季报
全部公司（亿元）	3.81	4.65	5.56	5.44	5.31	5.31	6.31	5.74	5.85
增速（%）		22.17	19.55	- 2.28	- 2.21	- 0.11	18.87		1.91
民营企业（亿元）	1.98	2.59	2.69	1.89	1.93	2.84	2.74	2.77	2.67
增速（%）		30.44	4.11	- 29.83	1.94	47.10	- 3.52		- 3.56
公众企业（亿元）	6.09	6.23	8.78	7.46	7.99	9.93	7.40	7.53	6.82
增速（%）		2.28	40.91	- 14.97	7.07	24.24	- 25.46		- 9.38
集体企业（亿元）	5.87	6.65	8.54	9.47	9.51	8.41	6.56	5.05	8.72
增速（%）		13.30	28.44	10.89	0.37	- 11.52	- 22.00		72.52
国有企业（亿元）	6.63	8.27	11.44	13.06	12.40	10.60	15.11	12.88	14.02
增速（%）		24.74	38.27	14.15	- 5.01	- 14.53	42.53		8.89
外资企业（亿元）	3.08	3.74	4.11	3.65	3.03	4.18	4.27	3.91	3.64
增速（%）		21.42	9.86	- 11.28	- 17.03	38.03	2.24		- 6.81

资料来源：Wind 数据库。

从实现盈利的企业占比情况来看，2022 年三季报有 81.59% 的上市公司实现了盈利，其中 2022 年三季报有 82.65% 的民营上市公司实现了盈利。从趋势上来看，近两年各类型上市公司中的盈利企业比例出现了轻微的下滑，这与注册制开始实施后允许非盈利企业上市有一定的关系，并不意味着上市公司整体质量的下滑（见图 11 - 5）。

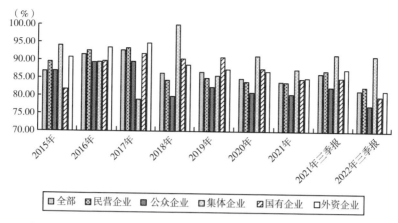

图 11 − 5　2015～2022 年三季报各类型上市公司企业盈利企业数量
占比情况（全部）

资料来源：Wind 数据库。

2022 年三季报全部上市公司净利润总规模为 4.73 万亿元，其中民营企业 2022 年三季报净利润总规模为 0.83 万亿元，占全部上市公司净利润总规模的 17.60%（见图 11 −6）。

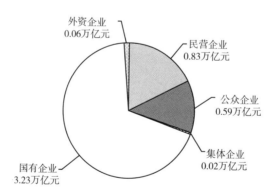

图 11 − 6　2022 年三季报各类型企业净利润总规模占比情况

资料来源：Wind 数据库。

（六）总资产

由于金融业上市公司的总资产规模普遍较大，为排除掉其影响，我们计算了各类型非金融业上市公司的总资产均值情况。可以看到，非金融业上市公司的 2022 年三季报总资产均值为 200.32 亿元，同比增长 4.47%；非金融业民营上市公司的 2022 年三季报总资产均值为 84.24 亿元，同比增长 5.04%（见表 11 - 7）。

表 11 - 7　　　2015 ~ 2022 年三季报各类型上市公司总资产均值及增速情况一览（非金融业）

项目	2015 年	2016 年	2017 年	2018 年	2019 年	2020 年	2021 年	2021 年三季报	2022 年三季报
全部公司（亿元）	143.30	158.69	159.49	174.62	185.92	187.46	190.19	191.75	200.32
增速（%）		10.74	0.51	9.48	6.47	0.83	1.46		4.47
民营企业（亿元）	53.90	63.34	67.19	74.97	79.63	80.45	81.00	80.20	84.24
增速（%）		17.51	6.07	11.58	6.22	1.03	0.68		5.04
公众企业（亿元）	224.43	252.01	289.98	338.74	290.84	322.47	341.19	329.50	345.42
增速（%）		12.29	15.07	16.81	- 14.14	10.88	5.81		4.83
集体企业（亿元）	121.42	153.56	180.19	195.43	190.11	189.37	190.42	186.51	207.40
增速（%）		26.48	17.34	8.46	- 2.72	- 0.39	0.55		11.20
国有企业（亿元）	289.47	324.98	347.12	376.96	406.84	418.06	439.48	446.31	483.60
增速（%）		12.27	6.81	8.60	7.92	2.76	5.13		8.36
外资企业（亿元）	64.41	74.50	72.45	77.12	74.29	77.00	83.55	82.17	81.32
增速（%）		15.66	- 2.75	6.44	- 3.67	3.65	8.50		- 1.04

资料来源：Wind 数据库。

2022 年三季报全部非金融业上市公司的总资产合计规模为 95.89 万亿元。非金融业民营上市公司的 2022 年三季报总资产规模为 26.08 万亿元，约占全部非金融业上市公司 2022 年三季报总资产规模的 27%（见图 11 - 7）。

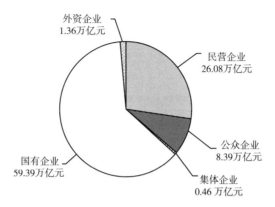

图 11 - 7　2022 年三季报各类型企业（非金融业）总资产总规模占比情况

资料来源：Wind 数据库。

（七）资产负债率

从资产负债率的 2022 年三季报的情况来看，全部上市公司的 2022 年三季报资产负债率均值为 41.69%，其中民营上市公司的 2022 年三季报资产负债率均值为 37.35%（见表 11 - 8、表 11 - 9）。

表 11 - 8　　　　　2015～2022 年三季报各类型上市公司平均资产

负债率情况一览（全部）　　　　　单位:%

项目	2015 年	2016 年	2017 年	2018 年	2019 年	2020 年	2021 年	2022 年三季报
全部	43.83	42.30	42.07	45.05	46.04	48.08	43.26	41.69
民营企业	38.00	36.61	37.45	41.07	42.93	46.82	39.12	37.35
公众企业	45.99	46.25	47.02	61.11	54.20	50.27	49.07	46.95
集体企业	42.25	42.64	45.89	47.13	45.52	46.43	49.99	49.22
国有企业	53.35	52.02	51.12	51.30	51.31	51.40	51.76	51.29
外资企业	37.17	37.48	36.63	40.13	39.56	36.01	36.80	35.35

资料来源：Wind 数据库。

表 11-9　　　　2015～2022 年三季报各类型上市公司平均资产

负债率情况一览（非金融）　　　　　　单位:%

项目	2015 年	2016 年	2017 年	2018 年	2019 年	2020 年	2021 年	2022 年三季报
全部	43.17	41.51	41.27	44.23	45.14	47.27	42.31	40.71
民营企业	37.96	36.53	37.36	40.97	42.83	46.74	38.92	37.17
公众企业	42.18	41.11	42.09	58.29	50.80	46.63	45.23	42.76
集体企业	42.25	42.64	44.91	46.43	45.11	46.14	49.95	49.24
国有企业	52.27	50.77	49.73	49.65	49.46	49.61	49.98	49.49
外资企业	37.17	37.42	36.57	40.22	39.73	36.05	36.90	35.35

资料来源：Wind 数据库。

（八）总资产净利率

总资产净利率方面，由于科创板、科创板中存在一部分未盈利的企业，故针对总资产净利率这一指标，我们选择中位数进行衡量。

从总资产净利率 2022 年三季报的情况来看，2022 年三季报的全部上市公司的总资产净利率的中位数为 2.74%；2022 年三季报的民营上市公司的总资产净利率的中位数为 3.13%，2022 年三季报的民营上市公司总资产净利率的中位数高于国有企业和公众企业的总资产净利率的中位数水平（见表 11-10、表 11-11）。

表 11-10　　　　2015～2022 年三季报各类型上市公司总资产净利率

中位数情况一览（全部）　　　　　　单位:%

项目	2015 年	2016 年	2017 年	2018 年	2019 年	2020 年	2021 年	2021 年三季报	2022 年三季报
全部	3.44	3.85	4.40	3.61	3.59	3.89	4.31	3.32	2.74
民营企业	4.53	4.87	5.28	4.25	4.32	4.87	5.21	3.98	3.13
公众企业	3.29	2.49	3.06	2.31	2.39	3.07	3.01	2.75	1.87

续表

项目	2015 年	2016 年	2017 年	2018 年	2019 年	2020 年	2021 年	2021 年三季报	2022 年三季报
集体企业	3.28	3.99	3.51	2.92	4.68	3.87	4.52	3.96	3.13
国有企业	2.33	2.40	3.02	2.99	2.65	2.61	3.00	2.31	1.83
外资企业	4.73	4.96	5.46	4.91	4.37	5.09	5.14	4.45	3.32

资料来源：Wind 数据库。

表 11 – 11　　2015～2022 年三季报各类型上市公司总资产净利率
中位数情况一览（非金融业）　　　　单位：%

项目	2015 年	2016 年	2017 年	2018 年	2019 年	2020 年	2021 年	2021 年三季报	2022 年三季报
全部	3.43	3.94	4.50	3.75	3.76	4.03	4.47	3.44	2.82
民营企业	4.51	4.88	5.30	4.28	4.36	4.91	5.22	4.02	3.14
公众企业	3.29	3.22	3.70	2.70	3.05	3.54	3.89	3.12	2.60
集体企业	3.28	3.99	3.69	3.01	4.77	3.94	4.58	4.03	3.38
国有企业	2.32	2.57	3.16	3.18	2.86	2.80	3.38	2.44	2.00
外资企业	4.73	5.11	5.51	4.72	4.43	5.10	5.20	4.49	3.32

资料来源：Wind 数据库。

（九）营业净利率

营业净利率方面，由于科创板、科创板中存在一部分未盈利的企业，故针对营业净利率这一指标，我们选择中位数进行衡量。

从 2022 年三季报营业净利率的中位数来看，全部上市公司的 2022 年三季报营业净利率中位数为 7.13%，相比于 2021 年同期均有所上升。从各类型上市公司的 2022 年三季报营业净利率中位数来看，民营上市公司的 2022 年三季报营业净利率中位数为 7.66%，高于公众企业、集体企业、国有企业的营业净利率中位数水平（见表 11 – 12、表 11 – 13）。

表 11 – 12　　　2015～2022 年三季报各类型上市公司营业净利率

中位数情况一览（全部）　　　　　　　　　　单位:%

项目	2015 年	2016 年	2017 年	2018 年	2019 年	2020 年	2021 年	2021 年三季报	2022 年三季报
全部	6.60	7.91	8.38	7.05	6.99	7.69	7.69	8.34	7.13
民营企业	8.34	9.09	9.25	7.47	7.75	8.74	8.39	9.01	7.66
公众企业	7.88	7.57	9.48	6.11	6.14	6.67	7.04	7.47	6.79
集体企业	6.60	10.90	7.23	7.53	8.07	5.40	5.94	6.36	6.34
国有企业	4.32	5.10	6.09	5.93	5.85	6.06	6.02	6.51	5.45
外资企业	7.93	8.80	9.70	9.07	8.58	9.76	8.97	9.97	7.91

资料来源：Wind 数据库。

表 11 – 13　　　2015～2022 年三季报各类型上市公司营业净利率

中位数情况一览（非金融业）　　　　　　　　单位:%

项目	2015 年	2016 年	2017 年	2018 年	2019 年	2020 年	2021 年	2021 年三季报	2022 年三季报
全部	6.43	7.71	8.20	6.82	6.78	7.36	7.48	8.12	6.88
民营企业	8.30	9.09	9.25	7.46	7.71	8.72	8.33	8.97	7.66
公众企业	7.22	6.22	6.94	5.69	5.35	5.96	6.17	6.82	5.49
集体企业	6.60	10.90	8.32	7.50	7.55	5.27	6.07	5.92	5.43
国有企业	4.06	4.83	5.64	5.36	5.35	5.15	5.47	5.88	4.87
外资企业	7.93	8.69	9.64	8.79	8.58	9.83	8.92	9.81	7.91

资料来源：Wind 数据库。

专论与调研

一、国有净资产五年翻番　国企实力再上大台阶

——国有资产管理与国有企业经营五年数据简明分析

重要数据 1：2017～2022 年五年间，全国国有资产总增长 76%，年均增长 12%，五年增加 346 万亿元，每年增加 69 万亿元；净资产总增长 102%，年均增长 15%，五年增加 111 万亿元，每年增加 22 万亿元；国有企业营业收入年均增长 9%，利润年均增长 6.9%，税金年均增长 5.4%（见表 1）。

重要数据 2：国有经济创造了 35% 左右的全国 GDP、1/3 左右的全国企业营业收入和企业利润、1/4 左右的全国税收（见表 1）。

表 1　　　　　　　　　**2017～2021 年全国国有资产数据**

项目	全国资产（万亿元）	负债（万亿元）	负债率（%）	中央资产（万亿元）	负债（万亿元）	负债率（%）	地方资产（万亿元）	负债（万亿元）	负债率（%）
2017 年 3 项	454.5	345.3		229.6			198.5		
非金融	183.5	118.5	64.6	76.2	51.9	68.1	107.3	66.6	62.1
净资产/国权	65/50.3			24.3/16.2			40.7/34.1		
国有权益占比（%）	77.0			67.0			84.0		
金融类	241.0	217.3	90.2	149.2			65.5		
净资产/国权	23.6/16.2			/10.2			/3.2		

续表

项目	全国资产（万亿元）	负债（万亿元）	负债率（%）	中央资产（万亿元）	负债（万亿元）	负债率（%）	地方资产（万亿元）	负债（万亿元）	负债率（%）
国有权益占比（%）	68.7								
行政事业类	30.0	9.5	31.7	4.2	0.9		25.7	8.6	
行政/事业	8.9/21.1			0.7/3.5			8.2/17.5		
2018 年 3 项	508.2	382.7							
非金融	210.4	135.0	64.2	80.8	54.7	67.7	129.6	80.3	62.0
净资产/国权	75.4/58.7			26.1/16.7			49.3/42.0		
国有权益占比（%）	77.9			64.0			85.2		
金融类	264.3	237.8	90.0						
净资产/国权	26.5/17.2								
国有权益占比（%）	65.0								
行政事业类	33.5	9.9	29.6	4.7	1.0		28.8	8.9	
行政/事业	10.1/23.4			0.8/3.9			9.3/19.5		
2019 年 3 项	564.8	423.0		291.5	238.4		273.3	184.6	
非金融	233.9	149.8	64.0	87.0	58.4	67.2	146.9	91.4	62.2
净资产/国权	84.1/64.9			28.6/17.8			55.5/47.1		
国有权益占比（%）	77.2			62.2			84.9		
金融类	293.2	262.5	89.5	199.5	178.8	89.6	93.7	83.7	89.3
净资产/国权	30.7/20.1			20.7/14.9			10/5.3		
国有权益占比（%）	65.5			72.0			53		
行政事业类	37.7	10.7	28.4	5.0	1.2		32.7	9.5	
行政/事业	11.8/25.9			1.1/3.9			10.7/22.0		
2020 年 3 项	635.2	471.3		318.8	260.3		316.4	211.0	
非金融	268.5	171.5	63.9	94.0	62.5	66.5	174.5	109.0	62.4
净资产/国权	97/76.0			31.5/19.6			65.5/56.4		
国有权益占比（%）	78.4			62.2			86.1		

项目	全国资产（万亿元）	负债（万亿元）	负债率（%）	中央资产（万亿元）	负债（万亿元）	负债率（%）	地方资产（万亿元）	负债（万亿元）	负债率（%）
金融类	323.2	288.6	89.3	219.0	196.2	89.6	104.2	92.4	88.7
净资产/国权	34.6//22.7			22.8/16.5			11.8/6.2		
国有权益占比（%）	65.6			72.4			52.5		
行政事业类	43.5	11.2	25.8	5.8	1.6		37.7	9.6	
行政/事业	15.3/28.2			1.5/4.3			13.9/23.9		
2021年3项	715.1	523.1		314.2			370.8		
非金融	308.3	197.9	64.2	102.1	68.3	67.0	206.2	129.6	62.8
净资产/国权	110.4/86.9			33.0/20.7			76.6/66.2		
国有权益占比（%）	78.7			62.7			86.4		
金融类	352.4	313.7	89.0	236.3	210.9	89.3	116.1	102.8	88.5
净资产/国权	38.7/25.3			25.4/18.2			13.3/7.1		
国有权益占比（%）	65.4			71.7			53.4		
行政事业类	54.4	11.5	21.14	5.9	1.6	27.1	48.5	9.9	20.4
行政/事业	19.0/35.4			1.1/4.8			17.9/30.6		
2017~2021年均增长率（%）	12	11		11.4					
非金融	13.5			7.3			17.6		
金融类	10.3								
行政事业类	13.2			11.4			13.6		
2022年估计	800.9	580.3							

注：1. 数据源自国务院向全国人大提供的2017~2021年度《国有资产管理情况的综合报告》；2. 净资产/国权一栏中，净资产是指总资产减去负债资产，国权是指形成的国有资产（国有资本及应享有的权益）；3. 行政/事业，数据为行政单位资产和事业单位资产；4. 2017年和2018年报告中没有中央和地方金融企业相关数据。5. 各年3项中的资产总额数据为自行加总计算；6. 2017年报告了当年金融类企业有海外资产18万亿元。

2017~2022年的五年间，是中国全国国有资产迅速增长的五年，是中国国有企业经营收入明显提升和经济效益稳定改善的五年。本部分对国家有关部门公布的关于全国国有资产管理和全国国有企业经营的重要数据进行整理归纳，并进行简明分析。

国有资产数据源于 2018～2022 年共五年的国务院向全国人大提出的全国国有资产管理情况的综合报告，相关数据见表 1；国有企业经营数据源于财政部逐月逐年公布的全国非金融类国有控股企业经营情况数据，相关数据见表 2 和表 3；有关税收数据见表 4。

表 2　　　　　　　　全国国有及国有控股企业经济运行数据

年份	全国资产（亿元）	增长（％）	全国营收（亿元）	增长（％）	全国利润（亿元）	增长（％）	全国税费（亿元）	增长（％）
2010			303 254	31.1	19 871	37.9	25 317	25.6
2011			367 855	21.5	22 557	12.8	29 934	17.9
2012			423 770	11.0	21 960	-5.8	33 496	6.6
2013	911 039	12.9	464 749	10.1	24 051	5.9	36 812	7.8
2014	1 021 188	12.1	480 636	4.0	24 765	3.4	37 861	5.7
2015	1 192 049	16.4	454 704	-5.4	23 028	-6.7	38 599	2.9
2010～2015年均增长率				7.9		1.7		8.1
2016	1 317 175	9.7	458 978	2.6	23 158	1.7	38 076	-0.7
2017	1 517 115	10.0	522 015	13.6	28 986	23.5	42 346	23.5
2018	1 787 483	8.4	587 501	10	33 878	12.9	46 090	3.3
2013～2018年均增长率		14.4						
2017	1 835 000							
2018	2 104 000	14.7						
2019	2 339 000	11.2	625 521	6.9	35 961	4.7	46 096	-0.7
2020	2 685 000	14.8	632 868	2.1	34 223	-4.5	46 111	0.2
2015～2020年均增长率				7.0		7.2		4.7
2010～2020年均增长率				7.4		6.4		6.4

续表

年份	全国资产（亿元）	增长（%）	全国营收（亿元）	增长（%）	全国利润（亿元）	增长（%）	全国税费（亿元）	增长（%）
2021	3 083 000	14.8	755 544	18.5	45 165	30.1	53 560	16.6
2022	3 500 000	13.8	825 967	8.3	43 148	−5.1	59 316	8.4
2017~2022 年均增长率		13.8		9.6		8.3		7.0

注：1. 本表绝对值数据均来源于财政部网站，是全国非金融类国有控股企业数据。2. 资产总额数据，2018年及之前的为财政部公布数据；国务院公布了2017年及之后的国有控股企业资产总额数据，本表将2017年和2018年的财政部和国务院数据均列出，以比较参考。3. 税费总额即包括税收还包括上交的部分资本收益和特别收益金等。4. 年均增长率按历年增速累计计算。下表同。

表3　　　　　　　全国国有及国有控股企业经济效益数据　　　单位：%

年份	国有企业资产负债率	国有企业资产营收率	国有企业资产利润率	国有企业资产税费率	国有企业营收利润率	国有企业营收税费率
2010					6.6	8.3
2011					6.1	8.1
2012					5.2	7.9
2013	65.1	51	2.64	4.0	5.2	7.9
2014	65.2	47.1	2.43	3.7	5.2	7.9
2015	66.3	38.1	1.93	3.2	5.1	8.5
2016	66.1	34.8	1.76	2.9	5.0	8.5
2017	65.7	34.4	1.91	2.8	5.6	8.1
2018	64.7	32.9	1.90	2.6	5.8	7.8
2019	63.9	26.7	1.54	1.97	5.7	7.4
2020	64.0	23.6	1.3	1.72	5.4	7.3
2021	63.7	24.5	1.5	1.69	6.0	7.1
2022	64.4	23.6	1.23	1.7	5.2	7.2

注：1. 资产负债率源自财政部逐年逐月公布的全国国有控股企业经营数据。2. 资产营收率、资产利润率和资产税费率，2018年及之前各年数据，是根据财政部公布的当年相关绝对数作者自行计算；2019年及之后，财政部未公布资产总额数据，而国务院公布了全国非金融类国有控股企业数据，据此计算相关效益数据。3. 其余数据，根据财政部公布的相关数据作者自行计算。

表 4　　2019～2021 年全国规上企业与全国非金融类国企主要经济数据

类别	资产总额（亿元）			资产增长（%）		
	2019 年	2020 年	2021 年	2019 年	2020 年	2021 年
全国三类规模以上企业总计	2 482 816	2 775 923	3 124 674		11.8	12.6
规模以上工业企业	1 191 375	1 267 550	1 412 880		6.4	11.5
限上批零住餐业	345 396	398 215	461 493		15.3	15.9
规模以上服务业企业	946 045	1 110 158	1 250 301		17.3	12.6
全国非金融类国有企业	2 339 000	2 685 000	3 083 000	11.2	14.8	14.8
国有企业/全国规模以上企业	94.2	96.7	98.7			

类别	营业收入（亿元）			营收增长（%）		
	2019 年	2020 年	2021 年	2019 年	2020 年	2021 年
全国三类规模以上企业总计	1 915 461	2 012 269	2 496 349		5.1	24.1
规模以上工业企业	1 057 825	1 061 434	1 279 227		0.3	20.5
限上批零住餐业	638 713	707 817	919 659		10.8	29.9
规模以上服务业企业	218 923	243 018	297 463		11	22.4
全国非金融类国有企业	625 521	632 868	755 544	6.9	2.1	18.5
国有企业/全国规模以上企业	32.7	31.5	30.3			

类别	利润总额（亿元）			利润增长（%）		
	2019 年	2020 年	2021 年	2019 年	2020 年	2021 年
全国三类规模以上企业总计	101 348	103 418	133 682		2	29.3
规模以上工业企业	61 996	64 516	87 092		4.1	35
限上批零住餐业	13 156	13 408	17 440		1.9	30.0
规模以上服务业企业	26 196	25 489	29 150		-2.7	14.4
全国非金融类国有企业	35 961	34 223	45 165	4.7	-4.5	30.1
国有企业/全国规模以上企业	35.5	33.1	33.8			

类别	税收总额（亿元）			税收增长（%）		
	2019 年	2020 年	2021 年	2019 年	2020 年	2021 年
全国税收总计	172 102	166 000	188 737	1.3	-3.5	13.7
全国国有控股企业税收	42 639	40 327	46 586	-1.1	-5.4	15.5
国企税收/全国税收	24.8	24.3	24.7			

续表

类别	资产营收率（%）			资产利润率（%）		
	2019 年	2020 年	2021 年	2019 年	2020 年	2021 年
全国三类规模以上企业	77.1	72.5	79.9	4.1	3.7	4.3
全国国有控股企业	26.7	23.6	24.5	1.5	1.3	1.5
类别	营收利润率（%）					
	2019 年	2019 年	2019 年	2019 年	2020 年	2021 年
全国三类规模以上企业	5.3	5.1	5.4			
全国国有控股企业	5.7	5.4	6			

注：1. 全国规模以上企业数据源自国家统计局的 2022～2023 年《中国统计摘要》，规模以上企业不包括金融类企业。2. 全国非金融类国有控股企业资产数据，源自国务院向全国人大提供的全国国有资产管理情况综合报告，非金融类国有控股企业包括规模以上和规模以下两类国有企业。3. 税收数据源自国家税务总局的税收月报。

（一）国有资产管理五年情况概述

1. 国有资产总额五年增长 76%、新增 346 万亿元、年增 69 万亿元

重要数据：2017 年，全国国有资产（金融类企业、非金融类企业和行政事业单位资产）总额为 454.5 万亿元；2022 年为 800.9 万亿元（估计数）；2022 年比较 2017 年，五年增长了 76%，年均名义增速为 12%，明显高于同期 GDP 7.8%的年均名义增速。五年净增长了 346.4 万亿元，平均每年增长 69.3 万亿元。理论上，全国 14 亿人民每人平均拥有的国有资产，从 2017 年的 32 万多元，增长到 2022 年的 57 万多元，五年增长了 25 万多元。

特别说明，2022 年数据尚未公布，本部分主要根据 2017～2021 年的实际数据，按照这四年的平均增长率推算 2022 年相关数据。由于 2022 年国有企业经营效益普遍好于过去，这种推算应当是合理的，不会出现大的偏差。

2. 国有净资产总额五年翻番、新增 111 万亿元，年增 22 万亿元

重要数据：2017 年，全国国有资产总额为 109.2 万亿元；2022 年为

220.6 万亿元（估计数）；2022 年比较 2017 年，五年增长了 102%，五年翻了一番；年均增长 15.1%。五年净增长了 111.4 万亿元，平均每年增长 22.3 万亿元。理论上，全国 14 亿人民每人平均拥有的国有净资产，从 2017 年的 7.8 万多元，增长到 2022 年的 15.8 万元，五年增长了 8 万元。

3. 国有单位负债五年增长了 68%、新增 235 万亿元、年增 47 万亿元

重要数据：2017 年，全国国有负债总额为 345.3 万亿元；2022 年为 580.3 万亿元（估计数）；2022 年比较 2017 年，五年增长了 68%；年均增长 11.1%。五年净增长了 235 万亿元，五年平均每年增长 47 万亿元。理论上，全国 14 亿人民每人平均担有的国有负债，从 2017 年的 24.7 万多元，增长到 2022 年的 41.5 万元，五年增长 16.8 万元。

4. 非金融类国有企业总资产与净资产四年增长 68% 与 70%

重要数据：2017 年，全国非金融类国有企业资产总额为 183.5 万亿元（净资产为 65 万亿元）；2021 年为 308.3 万亿元（净资产为 110.4 万亿元）；2021 年比较 2017 年，四年增长了 68%（净资产增长了 70%）；年均增长 13.9%（净资产增长 14.2%）。四年净增长了 124.8 万亿元（净资产为 45.4 万亿元），四年平均每年增长 31.2 万亿元（净资产为 11.35 万亿元）。

5. 金融类国有企业总资产与净资产四年增长 46% 与 64%

重要数据：2017 年，全国非金融类国有企业资产总额为 241 万亿元（净资产为 23.6 万亿元）；2021 年为 352.4 万亿元（净资产为 38.7 万亿元）；2021 年比较 2017 年，四年增长了 46%（净资产增长了 64%）；年均增长 10%（净资产增长 13.2%）。四年净增长了 124.8 万亿元（净资产为 14.6 万亿元），四年平均每年增长 31.2 万亿元（净资产为 3.65 万亿元）。

6. 中央国有资产占 44%、地方国有资产占 51.9%

2017 年全国国有资产 454.5 万亿元，其中，非金融类国有控股企业资产

183.5 万亿元，占 40.4%；金融类国有控股企业资产 241 万亿元，占 53%；行政事业单位国有资产 30 万亿元，占 6.6%。其中，中央资产 229.6 万亿元，占 50.5%；地方资产 198.5 万亿元，占 44%；另外还有部分海外资产（未公布）。

2021 年全国国有资产 715.1 万亿元，比较 2017 年，四年年均增长 12%。其中，非金融类国有控股企业资产 308.3 万亿元，占 43.1%，四年年均增长 13.9%；金融类国有控股企业资产 352.4 万亿元，占 49.3%，四年年均增长 10%；行政事业单位国有资产 54.4 万亿元，占 7.6%，四年年均增长 16%。其中，中央资产 314.2 万亿元，占 44%，四年年均增长 8.2%；地方资产 370.8 万亿元，占 51.9%，四年年均增长 16.9%；另外还有部分海外资产（未公布）。

7. 非金融类国有企业中国有与非国有权益占 78.7% 与 21.3%

随着国有企业改革的推进，随着混合所有制改革的深入，国有企业吸引社会资本进行的步伐加快，中央国有企业资本权益中的非国有权益即社会权益（以民营经济为主的权益）占比有所提高。

2017 年，全国非金融类国有企业资本权益中，国有权益占 77%，非国有权益占 23%。其中，中央企业中的国有权益占 67%，非国有权益占 33%，地方企业中的国有权益占 84%，非国有权益占 16%。

2021 年，全国非金融类国有企业资本权益中，国有权益占 78.7%，非国有权益占 21.3%。其中，中央企业中的国有权益占 62.7%，非国有权益占 37.3%，地方企业中的国有权益占 86.4%，非国有权益占 13.6%。

8. 三类国有单位资产总额的占比为 43.1%、49.3% 和 7.6%

2021 年，全国国有资产总额为 715.1 万亿元，2017～2021 年四年年均增长率为 12%，高于四年 GDP 名义增速（7.8%）50% 以上。其中，非金融类国有控股企业资产 308.3 万亿元，占 43.1%，四年年均增长率为 13.5%；金融类国有控股企业资产 352.4 万亿元，占 49.3%，四年年均增长率为

10.3%；行政事业单位资产 54.4 万亿元，占 7.6%，四年年均增长率为 13.2%。

注：本部分内容相关数据均请见表 1。

（二）国有企业经营效益情况概述

党的十九大以来，国家加大了国有经济的支持力度，国有企业改革发展取得了较快进展。近五年，国有控股企业的经济增长和效益提升，均取得了重要进展。以下是对 2017～2022 年五年来全国非金融类国有企业的经营与效益情况概述。

1. 近五年国有企业营业收入年均增长 9.6%

2022 年，全国非金融类国有控股企业营业收入总额为 82.6 万亿元，同比上年增长 8.3%；2017～2022 年，五年年均名义增长 9.6%，高于 7.8% 的 GDP 名义增速。2010～2020 年十年年均增长 7.6%，"十二五" 和 "十三五" 期间，分别年均增长 8.4% 和 6.8%。

2. 近五年国有企业利润总额年均增长 8.3%

2022 年，全国非金融类国有控股利润总额为 4.31 万亿元，同比上年下降 5.1%；2017～2022 年，五年年均增长 8.3%；2010～2020 年十年年均增长 6.4%，"十二五" 和 "十三五" 期间，分别年均增长 8.4% 和 8.3%。

3. 近五年国有企业税费总额年均增长 7.0%

2022 年，全国非金融类国有控股企业税金总额为 5.93 万亿元，同比增长 8.4%；2017～2022 年，五年年均增长 7.0%，2010～2020 年十年年均增长 6.4%，"十二五" 和 "十三五" 期间，分别年均增长 4.7% 和 5.0%（见表 2）。

4. 近五年国有企业经济效益指标有升有降

（1）资产负债率稳中有降。2022 年，国有控股企业的资产负债率为 64.4%，比 2017 年的 65.7% 降低了 1.3 个百分点。资产负债率，2020 年为 64%，2015 年为 66.3%。

（2）资产营收率逐年走低。资产营收率，指每万元资产创造的营业收入，为营业收入/资产总额。2022 年，国有控股企业的资产营收率为 23.6%，比 2017 年的 34.4% 降低了 10 个百分点；2020 年为 23.6%，2015 年为 38.1%。

（3）资产利润率总体较低。资产利润率，指每万元资产创造的利润，为利润总额/资产总额。2022 年，国有控股企业的资产利润率为 1.23%，比 2017 年的 1.91% 降低了 0.68 个百分点；2020 年为 1.3%，2015 年为 1.93%。

（4）营收利润率小幅下降。营收利润率，指每万元营业收入创造的利润，为利润总额/营业收入总额。2022 年，国有控股企业的营收利润率为 5.2%，同比降低 0.2 个百分点。比 2017 年的 5.6% 降低了 0.4 个百分点；2020 年为 5.4%，2015 年为 5.1%，2010 年为 6.6%。

（5）资产税费率逐年降低。资产税费率，指每万元资产创造的税收和上缴的收益，为税费总额/资产总额。2022 年，国有控股企业的营收税金率为 1.7%，同比提高 0.01 个百分点。比 2017 年的 2.8% 降低了 1.1 个百分点；2020 年为 1.72%，2015 年为 3.2%。

（6）营收税费率波动小降。营收税金率，指每万元营业收入创造的税收和上缴收益，为税金总额/营业收入总额。2022 年，国有控股企业的营收税金率为 7.2%，同比提高 0.1 个百分点。比 2017 年的 6.4% 提高了 0.1 个百分点；2020 年为 7.3%，2015 年为 8.5%，2010 年为 8.3%（见表3）。

（三）全国国有控股企业与全国规上企业数据比较

总体上讲，国有经济大约创造了全国企业营业收入和全国企业利润的

1/3 左右、全国税收的 1/4 左右和全国 GDP 的 35% 左右。

以下将全国国有控股企业与全国规上企业的重要经济指标进行简要比较。需要指出的是，这里的全国国有控股企业，是指全国非金融类国有控股企业，包括规模以下的非金融类国有控股企业。全国规上企业，也是非金融类企业，包括全国国有、民营和外资三类规上企业，不包括规下企业。此数据从 2020 年开始公布，目前公布了 2019 年、2020 年和 2021 年三年数据。这里的数据比较，主要是对国有企业与全国企业做一个大致比较。数据见表 4。

1. 资产总额比较

2019 ~ 2021 年，全国三类规上企业资产总额分别为 248.28 万亿元、277.59 万亿元和 312.47 万元，同期，全国国有控股企业资产总额分别为 233.9 万亿元、268.5 万亿元和 308.3 万亿元，全国国有企业资产总额分别相当于全国规上企业资产总额的 94.2%、96.7% 和 98.7%。两项数据计算的结果是如此，实际上这个数据是需要讨论的。因为，全国规上企业不仅有国有企业，还有民营企业和外资企业，后两项的资产不可能只占全国规上企业资产的不到 5%。这里面的矛盾，可能源于全国非金融类国有企业与全国规上企业的统计来源和口径不同。此处，仅是将相关数据做比较。

2. 营业收入比较

2019 ~ 2021 年，全国三类规上企业营收总额分别为 191.55 万亿元、201.23 万亿元和 249.63 万亿元，同期，全国国有控股企业资产总额分别为 62.55 万亿元、63.29 万亿元和 75.55 万亿元，国有企业资产总额分别相当于全国规上企业资产总额的 32.7%、31.5% 和 30.3%。这组数据反映，全国国有企业创造了全国企业营收的约 32%。若加上金融类国有企业的营业收入(占全国金融类企业营收的 80% 左右)，粗略估计，全国国有企业的营业收入总额是全国各类企业营业收入（加上规下企业和个体工商户）的35%左右。相应地，全国国有经济创造的GDP可能占全国GDP的35%左右。

3. 利润总额比较

2019~2021年，全国三类规上企业利润总额分别为10.13万亿元、10.34万亿元和13.37万亿元，同期，全国国有控股企业利润总额分别为3.6万亿元、3.4万亿元和4.5万亿元，国有企业利润总额分别相当于全国规上企业利润总额的35.5%、33.1%和33.8%。

4. 税收总额比较

2019~2021年，全国税收总额分别为17.21万亿元、16.6万亿元和18.9万亿元，同期，全国国有控股企业税收总额分别为4.26万亿元、4.03万亿元和4.66万亿元，国有企业税收总额分别相当于全国税收总额的24.8%、24.3%和24.7%。

5. 效益指标比较

（1）资产营收率：2019年、2020年、2021年，全国国有控股企业三年分别为24.8%、24.3%、24.7%，明显低于全国规上企业同期的77.1%、72.5%、79.9%，后者是前者的三倍。

（2）资产利润率：2019年、2020年、2021年，全国国有控股企业三年分别为1.5%、1.3%、1.5%，明显低于全国规上企业同期的4.1%、3.7%、4.3%，后者也是前者的约三倍。

（3）营收利润率：2019年、2020年、2021年，全国国有控股企业三年分别为5.7%、5.4%、6%，略高于全国规上企业同期的5.3%、5.4%、5.1%。

二、深化混合所有制改革　发展"国有—社会企业"

国有企业进行混合所有制改革，是国有企业公司化改革的继续与全面深化，其对国有企业有着更深、更广和更远的影响。其中的一个根本性影响是，国有企业将在从传统国营企业转变为国有公司之后，进一步转变为混合所有制下的"国有—社会企业"。

（一）国有企业的混合所有制经济改革

2015 年 8 月，中共中央、国务院出台了《关于深化国有企业改革的指导意见》（以下简称《指导意见》），这是新时期指导和推进国有企业改革的纲领性文件。《指导意见》从改革的总体要求到分类推进国有企业改革、完善现代企业制度、完善国有资产管理体制、发展混合所有制经济、强化监督防止国有资产流失、加强和改进党对国有企业的领导、为国有企业改革创造良好环境条件等方面，全面提出了新时期国有企业改革的目标任务和重大举措。围绕着《指导意见》，国务院及其有关部门又先后出台了若干配套政策文件，如《关于国有企业功能界定与分类的指导意见》《关于完善中央企业功能分类考核的实施方案》《关于进一步完善国有企业法人治理结构的指导意见》《关于开展市场化选聘和管理国有企业经营管理者试点工作的意见》《关于深化中央管理企业负责人薪酬制度改革的意见》《关于合理确定并严格规范中央企业负责人履职待遇、业务支出的意见》《关于改革和完善国有资产管理体制的若干意见》《关于推动中央企业结构调整与重组的指导意见》《关于国有企业发展混合所有制经济的意见》《关于国有控股混合所有制企业开展员工持股试点的意见》《关于加强和改进企业国有资产监督防止国有资产流失的意见》《关于进一步加强和改进外派监事会工作的意见》《关于在深化国有企业改革中坚持党的领导加强党的建设的若干意见》等，形成了最新的国有企业改革"1＋N"的顶层设计文件体系。2017 年党的十九大之后，中共中央与国务院又出台了若干国有企业深化改革、重点是推进混合制公司改革的政策文件。

2015 年 9 月，国务院出台了《关于国有企业发展混合所有制经济的意见》，明确提出"国有资本、集体资本、非公有资本等交叉持股、相互融合的混合所有制经济，是基本经济制度的重要实现形式""发展混合所有制经济，是深化国有企业改革的重要举措"，同时提出如下四项明确要求。

一要"分类推进国有企业混合所有制改革"：稳妥推进主业处于充分竞争行业和领域的商业类国有企业混合所有制改革，有效探索主业处于重要行业和关键领域的商业类国有企业混合所有制改革，引导公益类国有企业规范开展混合所有制改革。

二要"分层推进国有企业混合所有制改革"：引导在子公司层面有序推进混合所有制改革，探索在集团公司层面推进混合所有制改革，鼓励地方从实际出发推进混合所有制改革。

三要"鼓励各类资本参与国有企业混合所有制改革"：鼓励非公有资本参与国有企业混合所有制改革，支持集体资本参与国有企业混合所有制改革，有序吸收外资参与国有企业混合所有制改革推广政府和社会资本合作（PPP）模式，鼓励国有资本以多种方式入股非国有企业，探索完善优先股和国家特殊管理股方式，探索实行混合所有制企业员工持股。

四要"建立健全混合所有制企业治理机制"：进一步确立和落实企业市场主体地位，健全混合所有制企业法人治理结构，推行混合所有制企业职业经理人制度。

近几年国有企业改革，基本遵循着这四项要求而进行。

（二）混合改革下正在发展的"国有—社会企业"

国内外对什么是社会企业，有着各种不同的理解与解释，由此也形成了不同的社会企业定义与理论。本书所指的社会企业，是指哪些资本股权社会化、经营目的社会化、企业管理社会化、利润分配社会化和资产传承社会化等五个方面社会化的企业。本书的讨论，都是围绕这五个方面社会化的企业进行讨论。

中国国有企业改革，从扩大企业自主权、两步利改税、承包经营责任制、转变企业经营机制，到建立现代企业制度、进行公司化改革，再到广泛推行混合所有制改革，这一步步的改革，都是将国家（政府）单一所有权、政府直接管理、财务统收统支的传统国有企业，逐步改变为企业股权多元化、独立企业法人、现代治理结构、市场激励与约束机制、管理人员与普通员工广泛社会化与市场化的企业，这是一种新型的企业，即"国有—社会企业"。

它是国有企业，即是以国有股权占主要或主导地位的企业。国有股权在企业中处于绝对控股或相对控股地位。绝对控股，即国有股权占 50% 以上，国有股东对企业有主要决策权；相对控股，即国有股权低于 50%，但国有股权居企业第一大股东地位，对企业策权拥有第一主导权。

它是社会企业，即具有前述的五个方面社会化的基本特征。

一是股权社会化，即股权的多元化与社会化。传统的国有企业，一般只有一个国家股东，股权由一个国家机构代表与独占。推行混合改革的国有公司，除国有控股股东外，还有其他各类社会股东，包括民营企业、外资企业和自然人股东，且社会股东有时还非常广泛，从几个到几十个；若是上市公司，则有几百个、几千个到几万个几十万个法人与个人股东。

二是管理社会化，管理人员来源的市场化与社会化。按照《关于开展市场化选聘和管理国有企业经营管理者试点工作的意见》，推行混合改革的国有公司，与过去的直接由政府部门选择与任命不同，要逐步开展市场化选聘和管理企业经营管理者。这主要是针对企业的主要管理者而言，企业的其他高层管理人员，则逐步更加广泛地推行社会化市场化选聘和管理。

三是经营目标社会化，企业经营管理目标面向社会、多元多向。传统国有企业，经营目标主要只有一个，执行与实现国家的计划与要求。推行混合改革的国有公司，在经营管理上与国家的关系是，一方面，要执行国家宏观政策、产业政策、行业政策、地区政策等；另一方面，要按照现代企业要求，积极履行企业社会责任，为国家负责、为行业负责、为环境负责、为社区负责、为客户负责、为员工负责、为利益相关者负责，跨国企业还要为世界负责。

四是利润分配社会化，企业利润与股份红利面向各类、多元的社会股东进行分配。传统国有企业，无经济独立性，由国家负无限责任，企业财务由政府统收统支，利润全部上交国家，亏损由国家补贴。推行混合改革的国有公司，财务管理独立自主，公司照章纳税，公司利润分配，留下公积金与公益金后，公司股份红利向各类、多元的社会股东（包括国家股东）分配。股东的广泛性、多元性与社会性，决定了公司利润分配具有广泛的、多元的社会性特征。

五是资产传承社会化，资产表现为资本，资本表现为股权，股权的多元化与社会化，股权转移与传承也是多元化的与社会化的。传统国有企业，只有国家的企业财产与资产"一元"概念，没有资本与股权概念。企业的生产资料，即为国家的财产与资产，可以划拨与转让，但限于国有企业与国有单位之间。推行混合改革的国有公司，企业的资产即生产资料与企业资本股权既合又分，企业资产是一体的，但企业的资本与股权是多元化的社会化的；一体化的企业资产，可与企业长期并存，但多元化社会化的资本与股权，可以与企业资产分离。资本与股权，可以在市场上社会上进行各种形式的转让，也可以由权利相关者进行继承。这个转让与继承的权利相关者，也是广泛的、多元的、市场的与社会的。

混合改革后的国有控股公司，即"国有—社会企业"，完全不同于传统意义的国有企业，也明显不同于过去一般意义的国有股份公司。传统意义的国有企业，其广泛人民性与社会性，主要是在理论上、法律上和抽象意义上的。一般意义的国有股份公司和混合改革后的"国有—社会企业"则明显与完全不同，前者只是部分地，后者则是更大程度、更深层次地，实现了最广泛的广泛人民性与社会性，主要是在实践上、在操作上、在利益上得以具体落实的广泛人民性与社会性。

混合改革后的国有控股公司，也与中国过去的和西方社会的私人企业有明显区别。马克思曾经指出：在股份公司中，"那种本身建立在社会生产方式的基础上并以生产资料和劳动力的社会集中为前提的资本，在这里直接取得了社会资本（即那些直接联合起来的个人资本）的形式，而与私人资本相对立，并且它的企业也表现为社会企业，而与私人企业相对立"① 混合改革后国有控股公司，即"国有—社会企业"，既有代表全社会的国有资本，也有直接联合起来的个人资本，还有直接联合起来的各类法人（包括私营公司法人、集体公司法人、外资公司法人、社会组织法人等）资本，这各类资本联合与集合的企业，直接表现为社会企业，而与单纯的私人企业相对立。

（三）从数据看混合改革下的"国有—社会企业"

我们用两个方面数据来看当前混合所有制改革的实际情况。

一是国有企业混合改革股权社会化的总体情况。

中央企业资本中的社会资本已占近40％。地方国有企业大半实行了混合所有制改革。

近年来，中央企业混合所有制改革的范围和领域不断扩大。据国资委公开报道资料，到2020年底，中央企业中的混合所有制企业已经占70％。在充分竞争行业和领域，混改积极稳妥地推进，2013年以来，中央企业累计实施混改4 000多项，引入社会资本超过1.5万亿元。中央企业混合所有制企业的户数占比超过了70％，比2012年底提高近20个百分点。电力、民航、电信、军工等重点领域的混合所有制改革试点稳步推进，上市公司已经成为央企混改的主要载体，中央企业控股的上市公司资产总额、利润分别占中央企业整体的67％、88％。2020年国家专门成立了中国国有企业混合所有制改革基金，仅2020年中央企业实施混改超过了900项，引入社会资本超过2 000亿元。

---

① 马克思.《资本论》第三卷［M］. 中共中央马克思，恩格斯列宁斯大林著作编译局译. 北京：人民出版社，2004：494－495.

根据国资委公开报道，混合所有制改革推动了国有企业和其他所有制企业的相互促进、共同发展。中央企业所有者权益当中，引入社会资本形成的少数股东权益，由 2012 年底的 3.1 万亿元增加到 2020 年的 9.4 万亿元，占比由 27% 提升到 38%。与此相对应，中央企业对外参股的企业超过 6 000 户，国有资本投资额超过 4 000 亿元。这种双向的混改，推动了各类所有制企业取长补短、相互促进、共同发展，正在形成了一批行业领军企业和专精特新的"隐性冠军"企业。

综上所述，2021 年和 2022 年又有新的明显进展与变化。表 5 是国务院向全国人大提出的《2021 年国务院关于国有资产管理的综合报告》的相关数据制作的表格。

表 5 　　　　　　　　　　　　　2021 年全国国有资产与权益数据

项目	全国资产（万亿元）	负债（万亿元）	负债率（%）	中央资产（万亿元）	负债（万亿元）	负债率（%）	地方资产（万亿元）	负债（万亿元）	负债率（%）
非金融类企业	308.3	197.9	64.2	102.1	68.3	67.0	206.2	129.6	62.8
净资产	110.4			33.0			76.6		
国有股权	86.9			20.7			66.2		
国有权益占比	78.7			62.7			86.4		
金融类企业	352.4	313.7	89.0	236.3	210.9	89.3	116.1	102.8	88.5
净资产	38.7			25.4			13.3		
国有股权	25.3			18.2			7.1		
国有权益占比	65.4			71.7			53.4		
全国两项资产	660.7			338.4			322.3		
净资产	149.1			58.4			89.9		
国有股权	112.2			38.9			73.3		
国有权益占比	75.25			66.6			81.5		

注：1. 资料来源：绝对数来自《2022 年国务院关于国有资产管理情况的综合报告》；2. 占比为根据相关数据的推算。3. 两项资产数据为作者自行加总计算。

从数据中可以看到，全国非金融类和金融类两类国有控股企业，2021 年总资产为 660.7 万亿元，其中，净资产总额为 149.1 万亿元；净资产中，国有股权资产 112.2 亿元，占全部净资产的 75.25%。这意味着全国国有控股企业的资产股权中，非国有的资产与股权占比已经达到 1/4。同一数据比例，中央企业中的非国有资产和股权比例达到了 1/3，地方企业中的非国有资产和股权比例达到了 18.5%。而在非金融类国有控股企业中，中央企业的非国有资产和股权占比达到了 37.3%。这里的非国有资产，主要是民营企业、外资企业和个人资产，其中民营企业与个人占绝大多数。

二是国有上市公司成为混改建立"国有—社会企业"的代表。

上市公司资产已经占央企的近 90%，地方重要国有企业基本都成为上市公司。国有上市公司，都是以国有控股为主、股权多元化、股东社会化的混合企业。其前一、前五、前十大股东，多是国有经济机构，其社会各类机构持股，少则几十家，多则几百上千家；其社会个人股东，少则几万人，多则几十万人。还有境外股东，即在香港的 H 股股东和在美国的 ADS 股东，大多有几十家机构股东与成千上万的个人股东。

下面，以在国内上市的五家最大市值公司（按行业各选一家）为例，简要说明其股份构成及股东情况。

这五家国有上市公司，在股东上有几个特点：一是第一大股东是某一国有大集团企业，一般的持股比例在 50% 以上，其最终的股东为中央某一国有机构，如国家国资委、财政部、汇金公司等。二是前五大股东与前十大股东，总体持股普遍占 70% 以上。这些股东，除第一大股东外，有的也是国有经济机构，有的是非国有企业。三是众多的基金等机构持股，从几十家、几百家到几千家，其持股总体比例较高。四是个人股东总人数庞大，从几万人到几十万人。五是这些股东持股，第一大股东往往是长期不变的；除第一大股东外的其他前五和前十大股东，持股是相对稳定的，一般半年、一年甚至几年不变；几十家几百家机构股东主体，变化比较大，其持有股份少则一个季度，多则一年两年或更长就变动；几万、几十万的个人股东，持股变动率很大，有的可能一两天，有的可能一两个月，有的可能更长。

另外，这五家公司都有不少境外投资者，持股比例不小。有的是通过沪股通和深股通，由香港投资者（包括在香港的国外投资者）持有；有的同时在境外上市。中石化普通股份 1 211 亿股，其中，内地上市 955.6 亿股，占

78.93%；香港 H 股上市 255.1 亿股，占 21.07%；H 股又通过 ADS 在美国上市，其折合 12.11 亿股。沪股通和深股通是通过香港（中央结算）代理人有限公司持股，而后者实际又由香港的若干机构投资者和成千上万的个人投资者持股。而香港的 H 股和美国的 ADS，持股者中也有内地的机构与个人。

表 6 反映的是 2022 年底五家市值（股东及持股数为 9 月底）最大（均超过九千亿元市值）的中央所属的国有上市公司股东情况。其他的国有上市公司，市值只有几百亿元、上千亿元，其第一、前三和前十大股东的持股比例，远低于央企上市公司，其持股的多元化与社会化程度，远高于中央企业上市公司。

表 6 　　　　　　　　　五家最大市值国有上市公司的多元股权情况

公司	总股本（亿股）	总市值（亿元）	第一大股东持股比例（％）	前五大股东持股比例（％）	前十大股东持股比例（％）	基金等机构（家）/股比（％）	股东总人数（万人）
贵州茅台	12.56	21 690	54	70.1	71.5	1 892/7.28	14.5
中国工商银行	3 564	115 468	34.71	90.3	95.7	157/0.3	72.4
中国移动	213.6	14 454	71.1	97.3	96.8	137/0.30	5.96
中国人寿	282.6	9 478	68.37	97.44	97.6	150/0.34	14.04
中国石油	1 830	9 095	81.4	96.0	96.6	27/0.04	53.33

（四）国有、民营、外资混合的社会企业正在兴起

经过 40 多年的改革开放，支撑和主导中国经济发展方向的大型企业，正在发生一个重大变化：这就是国有、民营和外资三类企业中的大型企业，都在不同程度地、以不同形式发展着混合经济，且逐步发展成为三者相互混合的企业。

这里既有国有控股的混合企业，也有民营控股的混合企业，还有外资控股的混合企业；另外，还有三者融合、没有明确控股者（或者只有持股相对较多的股东）的混合企业。可以将其称为中国混合企业"三加一"模式。

这里的"三",是指有明确的国有、或民营、或外资控股的混合企业;这里的"一",是没有明确控股股东的混合企业。这里的"三",每一种控股形式的混合企业,一方面,其大股东的身份和主体有时也是变动的,有的从国有控股变为民营控股或外资控股,有的由民营控股变为国有控股或外资控股;另一方面,其大股东的控股程度往往是因时因条件而变动的,从绝对控股、到相对控股、到相对第一大股东、再到非主要股东。这里的"一",有的也可能从没有明确控股股东的混合企业,变化为出现了明确控股股东的混合企业。这里的"三"与"一","三"中可以互变,"三"与"一"可以互变。

"三"中之"一"的国有控股:这里的国有控股,特别是国有控股的上市公司,其第一大股东为一家国有经济管理机构;其第二大至第十大股东,往往还有国有经济管理机构如国有企业、国有资产管理公司、国有基金管理公司、国家社保基金等,同时也有非国有控股的公司,包括民营企业、外资企业和各类基金管理公司;十大股东外的其余机构股东,更是成分多样;另外还有数量庞大的社会个人股东。

"三"中之"一"的民营控股:这里的民营控股,特别是民营控股的上市公司,其第一大股东(有的控股、有的并不控股)为一家民营企业法人或自然人企业家个人或家族;其第二大至第十大股东,多为其他民营企业法人或自然人企业家或家族,同时也有国有控股企业或投资机构,各类基金管理公司等;十大股东外的其余机构股东,也是成分多样,机构众多;另外还有数量庞大的社会个人股东。

"三"中之"一"的外资控股:这里的外资控股,特别是外资控股的上市公司,其第一大股东为一家境外(或国外)企业法人机构;其第二大至第十大股东,有其他的民营企业法人或自然人企业家或家族,有的同时也有国有控股企业或投资机构,各类基金管理公司等;十大股东外的其余机构股东,也是成分多样,机构众多;另外还有数量庞大的社会个人股东。

"三合一"中的"一"的无控股混合企业,即没有明确控股股东的混合企业，或社会企业。中国上市公司按控股情况分为国有公司、集体公司、民营公司、外资公司和公众公司。公众公司即为没有明确的控股股东，前五大、前十股东各自持股比例均达不到直接控股企业的程度，其余股东持股比例更小，股权非常分散。但是，这前十大股东中，有的可能是几个股东构成为行动一致人或利益相关者，因而实际共同成为相对控股者，对企业的决策产生重大或决定性影响。

"三"与"一"的相互转变。中国上市公司 4 000 多家，其股东权利、特别是控股股东是在不断变动之中的。有的国有控股公司，转变为民营控股公司（这种情况不少），或外资控股公司（这种情况不多）；有的民营控股公司，转变为国有控股公司（这种情况近年常发生），或外资控股公司（这种情况时有发生），还有的变为了无控股者的公众公司；也有外资控股公司转变为国有控股或民营控股公司（这种情况较少），还有的变为了无控股者的公众公司。同样，有的公众公司，出现了控股股东，或变为了国有控股公司，或变为了民营控股公司，或变为了外资控股公司。

（五）打破所有制界限重构中国经济微观基础

中国经济的微观基础由各类大、中、小、微和个体组成。大型企业占企业总数的千分之一，是国家经济的骨干与脊梁，决定着中国经济的发展方向；中型企业占企业总数的百分之一，是国家经济的中坚力量，是大型企业的来源，对国家经济发展影响重大；小型、微型企业，占企业总数的99%，加上亿万个体工商户，是国家经济的群体性基础，是民众就业的主要依赖。

经过 40 多年的改革开放，中国经济的企业基础，即微观经济基础，已经发生了根本性变化。

一方面，从企业的经营规模结构看，大型企业中，国有控股企业大约占35%，民营企业大约占 50%，外资企业大约占 15%；中型企业中，国有控股企业大约占 10%，外资控股企业大约占 20%，民营企业大约占 70%；小型企业和微型企业中，民营企业分别占 90% 和 99%。

另一方面，从企业的股权结构看，中国的大型企业，大多数都是混合所有制企业；中国的中型企业，可能有小半数是混合所有制企业。2022 年国务院向全国人大提出了全国国有资产管理综合汇报显示，2021 年，中国经营性国有控股企业中，非国有资本占 25%；其中，中央国有控股企业，非国有的社会资本已经占股东权益的 38%；地方国有控股企业，非国有资本占近 18%。

中央企业是中国大型企业的最主要代表。2021 年，中国国有企业进入世界 500 强的企业有 82 家，进入中国企业 500 强占近一半；这些企业，全部都是上市公司或拥有上市公司，绝大多数都是混合所有制企业；从一定意义上讲，这类国有控股公司也可称为"国有—社会企业"。

中国民营企业 500 强企业，进入中国企业 500 强占一半多，2021 年进入世界企业 500 强的有 52 家（含港澳台企业）；这些 500 强企业都是上市公司，都是混合所有制企业；从一定意义上讲，这类民营控股公司也可称为"民营—社会企业"。

中国的大型外资公司，大多数在境外就是股权多元化、社会化的混合企业，在境内也逐步实现了股权多元化社会化，也成为混合企业；从一定意义上讲，这类外资控股公司也可称为"外资—社会企业"。

三、把握工业互联网发展机遇　加速民营企业数字化转型

——工业互联网平台创新发展和民营企业数字化转型情况调研报告

数字经济已经成为我国加快传统产业转型升级，引领未来经济发展的新引擎，其中最有代表性的就是工业互联网的快速兴起和发展。

近年来，国家大力支持工业互联网创新发展。工业互联网连续四年写入政府工作报告，对实施工业互联网进行战略部署，有关部门也出台了一

系列的支持政策。在国家政策大力支持下，我国工业互联网发展，网络支撑能力显著提升、融合应用加速纵深拓展、产业带动效应不断增强，工业互联网在加速中国新型工业化进程中所起的作用越来越大，为中国经济发展注入了新的动能。作为工业互联网体系的核心和建设的重点，平台是新一代信息技术与制造业深度融合发展的重要基石，工业互联网平台企业通过技术创新、应用场景创新和商业模式创新，在推进工业互联网技术进步和扩大成果应用普及成效显著，助力企业数字化转型升级等方面成绩突出。

数字经济时代，挑战与机遇并存。当前，我国民营企业正站在新的历史起点上，面对百年未有之大变局，加快数字化转型既是民营企业贯彻新发展理念，推动高质量发展的必然要求，也是在新时代应对各种挑战、不断增强企业竞争力，继续实现创新发展的"必选项"和"必答题"。广大民营企业要积极顺应数字时代发展趋势，积极推进数字化转型和智能化升级，要在工业互联网技术创新和产业发展上寻找新机遇、实现新突破，要在应用工业互联网技术降本增效、实现转型升级上加大投入，加快步伐。

为了解民营企业工业互联网创新发展以及赋能民营企业数字化转型的情况，2021 年上半年，全国工商联经济部和北京大成企业研究院共同开展"加强工业互联网技术创新，促进民营企业数字化转型"课题研究。课题以调研工业互联网平台为主，并透过平台深入研究企业案例，了解民营企业的应用情况。半年多来，课题组克服疫情影响，采取线上线下相结合的方式，先后对北京、长沙、宁波、重庆等地的民营工业互联网平台企业进行调研，其中实地调研 5 家，线上调研 2 家。课题组还赴应用工业互联网取得现突出成效的三一重工、恒天九五、奥克斯集团、天津赛象集团、长沙楚天科技等企业进行实地考察和座谈调研。在调研的基础上，课题组撰写了平台企业研究案例 7 篇，数字化转型和应用工业互联网技术实现创新发展的企业案例 2 篇。课题研究期间，全国工商联经济部和北京大成企业研究院还联合举办了"工业互联网创新发展与实践"专题圆桌会暨民营企业数字化转型培训会。

（一）支持政策体系不断完善，工业互联网平台企业进入快速成长期

加快工业企业数字化转型，平台是关键。作为工业互联网体系的核心，平台向下连接海量设备，承载工业经验与知识的模型，汇集企业业务需求和制造能力，向上对接各类工业应用和软硬件工具，通过连接工业生产全要素，实现各类资源的合理优化配置。

平台企业通过技术、模式等方面的创新，在不断推进工业互联网发展和普及的同时，也带动大量社会资本投资工业互联网领域，正日益成为新一代信息技术与制造业深度融合发展的重要基石。

正是基于对工业互联网平台重要性的清醒认识，我国在推进工业互联网发展的过程中，始终高度重视工业互联网平台的快速、健康发展，制定了一系列相关政策鼓励和支持平台企业发展。

2017 年 11 月，国务院发布《深化"互联网＋先进制造业"发展工业互联网的指导意见》。文件指出，提升我国工业产业的供应能力和发展水平，需要结合实体经济，搭建工业互联网平台，推动传统工业企业与"互联网＋"相结合。

2018 年 7 月，工业和信息化部印发《工业互联网平台建设及推广指南》和《工业互联网平台评价方法》，明确 2020 年工业互联网平台建设及推广目标和工业互联网平台评价的重点和评价指标体系。

2020 年 3 月，工业和信息化部办公厅印发《关于推动工业互联网加快发展的通知》指出，要"提升工业互联网平台核心能力，引导平台增强 5G、人工智能、区块链、增强现实/虚拟现实等新技术支撑能力，强化设计、生产、运维、管理等全流程数字化功能集成"。

2021 年 11 月，工业和信息化部发布《"十四五"信息化和工业化深度融合发展规划》，指出推进工业互联网平台建设和应用，是"十四五"两化深度融合发展规划的工作重点，到 2025 年，工业互联网平台普及率要达

到 45%。

2021 年 12 月，工业互联网专项工作组印发《工业互联网创新发展行动计划（2021～2023 年)》，在重点任务中专门就"平台体系壮大行动"做了部署。

全国各省份也积极响应国家政策号召，陆续出台政策、规划，为工业互联网和平台企业创新发展提供了制度保障。

在政策的大力支持下，大量资本涌入工业互联网领域，工业互联网平台企业不断增加，行业进入加速发展期。目前，我国具有一定区域和行业影响力的平台超过 100 家，已经形成了"综合型＋特色型＋专业型"平台体系，不断为工业互联网发展和应用贡献新技术、新方法、新服务和新价值。工业互联网平台行业中诞生了一批创新能力和技术实力强的平台企业，其中 15 家平台企业入选工业和信息化部 2020 年跨行业跨领域工业互联网平台清单（见表 7）。69 家特色专业型工业互联网平台企业入选工信部"2021 年新一代信息技术与制造业融合发展试点示范名单"。根据中国信息通信研究院发布的《5G＋工业互联网发展报告（2021 版)》数据显示，目前我国工业互联网平台连接的工业设备数量达到 7 600 万台套，平台汇聚的工业 App 突破 59 万个，平台服务的工业企业达 160 万家。中国信息通信研究院测算数据显示，2020 年我国工业互联网平台产业规模达 2 486 亿元，比 2019 年增长 29.2%。

表 7　　　　　　　　**2020 年跨行业跨领域工业互联网平台清单**

平台名称	单位名称
卡奥斯 COSMOPlat 工业互联网平台	海尔卡奥斯物联生态科技有限公司
航天云网 INDICS 平台	航天云网科技发展有限责任公司
东方国信 CLOUDIIP 平台	北京东方国信科技股份有限公司
汉云工业互联网平台	江苏徐工信息技术股份有限公司
根云 ROOTCLOUD 工业互联网平台	树根互联技术有限公司
用友精智工业互联网平台	用友网络科技股份有限公司
阿里云 supET 工业互联网平台	阿里云计算有限公司
云洲工业互联网平台	浪潮云信息技术股份公司

续表

平台名称	单位名称
华为 FusionPlant 工业互联网平台	华为技术有限公司
富士康 Fii Cloud 工业互联网平台	富士康工业互联网股份有限公司
腾讯 WeMake 工业互联网平台	深圳市腾讯计算机系统有限公司
忽米 H-IIP 工业互联网平台	重庆忽米网络科技有限公司
宝信 xIn3Plat 工业互联网平台	上海宝信软件股份有限公司
supOS 工业操作系统	浙江蓝卓工业互联网信息技术有限公司
UNIPower 工业互联网平台	紫光云引擎科技（苏州）有限公司

注：工业和信息化部官网公布，排名不分先后。

（二）工业互联网平台各有所长，百花齐放，初步形成竞争互补的行业生态

目前，工业互联网平台领域创业创新方兴未艾，数量众多的企业涌入这一赛道。除了初创企业，工业互联网平台主要来源于制造业企业、制造服务业企业和互联网企业，具体而言，主要有以下几种类型：孵化于制造业企业、互联网公司、IT 软件厂商、工业控制和计算机硬件厂商孵化的平台企业。这些企业中既有综合型工业互联网平台，也有大量专注于细分技术、应用领域的特色专业型工业互联网平台企业。

1. 制造龙头企业孵化的工业互联网平台

此类平台企业一般脱胎于工业企业信息化部门，在本企业数字化转型的长期实践中，对工业互联网的实施和技术能力达到较高的水平，逐步形成独立服务其他企业和行业的能力。其优势在于熟悉生产制造流程，对工业、特别是特定行业的工业企业数字化转型的需求和痛点有深入了解。代表企业有三一集团孵化的树根互联、徐工集团的徐工汉云、海尔集团的卡奥斯、美的集团的 M·IoT 美的工业互联网等。

如树根互联技术有限公司，2016 年成立，由三一重工物联网团队创业组

建。树根互联把工业互联网平台的研发作为最主要的任务，专注打造工业操作系统，为企业数字化转型提供新基座，其拥有完整 ABIoT（人工智能、区块链、物联网）核心技术的工业互联网平台——根云平台（ROOTCLOUD），已迭代至 4.0 版本，平台支持工业协议超过 1 500 种，截至 2021 年 8 月，已接入设备总数超过 91 万台，类型超过 5 000 种，管理的设备资产总额超过 7 500 亿元。作为一家拥有制造业基因的工业互联网平台型企业，树根互联对工业生产制造和管理中存在的现实问题有着深入的了解，能够快速、准确理解企业需求，通过找到重点痛点场景，研发破解痛点的共性解决方案，从而更好地提供实际平台应用，然后将其进行规模化复制。

再如重庆忽米网络科技有限公司，忽米网络由宗申集团孵化而来，独立创建于 2017 年，从诞生之日起就自带制造业基因，拥有深厚的制造背景和深刻的工业洞察。忽米网络定位为中小制造企业数智化赋能平台，2020 年 7 月正式发布"忽米 H – IIP 工业互联网平台"（紫微垣），包含工业物联网平台、工业大数据平台、工业知识图谱、工业应用商店。忽米网现已实现连接工业设备 96 万多台，注册开发者超过 26 万个，服务 3 万多家企业，交易规模超过 100 亿元，在标识解析、数字孪生、工业产品视觉检测、5G 边缘计算器等方面的技术和产品跻身行业前列。业务领域从汽摩行业扩大到多个行业、辐射范围也从重庆延伸到全国。

2. 软件企业业务延伸的工业互联网平台

如用友集团的用友精智、东方国信、金蝶工业互联网、上海宝信等公司，作为专业的第三方服务商，拥有强大的软件设计开发能力，多年来一直为工业企业提供服务，伴随着工业走过自动化、信息化和数字化的阶段，拥有丰富的行业服务经验和技术知识积累，对企业数字化转型的发展路径以及工业互联网建设有深刻独特的理解，近年来开始以 SaaS 服务转型为战略目标进入工业互联网领域。

如用友网络科技股份有限公司，是国内最早的财务软件供应商，也是目前国内最大的 ERP 企业，用友自成立 33 年以来专注于企业信息化领域，有良好的技术和人才储备，积累了海量的企业客户，这些为其工业互联网平台的推广奠定了良好的基础。2017 年构建了精智工业互联网平台，将自身的企业软件业务特长向工业互联网延伸，面向制造业企业提供工业互联网服务，助力企业实现精益化管理、智能化制造和创新商业模式。

3. 计算机和系统集成企业业务升级的工业互联网平台

主要有浙江中控孵化的浙江蓝卓、研祥高科的研祥智能以及华为、浪潮等。作为工业自动化控制解决方案厂商，有大量工业客户服务基础，连接设备多，同时也对工业企业需求有较为深入的了解，因此这类企业将服务延伸到工业互联网企业有其天然优势。

如浙江蓝卓工业互联网公司，是浙江中控集团的工业互联网平台版块，中控集团是国内工控领域的领先企业。蓝卓得益于中控集团多年深耕工业控制领域，具有离工业生产控制核心场景近、可直接触达众多工业客户、已连接大量自动化设备的优势。其打造的 supOS 是国内首个自主知识产权的工业操作系统，也是首个以自动化技术为起点，从下至上推进的、开放的、以企业为核心的工业互联网平台、工业大数据平台和工业人工智能平台。

再如研祥工业互联网平台，是研祥高科技控股集团有限公司从工业控制计算机领域向工业互联网核心平台转型基础上推出的，研祥高科多年为各行业各领域的装备、系统提供嵌入式核心工控部件，其产品支撑着近 3 000 万台智能节点，支持多达 160 种工业总线和协议，已连接超过 2 600 万台工业设备和 20 亿个仪器仪表，在线 41.9 亿个传感器，这些都为研祥工业互联网平台发展奠定了良好的基础。

4. 互联网企业由消费互联网平台进军工业互联网平台

在我国互联网的流量红利已经见顶，互联网发展从购物、社交等为主的消费互联网，向以云计算等面向企业的产业互联网转型的关键期，为争取在互联网发展的"下半场"继续保持领先优势，互联网公司纷纷入局工业互联网，推出工业互联网平台。如腾讯 WeMake 工业互联网平台、阿里工业互联网平台、百度智能云开物工业互联网平台等。互联网公司有深厚的互联网底层技术积累，对互联网特别是消费互联网有深刻理解，技术实力深厚，因此在云计算、大数据、人工智能、物联网等技术领域有较强的技术领先优势，在网络生态建设方面具有先发优势。

如腾讯 2019 年推出 WeMake 工业互联网平台，将其作为腾讯数字技术能力以及集团生态资源对外输出服务制造业数字化转型的统一出口，并在工业互联网平台行业生态中定位为工业互联网的"连接器""工具箱"与"生态共建者"，打造"平台的基础设施平台"和数字时代的"中央电厂"，让云计算、物联网、大数据、人工智能这些需要重资产投入和大量 IT 人才储备的数字技术，能够像"水、电、煤"一样输出给其他平台。腾讯基于已有的 QQ、企业微信、小程序等功能广泛应用，在客户获取、数字营销、生态圈建设等方面占有领先优势。

5. 特定领域的工业互联网创新平台

有很多技术公司和初创公司提供特定领域的工业互联网解决方案，在制造业的特定行业或工业互联网应用的细分领域具有较深入的钻研和实践，有一定的专业技术优势。如优也科技公司是专为流程工业场景设计的工业互联网平台，将卓越的精益运营管理经验软件化，为企业提供精益运营，助力工业企业可持续性智能发展；又如天泽智云科技公司致力于用工业智能技术解决工业中的忧虑，找准工业企业设备运行的痛点问题，提供智能解决方案，为客户提质增效；再如启明星辰集团专业提供工业互联网安全系统解决方案，让安全与业务实现协同共生；再如傲林科技公司构建企业级数字孪生引擎，对核心指标量化分析和重要决策进行模拟仿真、分析、优化，充分提取数据价值，支撑企业管理决策科学化。

6. 竞争与互补的行业生态初步形成

不同类型的平台企业在技术积淀、技术实力、行业理解、擅长领域、客户群等方面各有不同，各具优势和特色，有的还身怀独门技术的"撒手锏"，例如忽米网的"5G 边缘计算器"、傲林科技的"事件网"技术等。但是各类平台企业也存在明显短板，如带有消费互联网基因的工业互联网平台技术实力深厚，领先优势明显，但对工业制造了解相对不够，缺乏相关方面的技术和人才储备；而制造业头部企业孵化的平台在智能制造、工业互联等方面有明显优势，但在互联网底层技术起步较晚，相对薄弱；软件企业延伸的工业互联网平台，软件技术能力强，但硬件方面是短板。再如综合型平台，擅长为企业提供全面综合的数字化转型和工业互联网解决方案，但在特定领域、特定行业的个性化需求会遇到对行业领会不透，技术储备不足的问题，在专业技术方面也难以处处领先，而这往往是特色专业型平台所擅长的领域。从当前我国工业互联网发展的态势来看，各类型平台企业之间能够扬长避短，既有竞争又有合作，甚至在一些领域合作大于竞争，形成百花齐放，竞争互补的行业生态。

如树根互联的根云平台，就是在腾讯云的基础上打造的，腾讯云的底层架构技术和腾讯大数据处理套件（TBDS），使"根云"平台能够对急剧增加的数据提供稳定和高质量的处理。此外，腾讯还与吉利工业互联网平台广域铭岛签署战略合作协议，双方将在工业智能协同创新等领域展开深入合作。腾讯工业互联网公司提出"要做平台的平台"，甘愿成为其他平台企业的基础设施；再如阿里巴巴工业互联网平台与用友也在云计算服务、电子商务、大数据、数字营销等开展了领域开展了广泛合作。

（三）工业互联网赋能民营企业数字化转型

作为支撑我国制造业数字化，智能化发展的关键基础设施，工业互联网正日益发挥其工业全要素、全产业链、全价值链的连接枢纽作用，以数据流带动技术流、资金流、人才流、物资流，整合生产制造、运营管理等数据，利用 5G、人工智能、云计算等新一代信息技术赋能企业，推动民营企业数字化转型。本课题重点调研了工业互联网平台企业助力民营企业数字化转型升级的情况。

针对工业行业和制造业企业痛点，工业互联网平台企业围绕研发、制造、销售、服务、供应链、产业金融等方面数字化赋能，着眼于解决工业企业在能耗、质量、安全、提高效率效益等方面的痛点和难点问题，形成了平台化设计、智能化制造、网络化协同、个性化定制、服务化延伸、数字化管理等新模式和新业态，在钢铁、机械、化工、电力、交通、能源、汽车等在内的 40 多个国民经济重点行业得到应用，覆盖面不断扩大。同时，平台企业还与地方政府、行业主管部门合作，积极推动区域工业互联网平台、行业工业互联网平台、园区工业互联网平台建设。在平台企业的推动下，工业互联网应用领域不断拓展，应用场景不断丰富，并催生了共享制造等新的商业模式创新，对我国工业企业数字化转型起到了有力的促进作用。

1. 头部企业数字化转型初见成效

作为当前企业数字化转型的主力军，大型企业和制造业头部企业在资金、人才及技术等方面具有较强实力，有较为扎实的信息化基础，对转型升级的方向有清晰的认识，紧迫感较强，因此对推进企业数字化转型和工业互联网应用普遍拥有较为强烈的愿望，其中一些企业在工业互联网建设和使用上取得了显著成效，不仅促进了企业自身提质增效，竞争优势不断增强的同时，还带动上下游企业加快数字化转型。

如三一集团，作为我国工程机械行业的龙头企业，信息化建设起步较早，同时也是在行业内较早进行数字化转型企业之一。2016 年，三一集团启动全面数字化转型，其目标是"一切流程在线化""一切业务数据化"和"一切数据业务化"，涵盖研发、服务、制造、产业链金融以及数字化工厂等全价值链。基于新的工业互联网的基座，实现了整个集团的全面数字化变革，工厂生产效率和产品质量都得到大幅提升。从生产端看，数字化解决了离散型制造的痛点问题，能够实现"产品混装＋流水线"的高度柔性生产，大幅提质增效降本；从研发端看，通过对研发数据快速导入和智能算法分析，研发效率大大提高，支撑每年新产品 90 多款，研发新技术近 60 项。从服务端看，三一集团 98% 的业务放在云端，数据整合形成的挖机指数可为企业决策提供依据，前瞻性把握行业周期、调整生产节奏，售后服务响应时间缩短 95%，三一集团实现了从数量规模型向质量效益型的转变。

例如，宗申发动机公司的 101 工厂，建设时应用忽米工业互联网标识解析应用系统，在产线每个生产环节都部署了标识解析系统，以解决"人机物"信息互联问题。同时，工厂所有设备、零部件都接入了忽米工业云，通过 MES 系统即可管理排产，通过大数据运用即可精准指导决策。凭借集成式核心数据技术底层和垂直化产业技术应用能力，宗申发动机 101 工厂实现人员数量减少 30%、自动纠错能力提升 10.6 倍、整体效率提升 2 倍。宗申动力发动机 1 011 装配产线存在的痛点是通用机械发动机边盖的不良品率较高的问题。借助忽米智慧工厂数字孪生体技术，1 011 装配产线实时监测和测量判断边盖与发动机位置、实时监测和判断内六角套索扳手旋转角度和扭力值以及实时监测形态数据，确保边盖质量无误。通过对该装配产线进行 3D 建模和物联网数据采集，再进行 AI 工艺优化和反向控制机器的方式，达到生产工艺自动优化，使得制造计划更精确，装配效率提高 10%，装配总检效率提升 20%，参数优化后的良品率提高 15%。

再如双良、新朋联众、大西洋等大中型民营企业，也积极应用工业互联网，提升数字化水平。这些企业在用友精智的帮助下，建成企业智能云平台，打造全链接智能工厂，通过数字化应用，解决了困扰企业生产经营和产业链上下游协同的痛点难点问题，在企业管理和降本增效、提竞争力等方面取得明显效果。

2. 中小企业从局部数字化入手，工业互联网应用正在起步

我国中小企业在数字化转型过程中一直处于弱势。针对小微企业行业和领域众多、专业性强，遇到的生产经营问题复杂多变，以及在资金、人才和技术等方面存在短板的客观条件，工业互联网平台企业积极创新，根据中小企业特点，以问题导向、从痛点入手，打造门槛低、成本小、个性化的产品和服务，由点及面，由易到难，优先解决企业数字化转型中面临的最迫切需要解决的重点、难点问题。

平台企业积极推动中小企业从上云上平台开始，从单项应用和局部数字化改造入手，在此基础上逐步进行数字化转型和智能化升级。已经有大量中小企业，在应用中体会到了工业互联网带来的好处，实现了规模和效益的提升。

如树根互联的根云平台，围绕中小企业痛点难点开发解决方案，实现单台设备数百元的投入既可以获得上万元增值，潜在提升收入可达 10% ~ 50%，覆盖 95% 的主流工业控制器。广州一家做工业烘干机的小企业，一年只有几百台产量，在没有 IT 基础、IT 部门的现实下，基于树根互联的根云工业互联网平台，实现了远程控制，并通过个性化的参数设置，做到了故障报警、设备远程控制等，节省了大量人力成本，提高了设备研发能力，效益非常明显。

又如研祥工业互联网平台，为解决中小企业数字化过程中缺乏人才和资金的问题，推出云应用市场和微服务（App 商店），提供自服务门户，开展订阅式的服务（支持多种按照使用时长、用户数、特性的计费模式）、租赁服务（租赁工业 App、工业工具软件、管理软件等产品），方便中小制造业企业用户根据自身需要和能力进行轻量级的应用和二次开发。将企业对人才需求转变为对智力资源的直接使用。

再如浙江蓝卓，根据多年的观察和实践经验，分析了流程型行业与离散型行业的特点与需求，有针对性地解决工业企业的痛点和难点问题。针对离散型行业通常企业规模较小，经济实力较弱，进入门槛较低，从业者众多，竞争激烈的实际，蓝卓 supOS 聚焦装备制造、汽车及汽配、金属制品加工、纺织服装、电子信息等重点行业，针对企业产品多品种、小批量等特点，帮助企业打破数据烟囱，实现质量追溯、提高设备利用率、生产计划精准下达及高效协同，帮助企业从生产型制造向服务型制造转型。如在电子电气行业，通过给企业生产设备装上摄像头、传感器，通过人、机、料、法、环等数据的实时采集实现数字化工厂。解决小微企业缺乏统一规划、初始投入高、运维成本高等问题，带动中小企业数字化升级。

3. 行业、园区、产业集群和供应链工业互联网平台加速落地，赋能作用日益提升

工业互联网平台企业针对企业和地方政府的不同需求，协助地方政府和企业打造区域、行业和园区工业互联网平台。逐渐形成工业互联网平台 1 + N 服务模式，为行业及区域制造业提供工业互联网平台解决方案。通过区域工业互联网平台，地方政府及企业可以利用行业洞察、企业画像、工业舆情等工业云服务实现区域产业洞察和行业/产业分析，了解区域产业发展现状，辅助决策。通过各种工业应用服务，区域内中小企业可以快速实现设备上云、实时供应链和大数据分析应用，快速提升企业数字化、网络化和智能化水平。

如腾讯工业互联网平台尤其注重以区域工业互联网平台建设为抓手和着力点，通过与地方政府部门合作，根据当地产业特点，打造腾讯工业云基地以及结合当地产业的区域工业互联网平台。目前，腾讯 WeMake 工业互联网平台在超过 10 个地区和城市落地工业云基地，覆盖西南（重庆）、长三角（张家港）、粤港澳（佛山）、西北（西安）、四大区域产业集群。

再如树根互联，积极配合广州市政府对本地支柱产业发展的规划，联合多家定制家居企业，共同打造了基于根云平台的"全球定制家居产业链平台"，串联起订单转换、个性定制、柔性生产、透明交付等多个生产环节。目前，已有广州、佛山等地超过 20 家企业接入，综合效益显著，该平台无缝兼容多种主流异构设计软件，实现数据互通。设计师设计图纸到工厂无须拆单，大大提升交付效率；打通超过 100 种设备控制协议，市面上通用的木工机械设备均能连接并做设备工况采集，获取工厂真实产能，进而提供精准的订单引流，提质增效；依据订单需求统一开料，板材利用批量混合优化，让板材综合利用率超过 80%，相比传统制造大大提升。

再如，用友与云南苗乡三七企业合作，打造三七行业的产业互联网平台。之前，该行业存在种植科技短缺、专业性差、储运过程影响质量、交易过程中无序等影响当地三七产业的发展痛点。通过三七产业互联网平台，将当地企业 1 800 家种植农户连接起来，按照现代工业的方式组织三七的种植、加

工、储运、交易等环节，服务种植户、加工商、仓储服务商、三七 B 端和 C 端客户，为全产业生态参与者创造价值。平台还对接下游的制药企业、药店、个人消费者等各类客户，提升整个行业的效率与质量，升级与重构了产业生态。

又如，浙江蓝卓面向企业和政府的不同需求，打造企业级、园区级、行业级、区域级四级工业互联网平台体系（见图 1）。如协助宁波、嘉兴、安庆、绍兴、泰州、丽水、苏州相城、萧山等地方政府建立了区域级的工业互联网平台。在宁波，建设汽车零配件、机械、信息电子、新材料等行业子平台；在嘉兴，建设纺织、五金、电子材料等行业子平台；在绍兴，建设机械电子、医药化工、节能环保等行业子平台；在安庆，建设机电装备、新材料等行业子平台。在园区层面，通过平台连接园区内的各种工业企业，一方面为园区提供统一的平台开展安全、环保、节能减排的监管功能；另一方面通过平台为园区内企业提供公共的生产管理、设备运维、仓储物流等公共服务，提升园区整体的数字化竞争力。

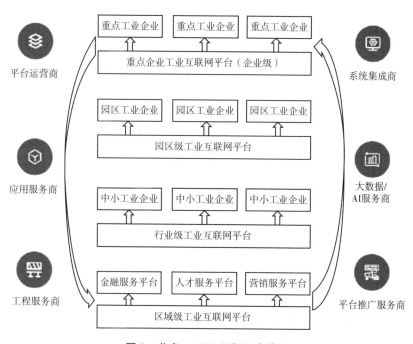

图 1 蓝卓 supOS 四级平台体系

（四）民营企业是工业互联网创新发展的主力军，数字化转型的重要载体

作为"新基建"的重要领域，工业互联网建设为民营企业带来了新的发展机遇。随着我国工业互联网产业规模和参与主体的快速壮大，民营企业的地位作用日益凸显，已经成为推动工业互联网产业创新发展的主力军。同时，在工业互联网应用普及方面，量大面广、转型升级迫切的民营企业更是工业互联网的重要在载体。

1. 工业互联网产业发展，民营企业大有可为

在工业互联网平台建设及其产业链上下游蕴含着大量的投资机会，开放的工业互联网平台为中小型科技企业提供各显其能的巨大空间，民营企业可以在其中找到新的增长点。

工业互联网发展已经催生了一批优秀的民营企业。互联网的土壤、环境适合民营企业的成长特点，互联网技术的不断创新和快速迭代更需要民营企业创业创新的体制机制。我国消费互联网平台发展过程充分表明，民营企业在构建互联网平台上具有比较突出的机制优势、技术优势和人才优势，工业互联网同样催生了一批优秀的民营企业，如工业和信息化部评选的"双跨"平台企业名单大多数为民营企业，专业互联网平台也是民营企业为主。鼓励和支持民营企业的创新优势，促进工业互联网平台加快发展，有利于我国在全球互联网"下半场"的发展中抢占先发优势，并争取占据领先地位。

从当前我国工业互联网发展的情况来看，尽管大型领先制造业企业和互联网巨头纷纷发展综合性的工业互联网平台，但要实现"工业全要素、全产业链、全价值链的全面链接"，仅有综合平台不够，平台生态中还有很多细分专业平台和技术领域需要填补，还需要大量的对工业企业需求有深刻理解的专业型、特色型工业互联网解决方案提供商，以及需要挖掘社会技术研发力量共同实现。如工业互联网安全、边缘计算、机理模型、人工智能、区块

链等技术，都需要不断单点突破，赶上并超越国际先进水平，这些为高科技民营企业特别是软件企业带来了新的机遇。同时，多数综合型工业互联网平台企业都提供工业应用市场服务，工业软件 App 商店，构建生态伙伴圈，吸引成千上万的软硬件公司、设计公司甚至个人在平台上各显其能，共同为工业企业数字化开发工具软件和提供专业化服务。可以预见，随着这些工业互联网应用市场的不断发展和完善，必然会更大范围的调动民营科技型企业和技术人员的积极性，挖掘他们的知识潜能，激发他们的创新活力，呈现出大众创新的新局面。

如忽米云应用平台汇集百万级开发者、企业用户，聚合 5 000 多个工业应用，致力于打造高效、便捷、丰富、智能的行业应用市场生态，主要包括云化应用、机理模型、微服务组件、特定场景化应用等，应用于研发设计、生产制造、仓储物流、运维服务、供应链管理等领域。根据忽米云应用平台数据显示，目前上云企业总数达到 2 000 多家。

再如云智图——无边界设计中心。赛象集团打造的工业协同设计平台，按客户需求定制工业设计画图，已入驻 10 000 多名专业人士，面向全国制造业企业服务。产品外观结构设计，机电电器设计，嵌入式程序设计，界面设计等服务在网上火热开展。

2. 工业互联网的应用催生新模式、新业态，民营企业是重要载体

作为互联网发展的下半场，工业互联网也与消费互联网一样，催生人们之前意想不到的新业态和新的商业模式，这些都为民营企业创新发展带来新的增长点，提供了新的赛道。

例如工业制造共享新机制。中小企业能够通过设备共享、产能共享、技术服务共享等共享制造模式，充分利用闲置资源和能力，"网络化制造"加速共享经济在制造业转型中的渗透与融合，不断催生工业知识经济等新型商业模式。为中小企业解决实力弱、设备不配套的难题。

再如协同设计服务新模式。客户通过个性化定制平台提交订单，协同设计商接到订单后，分解设计需求，制订协同方案，发布招标需求，组建网上

工程师团队协同设计,最后进行设计集成、虚拟仿真,上传云平台到客户,解决了中小企业解决专业化能力弱和人才短缺问题。

通过工业互联网应用,已经有一些企业在新业态、新模式打造的过程中成长起来。

如嘉兴云切供应链管理有限公司——打造"钢板切割共享平台"。在树根互联的协助实现上游产业链产能共享(见图2)。云切在上游集中采购钢板,面向制造业企业提供共享钢材切割,线上接单后把订单派到加盟工厂,并在线上把订单发到边缘侧,按照加工质量和精度的要求进行切割。共享切割后,套料率(钢板使用率)从不到68%提高到83%。通过建设共享下料中心,发挥订单汇聚、产能共享的效应,平台不仅节约钢材消耗量、经营成本,也整体提升了区域产业链上下游的协助效率。

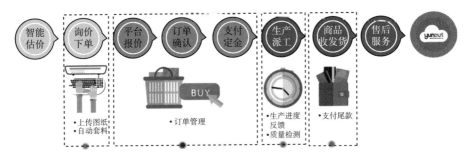

图 2　云切钢板切割共享平台的交易流程

再如宁夏共享集团打造了智能铸造产业链平台,在树根互联的协助下,通过这一集协同制造、线上商城、远程运维、金融租赁服务及共享学院于一体的铸造行业平台,可以面向线下终端客户,提供全产业链各个环节的互联网线上服务,最后促成线下成交。铸件商不必购买一台3D打印机,只需要线上下单,共享云平台便会给就近的智能工厂3D打印机下单砂型,并通过客户在线上选定的物流公司配送到厂,直接进行成品制作。大大降低了用户使用模具的一次性投入成本,规避重复投资。

再如优力电驱动,就是工业互联网技术推动快递电瓶车行业商业模式创新。长沙优力电驱动系统有限公司,最初是一家专注做新能源电池的 BMS

系统管理的企业，后来延伸到电池的研发、制造与销售业务，作为专注于中小功率智能电驱动系统（智能动力电池/智能控制器/智能电机）的服务商，优力电驱动依托"根云"平台，在低速电动车行业率先建立起大数据平台，不仅可将前端实时采集数据发送后端进行工况监控，适时下发状态和管理指令到产品前端；终端产品还可运用大数据模型，不断优化完善产品性能，通过 OTA 迭代升级软件版本，完善个性化、定制化功能，不断提高用户黏性。通过应用工业互联网技术，解决快递物流车辆使用成本高与管理难的行业痛点，优力电驱动逐渐由电池管理系统的生产厂家到电池的销售，到形成电池的租赁，并且已经演进到成为快递三轮车的融资租赁平台运营方。

（五）工业互联网助推民营企业数字化转型面临的主要问题和挑战

近年来，尽管我国工业互联网产业发展迅速，工业互联网助推工业企业数字化转型方面成效显著，但在工业互联网平台发展，以及工业企业、特别是中小企业应用工业互联网实现数字化转型方面还存在不少问题，面临诸多困难。

1. 工业互联网平台企业服务能力还有待进一步提升

当前，工业互联网平台企业发展还有不少短板和不足，行业生态还需要进一步规范，比较突出问题的主要有以下几点。

一是在核心技术、关键元器件、底层算法等还存在"卡脖子"的情况。调研中有企业反映，我国工业互联网发展的技术基础还有待于进一步夯实。在工业互联网的支撑技术方面，云计算、大数据、人工智能、物联网等关键信息技术成熟度还有待提高。同时，我国工业互联网发展还面临工业控制系统、高端工业软件、工业网络、工业信息安全等方面的"卡脖子"问题。如工业传感器领域，就存在核心元器件技术严重缺失、创新能力弱的问题，国内工业传感器厂商主要在中低端市场混战，高端市场仍以被外资企业和外国品牌为主。再如关键工业工具软件依赖进口的情况还没有得到改变等。

二是工业互联网平台为中小企业提供个性化、专业化服务方面存在短板。与消费互联网不同，工业互联网最大特点在于高度定制化和个性化，很难通用化。不同的行业和企业，在产品、生产流程、生产工艺、设备、渠道、商业模式和供应链方面千差万别，数字化转型的需求也各有不同，这些都需要平台企业下大力气做好应用场景和需求分析，从而针对不同行业和企业提出个性化的解决方案。

调研中发现，平台企业，特别是大多数综合平台现阶段都将主要发力点放在解决相对浅层次的企业共性需求，而对企业的多元化、个性化、深层次的数字化智能化转型需求了解不够，提供的专业性、个性化解决方案不多，这也在一定程度上影响了中小企业应用工业互联网技术解决企业发展问题的积极性。

三是行业恶性竞争和虚假繁荣的苗头需要引起高度警惕。尽管当前工业互联网平台企业在合作中竞争，形成了较为良好的共同发展的行业生态，但课题组在调研中也发现，随着资本向工业互联网领域大量涌入，平台企业同质化发展、恶性竞争的苗头也开始出现，如一些平台企业的主要产品和服务雷同，在争取优质客户时甚至低价竞标、为客户承诺不切实际的目标等情况也时有发生。一些工业互联网企业热衷于制造概念，同样的技术、产品和服务被各家企业不同词汇包装，在宣传中还存在夸大误导的情况，导致很多本来就对工业互联网缺乏了解的企业更加不知所以。以上种种，都不利于工业互联网平台行业的长期健康发展。

2. 民营企业"不会用、用不起、不敢用"的情况仍然较为普遍

调研中也了解，广大民营企业特别是中小企业有较为迫切的转型需求，但由于认识、资金、人才等方面的制约，多数中小企业仍处在上云的初级阶段，利用工业互联网平台推动业务创新和数字化转型的能力不强，"不会用、用不起、不敢用"的情况仍然较为普遍。

一是对工业互联网的认知不足。部分中小企业对数字化转型缺乏充分的

认知，对数字化转型认识模糊，很多还停留在信息化层面上。有些企业负责人追求数字化对提高效益的短期效果，利用工业互联网平台转型升级的动力不足。

二是实施工业互联网资金匮乏。工业互联网建设改造难度大、成本高、见效周期长，需要持续投入大量时间和持续资金，中小企业本来就面临巨大的资金压力，加之融资难融资贵长期困扰中小企业发展，导致很难将有限的资金用于数字化建设。

三是人才技术基础薄弱。中小民营企业数字基础薄弱、数字化技术人才匮乏，导致转型关键基础能力不足。

四是担忧数据安全。由于对工业互联网存在的产业安全、数据安全、信息安全问题感到担忧，中小企业不敢轻易上云和使用工业互联网服务。

（六）加快工业互联网发展，促进民营企业数字化转型的几点建议

推动工业互联网创新发展，加速应用普及，加快民营企业数字化转型升级，需要政府、工业互联网平台企业和民营企业，以及工商联、行业商会等共同努力。

1. 进一步完善政策支持，促进工业互联网平台创新发展和普及应用

一是加快完善促进工业互联网平台创新发展的政策体系。各级政府要深刻认识工业企业数字化转型是实现高质量发展的重要途径和关键环节，鼓励和支持工业互联网平台建设和工业企业应用工业互联网加快数字化转型，在政策制定的过程中，要加强统筹，各部门齐抓共管，形成合力，为工业互联网创新和应用提供制度保障。要加快工业互联网发展的相关法规以及技术标准的制定，加大力度鼓励平台企业技术创新，特别是在底层技术、工具软件以及工业互联网的硬件产品有所突破。

二是要引导各级财政资金加大对中小企业工业互联网人才培养的直接支

持力度。助推企业数字化转型，企业家是关键，人才是根本。目前，很多地方政府都对上平台用平台的中小企业进行了直接补助，起到了一定的作用。为了进一步提高经费使用效率，建议下一步可以考虑政府设立专项资金，对中小企业数字化人才培养进行补贴，支持企业负责人以及企业选送各层次、各环节、各关键岗位的人员参加行业协会、高等院校以及平台企业组织的培训活动，从根本上解决中小企业员工对数字化认知不足、数字化执行力弱和数字化人才缺乏的问题。

三是鼓励金融机构开展基于工业互联网的金融创新，以更好服务中小企业。工业互联网的发展，为金融创新提供了新的机遇，通过与工业互联网平台开展深度合作，金融机构可以纳入行业、产业集群、供应链、园区的工业互联网生态圈获取真实的、动态的企业生产经营管理的数据，对大数据实时采集和分析比较，更全面、准确地为企业画像，前瞻性的评估中小企业的经营状况、发展潜力、信用情况和风险预测，并在此基础针对中小企业融资需求开展供应链金融、动产质押融资等方面的金融创新，为缓解中小企业融资难融资贵探索新的途径。

四是积极打造以工业互联网为链接的产业发展生态圈。发挥好工业互联网的产业转型与数字经济领域资源聚合能力，打造包括政府、行业协会、企业、金融企业、中介机构等共同加入的新型的产业发展生态圈，使政企沟通和银企融通更加通畅，产业链上下游及行业内外企业合作对接更加便捷。例如，引导与工业企业密切相关的质监、卫生、商标、环保安全等监管部门及检测检验方面的中介机构进入生态圈，可以充分利用工业互联网的大数据、机理模型、AI 等技术资源提升管理服务能力，提高监管的真实性和透明度，提高服务的质量和效率，规范检测检验行为，减少企业负担。

2. 工业互联网平台企业要加强创新，不断提高服务企业能力

平台企业要加强核心技术能力建设，补齐发展短板，在高端工业软件、工业网络、工业信息安全等方面持续发力，不断提升自主创新能力。要注重发挥平台专业化能力、独特性技术和自身优势，鼓励平台之间优势互补，合作共赢。

既要重视综合型工业互联网平台的培育和发展，更要重视特色专业型平台的发展。鼓励和支持特色专业型工业互联网平台企业深耕特定的行业、应用领域和技术领域持续发力，向专精特深方向发展，涌现出更多的工业互联网领域"小巨人"企业。

平台企业要不断提升服务中小企业的能力，根据中小企业的需求开展业务创新，可开发服务中小企业的共性平台和定制平台，共性平台主要针对企业共性痛点难点问题，提供通用的、全流程定制化的标准化服务模块和普惠型解决方案，为中小企业降低工业互联网应用的成本和门槛。定制平台则按企业特点和特殊需求，有针对性地开发定制场景的应用。要重点开发和推广部署快捷、易于运维的轻量化应用，加快中小企业工业互联网应用普及。

3. 民营企业要增强紧迫感，加快数字化转型步伐

要引导广大民营企业加强学习，转变观念，深刻认识到企业能否迎接新工业革命挑战，实现数字化转型，是未来能否生存发展和取得竞争优势的关键。民营企业要增强紧迫感，加速推进企业的数字化转型，用新技术、新方法和新模式解决我国民营企业中存在的大企业主要依赖规模、创新引领力和国际竞争力不强，中小企业市场竞争力弱、升级能力不足的问题。通过工业互联网应用助推大企业高质量发展，中小企业向"专精特新"方向发展。

要加大工业互联网应用和数字化转型的资金投入，高度重视数字化人才的引进、培养和使用，不断提高企业的数字化水平。

要着眼急需，分步推进，如企业可以首先从上云、提高管理的数字化水平和生产制造等关键环节的降本增效开始着手。

要发挥产业链带动效应，大企业要在数字化转型的过程中要带动产业链、供应链上下游企业加快转型步伐，中小企业要积极主动参与产业链核心企业构建的数字化产业链供应链，不断提升自身的数字化水平。

4. 发挥各级工商联和行业商会在促进工业互联网应用和推动民企数字化转型中的积极作用

各级工商联组织和行业商会要在推动民营企业数字化转型和加速工业互联网应用方面发挥更大作用。

积极主动与政府有关部门对接，反映民营企业在数字化转型和工业互联网发展、应用方面的需求和存在的问题、困难，以帮助政府部门提高政策制定和行业监管的科学性。

开展工业互联网的调研，了解和掌握我国工业互联网发展的最新动态，同时，积极开展民营企业数字化转型和工业互联网应用培训，召开相关会议交流等活动，通过开展相关活动提升民营企业对数字化转型的认识，掌握相关政策，了解行业动态，增加企业转型升级的主动性、积极性。

四、中小企业走出困境尚需时日　期盼助企纾困政策予以延续

——阿里研究院《2022 年第四季度中小企业调研报告》

为更好地了解 2022 年第四季度中小企业的生产经营情况，及对国家相关政策感受与期待，我们于 2022 年 12 月 28 日~2023 年 1 月 2 日向在淘宝、天猫平台开展经营的中小微企业发放线上问卷（调查组织情况详见文末），共收到 11 357 个有效回复。以行业类型划分，48% 是生产制造企业，52% 是纯商贸企业。以经营形式划分，28% 的企业有线下实体店或经营档口，其余为纯线上经营。以企业规模划分，统一简化按照国家统计局对零售业企业的划型标准，微型（＜100 万元）、小型（100 万~500 万元）和中型及以上（500 万元以上）企业，占比分别为 64.1%、23.2% 和 12.7%。

结合大数据分析和企业调查反馈，主要情况概括如下：

第四季度中小商家经营总体偏弱，营收下滑的企业占比扩大、活跃度指

数下降，均至 2020 年第二季度以来的最差情况。疫情放开后至调查开展的三周，多地感染过峰对企业经营形成冲击，超过八成企业感到防疫放开后经营状况尚未好转，其中近五成感到甚至还在恶化。企业前的困难主要是物流不畅、需求不振和员工到岗率不高。企业对未来半年的经营预期和信心比第三季度有所提振，计划扩大生产的企业占比增加，对市场需求的信息指数大幅回升至荣枯线以上。企业对房租减免、减税缓税、缓缴社保、发放现金或消费券以刺激经济等政策的呼声较高。

具体分析报告如下。

（一）中小企业尚未走出困境，或正经历近两年来最严峻考验

第四季度以来，由于 10 月、11 月多地仍处封控，12 月 "新十条" 后各地先后迎来感染高峰，对企业产销、人员到岗、物流配送等均有不利影响。

我们连续 12 个季度向企业询问，其 "销售额的同比变化情况"。逐季对比看（见图 3），从去年第二季度开始，企业经营持续走低、营收下滑的企业占比开始上升，从 50.3％、56.2％、66.5％ 一路升至今年第一季度的 72.1％。2022 年第二、第三季度，企业经营一度有向好趋势，营收下滑的企

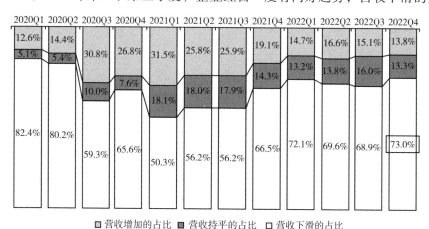

图 3　四季度营收同比增加、持平、下滑的企业占比

业占比连续两个季度收窄。但到第四季度，这一向好趋势未能巩固、重新掉头向下，营收下滑的企业占比达到 73%。

基于阿里电商平台超过百万家中小商家经营情况编制的活跃度指数显示（见图 4），10 月、11 月、12 月该指数数值分别为 46、46.2、41.9，该数值曾于 2 月回到了 50 的荣枯线，而 12 月的数值已基本降至 4 月的当年历史最低位。

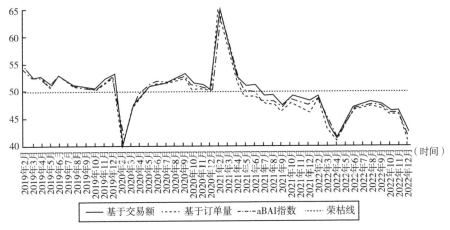

图 4　中小商家活跃度月度指数（2019 年 2 月 ~ 2022 年 12 月）

另外，分行业和规模观察，疫情过峰对企业的冲击是无差别化的。将受访企业按规模（中型、小型和微型企业）和行业（零售企业和制造业企业）进行分组观察，发现第四季度经营情况较第二、第三季度都有不同程度的下滑，不同行业、不同规模企业都经历了 2022 年的第二次筑底。

（二）超过八成企业感到经营状况尚未好转，其中近五成感到甚至还在恶化

从 12 月 7 日 "新十条" 政策发布到 12 月 28 日开展本调研，共三周时间。就这三周的经营感受而言，13.6% 的企业表示经营 "有所好转"；38% 表示 "没有明显好转，与放开前变化不大"；48.5% 表示 "不但没有好转，仍在继续恶化"。

企业的经营状况确与各地感染进程有显著的动态相关关系。通过构建计量模型，将各城市疫情感染过峰情况的高频数据与企业对于放开后是否好转的问卷数据做关联分析。可以发现：城市疫情的平均达峰天数是13.4天，感染进程与企业的经营状况确实有统计意义上显著的相关关系（见图5）。城市疫情进度每提升1%，中小微企业经营好转的概率要提高约10.6个百分点，企业经营恶化的概率要降低约20个百分点。

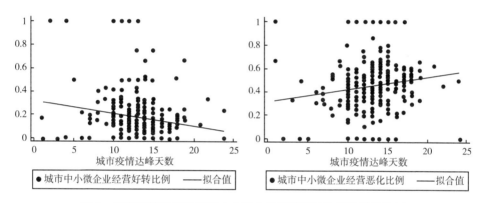

图5　城市疫情达峰进度与中小微企业经营好转和经营恶化比例

感到放开后好转的1542家企业认为，好转的主要原因是"新订单和客流量有明显回升"（66.7%）。其他原因还包括"原材料采购和供应商交货更顺畅"（26.5%）、"平台给予了有用的商家帮扶政策"（22.8%）、"防疫物资和核酸检测等费用节约"（7.6%）等。

感到放开后尚未好转的9815家企业，认为尚未好转的主要原因是"快递物流不畅，影响销售"（72.7%）和"新订单和客流量还没有恢复到正常状态"（68.7%）。其他原因还包括"自己企业员工感染较多，无法正常上班"（37.7%）、"地方仍有疫情管控，不能完全复工"（37.2%）、"上游供应商产能受影响，不能如期交货"（23.6%）和"不愿复工，复工后发生各项成本，短期内收入不稳定"（17.3%）。

关于快递物流畅通情况，根据菜鸟快递平台的数据显示（见图6），以第三季度的日均包裹签收量作为常态值（100%），在12月7日"新十条"政策发布后，8～16日由于"双12"促销，包裹签收量高于常态值（120%）；

从 17 日开始，由于促销结束、各地感染迎峰，开始走低，最低在 19 ~ 22 日（88%），低于常态值的状态一直持续到 30 日，历时 14 天，这期间的平均数为 94%。从 31 日起开始恢复至常态值以上，到 1 月 9 日达到 112%，这期间的平均数为 111%。可以认为，快递物流不畅的问题已经基本解决。

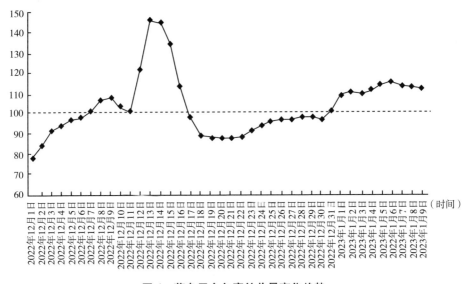

图 6　菜鸟平台包裹签收量变化趋势

注：以 2022 年第三季度平均值为常态基准 = 100，观察 2022 年 12 月 1 日 ~ 2023 年 1 月 9 日。

（三）企业经营的最突出困难仍是商机恢复不理想

对于截至 2022 年 12 月底最主要的经营困难，近几个季度以来，企业对成本负担的反馈明显下降（9.5%），而对"需求不足"的反馈始终是最为突出的（54.1%）。本季度，对疫情冲击造成经营困难的反馈明显上升（25.4%）。另有 11% 的企业认为最大的经营困难时资金短缺、现金流不足。

企业商机（客流量、订单量）的恢复，第四季度比第三季度又有所倒退。第三季度表示"恢复不及五成"的企业占比合计为 59.4%，第四季度扩大至 69.3%。第三季度表示"已经完全恢复正常商机"的企业占比达到了 6.2%，第四季度降至 2.5%。

（四）企业现金流较上季度趋紧，"物流不畅、无法如期出货"是导致押款的最主要原因

关于截至 2022 年 12 月底的现金流状况，能够维持正常经营"不足 1 个月""1～3 个月""3～6 个月"和"6 个月以上"的占比分别为 21%、40.7%、18.3% 和 20%。对比第三季度的 17.5%、35.7%、20.3% 和 26.5%，可以认为第四季度企业资金短缺、现金流不足的问题有所加剧。

造成现金流困难的最主要原因，"疫情导致物流不畅，无法如期向客户交货"的反馈最为强烈（60%），"产品无销路，库存积压"的问题依旧突出（57.3%）。其他原因还包括"过度负债、资金用于偿债"（26.2%）、"业务扩张、投资扩大"（13.6%）和"客户拖欠货款"（12.5%）。

（五）融资用于扩大生产和研发的企业占比进一步降低

第四季度，有 31.6% 的受访企业进行过贷款融资。资金的用途，57.8% 是"满足日常运营"，17.2% 是"扩大生产，购置固定资产或原材料"，13.8% 是"偿还债务"，8.8% 是"研发新产品新技术"，2.5% 是"数字化转型投入"。

贷款融资用于扩大生产的企业占比处于年内最低，用于研发和数字化转型的企业占比较第三季度都有下降。

（六）企业稳岗留工有序，但对新招员工仍然谨慎

有 34.8% 的企业在第四季度进行了裁员，较第三季度稍有收窄。裁员的 3 974 家企业表示裁员的最主要原因，50.8% 是"新订单减少、主动裁员"，22.1% 是"企业整体经营成本增加，通过裁员压缩成本"，16.8% 是"因疫情封控或感染，员工长时间不能返岗而裁员"，6% 是"招工难，员工离职后没有补充"，其余 4.4% 是"生产销售的正常淡旺季"。

企业招工仍在收缩。第四季度内未招工的企业占比达到82.5%，相比第二、第三季度的78.9%和78.8%有所上升。其中49.8%已经超过一年未招工，17%超过半年未招工，15.7%在 3 个月内未招工。1 个月之内有过招工的企业占比仅为 10%，比第三季度的13.6%也有所收窄。

（七）调查当周一半以上的企业员工到岗率不及 50%

受疫情影响，在调查实施当周（12 月 26～30 日），有 18.6% 的企业基本处于停工状态，员工到岗率在 30%、50%、70% 左右的企业占比分别为13%、18.6%、18.8%，31% 的企业全员到岗、正常开工。"由于员工不能正常到岗、需要临时招工，导致人力成本额外支出"，是第四季度企业反馈的人力成本负担的最主要来源（65.2%）。

（八）企业经营预期增强，对需求恢复的信心提升

关于企业在疫情防控放开后的预期和信心，16.7% 表示行业已经基本恢复正常，42.1% 预计行业复苏仍要 3 个月左右，26.2% 预计行业复苏仍要半年左右，15% 预计行业复苏还要一年或者更长时间。

从 2022 年底至 2023 年春节之前，57% 的企业预计保持正常经营；31.9% 的企业因为没有订单已经打算开始放假歇业；8.7% 的企业有订单，但是员工感染较多无法正常生产，也开始放假歇业；2.4% 的企业订单较多，目前加班加点搞经营。

未来 6 个月来看，企业整体的经营预期比第三季度要强。计划"扩大经营"和"维持现状"的企业占比分别为 28.1% 和 52.6%，比第三季度的25% 和 51% 均有所上升。需求、成本、招工三个分指数看，企业对市场需求的信心大幅反弹至荣枯线以上，指数值从第三季度的 49.9 升至 58.6。但对于成本和招工的信心则继续降低，分别从第三季度的 39.6 和 46 下降到 36.9和44.5，表明企业对未来成本上涨的担忧加剧、对招工的预期更为谨慎。

（九）企业对房租减免、减缓税、发放现金等政策延续的呼声较高

企业对于 2023 年国家在纾困方面的政策期待，反馈比较强烈和集中的是：房租减免、减税缓税、向受疫情影响生活困难人员发放生活补贴和救助金，以及向居民发放现金或消费券以刺激消费。

关于缓缴社保的政策，由于企业缴纳社保的程度不同，对该项政策的需求程度也不同。在全员社保的企业当中，表示"非常需要，希望延续"的呼声也很高，占比达到 59.5%（见表 8）。

表 8　　　　　　　　　　　　企业对纾困政策的态度　　　　　　　　单位:%

纾困政策	非常需要，希望延续	与我有关，但是不太需要了，有没有无所谓	与我无关，我不符合享受政策的条件
房租减免	65.9	15.9	22.6
减税缓税（小规模纳税人免征端值税；小型微利企业减征企业所得税；个体工商户减征个人所得税；制造业中小企业减缓增值税所得税等）	65.1	18.1	25.4
对受疫情影响生活困难人员发放生活补贴和救助金	64.5	18.1	21.7
向居民发放现金或消费券，刺激消费	60.1	21.2	23.0
政府采购向中小企业倾斜，将面向小微企业的价格扣除比例由 6%～10% 提高到 10%～20%	55.0	20.2	28.9
增加银行贷款支持	53.1	20.5	30.3
税务部门返还的"留抵退税"现金	52.4	21.2	31.8
缓缴五险一金（社保费、住房公积金）	52.1	24.3	28.5

续表

纾困政策	非常需要，希望延续	与我有关，但是不太需要了，有没有无所谓	与我无关，我不符合享受政策的条件
已有的银行贷款，允许延期还本付息	51.8	19.8	32.8
对招用大学毕业生、签订劳动合同并参加失业保险的，发放 1 500 元扩岗补助；发放失业保险留工补助	50.4	22.4	31.4
水电气欠费不停供	49.4	25.6	28.8

（十）政策建议

第一，建议对企业呼声较高的纾困政策，在 2023 年予以延续并保持落实力度，做到"企业不复苏、政策不退出"。一是关于减税缓税，目前对符合条件的增值税小规模纳税人免征增值税的政策已经明确延续到了 2023 年底，对于小型微利企业年应纳税额不超过 100 万元的部分减征增值税、个体工商户应纳税额不超过 100 万元的部分减半征收个人所得税等政策已于 2022 年底到期，建议考虑予以延续。二是关于房租减免，国资委《关于进一步做好 2022 年服务业小微企业和个体工商户房屋租金减免工作的通知》、住建部等八部门《关于推动阶段性减免市场主体房屋租金工作的通知》、国家发改委等部门印发的《养老托育服务业纾困扶持若干政策措施》等文件中，涉及房租减免的措施，尚未明确在 2023 年是否接续。建议考虑在 2023 年予以延续并保持落实力度。建议鼓励央企国企允许中小企业承租人缩短租金给付周期（如一月一付），减轻房租对中小企业的押款占款压力。三是对在去年底已经退出的社保缓缴和稳岗返还、大学生扩岗补助等政策，建议考虑在 2023 年予以延续。四是通过更多给予居民部门补贴、为居民增收减负，来增强消费意愿、提振消费信心，为中小企业创造更多的需求，激励企业复工达产。特别是对消费承压最大的中低收入群体，建议采取更为直接的经济援助计划，通过减免个人税收和转移支付等政策，保障和提高中低收入群体基本收入。

第二，建议各地方政府积极组织、有力行动，帮助内外贸中小企业"抢单""抢工"。一是在当地新冠肺炎疫情过峰稳定后，全面放开线下的各类商贸洽谈会、订货会、人才招聘会，以比新冠肺炎疫情前更大力度组织各类产销企业参会。二是组织企业开展跨省、跨境的商贸交流，政府安排专员"团长"，帮助企业对接信息、办理手续，对数额较大的旅费给予一定补助。三是更好地发挥当地优势产业的链条作用和龙头企业的链主作用，组织链上企业相互对接供产销信息。四是根据实际情况给予中小企业"开工奖""稳产奖""留工奖"等生产激励。

（十一）调查组织和样本结构

1. 调查实施

为保证所反馈信息的即时有效性，调查对象的总体选取了以调查标准时点（2022 年 12 月 28 日）近 90 天内的活跃商家。对淘宝、天猫 2 个国内电商平台的商家，依照其年成交额进行了分层抽样，确保在不同规模企业中具有一定的代表性。问卷投放后，共回收了 11 357 个受访商家的有效回复。

2. 受访对象

企业特征。（1）地理分布。受访企业分布在 32 个省级行政区域（不含澳门地区、台湾地区），位于一线、二线、三线和四线及以下城市的占比分别为 22.1%、22.8%、18.2% 和 36.9%，有 39.2% 是县域企业，地理分布和城市圈层覆盖较为全面、具有代表性。（2）企业性质。以有限责任公司和个体工商户为主，另有少量的合伙企业、独资企业和农民合作社等，也有部分个人店铺（即以个人身份证注册经营的店铺）。应答者均为店铺拥有者或主要负责人。（3）统一简化按照国家统计局对零售业企业的划型标准，微型

（＜100 万元）、小型（100 万～500 万元）和中型及以上（500 万元以上）企业的占比分别为 64.1%、23.2% 和 12.7%。（4）以行业类型划分，48% 是生产制造企业，52% 是纯商贸企业。（5）以经营形式划分，28% 的企业有线下实体店或经营档口，其余为纯线上经营。

线上经营特征。（1）72.8% 的受访商家在淘宝、天猫平台的开店时间超过 3 年，经营具有连续性，同时熟悉平台规则、具有较强的代表性。（2）有 56.1% 的受访商家除在淘宝、天猫平台开店，还在拼多多、京东、微信、抖音等其他电商平台同时经营。（3）受访企业的经营品类以服装鞋帽、日用品、烟酒饮料食品等为主，家装、五金、办公、娱乐等品类也均有覆盖。

后　记

　　《2022年民间投资与民营经济发展重要数据分析报告》是北京大成企业研究院2022年度重要研究课题。为做好本课题研究，北京大成企业研究院将国家统计局、国家税务总局、商务部、海关总署、全国工商联等部门权威数据进行了系统完整的搜集整理、筛选汇总。在此基础上，通过数据对比分析研究，形成了一整套客观、系统的数据图表，清晰准确地展现了2022年社会经济发展的真实情况，主要是民营经济发展情况。

　　第十、第十一届全国政协副主席黄孟复对课题研究进行了指导，提出了不少重要意见。

　　本书由北京大成企业研究院组织撰写，北京大成企业研究院副院长陈永杰为课题组组长，拟定全书思路并负责全书统稿。导言"民营企业家要认清未来发展大趋势"是根据黄孟复副主席在2022年大成企业首脑沙龙上的讲话整理而成；概述"五年三年一年逐年变化　民营经济增速拾阶而下——'三驾马车'经济（2017~2022）五年数据简要比较""'五六七八九'，更上一层楼——民营经济发展与中国式现代化"由陈永杰撰写；四、九、十由北京大成企业研究徐鹏飞撰写；一、二、三、五、六由北京大成企业研究院刘贵浙撰写；七由陈永杰撰写；八由北京大成企业研究院葛佳意撰写；十一由联讯证券新三板研究负责人彭海撰写；专论"'国有净资产五年翻番　国企实力再上大台阶'——国有资产管理与国有企业经营五年数据简明分析""深化混合所有制改革　发展'国有—社会企业'"由陈永杰撰写；"把握工

业互联网发展机遇　加速民营企业数字化转型"由北京大成企业研究院课题组撰写；"中小企业走出困境尚需时日　期盼助企纾困政策予以延续——《2022 年第四季度中小企业调研告》"由阿里研究院提供。国务院参事谢伯阳、北京大成企业研究院院长欧阳晓明参加了课题研究并提供重要意见，北京大成企业研究院赵征然、王红为本课题提供了帮助和支持。珠海网灵科技有限公司提供数据库技术支持。

本课题受到潮商东盟投资基金管理有限公司资助。